富家益股市新手系列

零基础学看盘

———— 关俊强 ◎ 编著 ————

看盘选牛股——科学操作不盲目

看盘炒短线——低买高卖赚价差

看盘跟庄家——看透庄家防陷阱

中国财富出版社有限公司

图书在版编目（CIP）数据

零基础学看盘 / 关俊强编著. —北京：中国财富出版社有限公司，2024.2
（富家益股市新手系列）

ISBN 978-7-5047-8126-0

Ⅰ.①零⋯ Ⅱ.①关⋯ Ⅲ.①股票投资—基本知识 Ⅳ.①F830.91

中国国家版本馆CIP数据核字（2024）第047843号

策划编辑	杜　亮	责任编辑	杜　亮	版权编辑	李　洋
责任印制	尚立业	责任校对	卓闪闪	责任发行	董　倩

出版发行	中国财富出版社有限公司		
社　　址	北京市丰台区南四环西路188号5区20楼	邮政编码	100070
电　　话	010-52227588 转 2098（发行部）	010-52227588 转 321（总编室）	
	010-52227566（24小时读者服务）	010-52227588 转 305（质检部）	
网　　址	http://www.cfpress.com.cn	排　版	宝蕾元
经　　销	新华书店	印　刷	宝蕾元仁浩（天津）印刷有限公司
书　　号	ISBN 978-7-5047-8126-0 / F·3763		
开　　本	710mm×1000mm　1/16	版　次	2025年1月第1版
印　　张	17.25	印　次	2025年1月第1次印刷
字　　数	255千字	定　价	49.00元

版权所有·侵权必究·印装差错·负责调换

前　言

炒股赚钱的一个重要前提，就是"多算者胜"。

《孙子·计篇》中有一句名言："多算胜，少算不胜，而况于无算乎？"意思是说，在打仗之前，思虑周详的一方往往会取胜，而少于计算的，自然容易落败，更别说那些根本就不去计算的。股市如战场，在股市中挣钱，也是同样的道理。

在现实生活中，大家都知道在从事某项工作之前，需要学好相关知识。例如，想当医生要学习医药知识，想当律师要学习法律知识，想开车就要先在驾校好好学习，即使拿到了驾照，在开车上路时也是小心翼翼的，知道自己还是个新手，要非常谨慎。可在股市中，大家却忘记了这个常识。很多投资者在一无所知的情况下，莽撞地冲进股市，迫不及待地要赚到钱。就好比一个不会开枪的士兵，直接闯入了激烈交火的战场，那么这个士兵的生存概率有多大呢？

初入股市的投资者首先需要"武装"的，不是自己的资金账户，而是自己的头脑。

为此，我们特推出"富家益股市新手系列"图书，以帮助新入市的投资者轻松掌握炒股知识，尽快精通炒股技能，建立正确的投资心态，最终不仅能"多算"，还能"会算"，从而实现稳定的盈利。

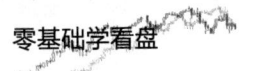

《零基础学看盘》正是"富家益股市新手系列"中的一本。

看盘，也就是看行情、看大盘走向、看个股涨跌。看盘是每个投资者炒股的主要工作，尤其是对于散户投资者来说，看盘是寻找买卖点最主要的途径。只有通过看盘，发现有价值的盘面信息，投资者才能客观准确地找到买卖点，通过低买高卖实现赢利的目的。

很多投资者在电脑上打开行情分析系统后，都不知道该从哪里开始看盘，也不知道应该重点关注什么内容，更不知道怎样根据盘面信息去进行低买高卖的操作。正是因为无法通过盘面信息寻找到合适的操作机会，很多投资者才盲目地买卖股票，最终被套牢或者亏损。

针对投资者的这些困惑，本书首先对投资者在看盘过程中需要注意的六个方面信息进行了介绍，包括看分时图、看K线图、看趋势形态、看均线、看量价关系、看技术指标；其次，本书介绍了投资者在短线看盘、跟庄看盘和根据盘面信息买卖股票时经常用到的多个技巧；最后，本书总结了在一个交易日内不同的交易时段，投资者应该注意的不同信息。

在写作本书的过程中，为了更好地为投资者讲解各种看盘实用技巧，我们特别注意了以下几个方面。

第一，实战图例丰富。本书对大多数知识点辅以实战图例进行说明。投资者可以看到各种K线形态、分时盘口、成交量变化、技术指标走向等盘面信息，在操盘过程中再看到同类信息时，投资者可以马上做出反应。

第二，给出具体买卖点。对于看盘中遇到的各种形态，本书在写作时都尽量精确到具体的买卖点，必要时还介绍了这些形态的止盈和止损时机。投资者阅读本书后，一旦遇到类似形态，就可以马上判断出应该在什么位置买卖股票。

第三，贴近实际操作。本书除了给出具体的买卖时机，还为投资者讲解了具体的交易方法，包括应该一次性交易还是分笔交易，每次交易的仓位比例为多少，怎样止损止盈等。投资者通过对这些方法的学习，可以更加有效地买卖股票。

　　本书适合刚进入股市的新手阅读，也适合有一定炒股经验但一直没有稳定盈利方法的投资者参考。

　　股道漫漫，只有那些不断上下求索的投资者，才有可能笑到最后，收获丰硕的果实和成功的喜悦。相信本书能够为广大新手投资者的股市求索，提供实实在在的帮助。

目 录

第 1 章 看分时图 了解短线 强弱 ▷ 001	1.1 分时线和分时均线	003
	1.2 分时成交量变化	007
	1.3 分时技术指标	010
	1.4 分时盘口的特殊变化	016

第 2 章 看 K 线图 了解多空 动能 ▷ 019	2.1 单根 K 线形态	021
	2.2 K 线组合形态	032
	2.3 不同周期的 K 线配合	048

第 3 章 看趋势形态 了解行情 走向 ▷ 053	3.1 反转形态	055
	3.2 持续形态	071
	3.3 整理形态	080

第 4 章 看均线了解涨跌趋势 ▷ 085

4.1	股价和移动平均线	087
4.2	移动平均线组合形态	098

第 5 章 看量价关系了解市场能量 ▷ 111

5.1	量价关系	113
5.2	均量线指标（MAVOL）	123
5.3	天量和地量	131

第 6 章 看技术指标了解走势奥妙 ▷ 137

6.1	MACD 指标	139
6.2	KDJ 指标	151
6.3	BOLL 指标	156
6.4	OBV 指标	161
6.5	筹码分布指标	164

第 7 章 新手短线看盘实战技巧 ▷ 169

7.1	看盘选择股票技巧	171
7.2	判断股价突破技巧	178
7.3	确定短线顶部的技巧	184
7.4	短线波段操作技巧	192
7.5	弱势中抢短线反弹的技巧	197

第 8 章 新手跟庄看盘实战技巧 ▷ 205

8.1	庄家操盘的盘面迹象	207
8.2	不同坐庄阶段的操盘技巧	215
8.3	不同股票的跟庄技巧	222

第 9 章
新手看盘买卖股票实战技巧
▷ **231**

9.1	买入股票的技巧	233
9.2	卖出股票的技巧	237
9.3	确定止损止盈时机的技巧	241

第 10 章
一个交易日内的看盘技巧
▷ **249**

10.1	开盘前的看盘要点	251
10.2	早盘的看盘要点	256
10.3	盘中的看盘要点	258
10.4	尾盘的看盘要点	261

第 1 章

看分时图了解短线强弱

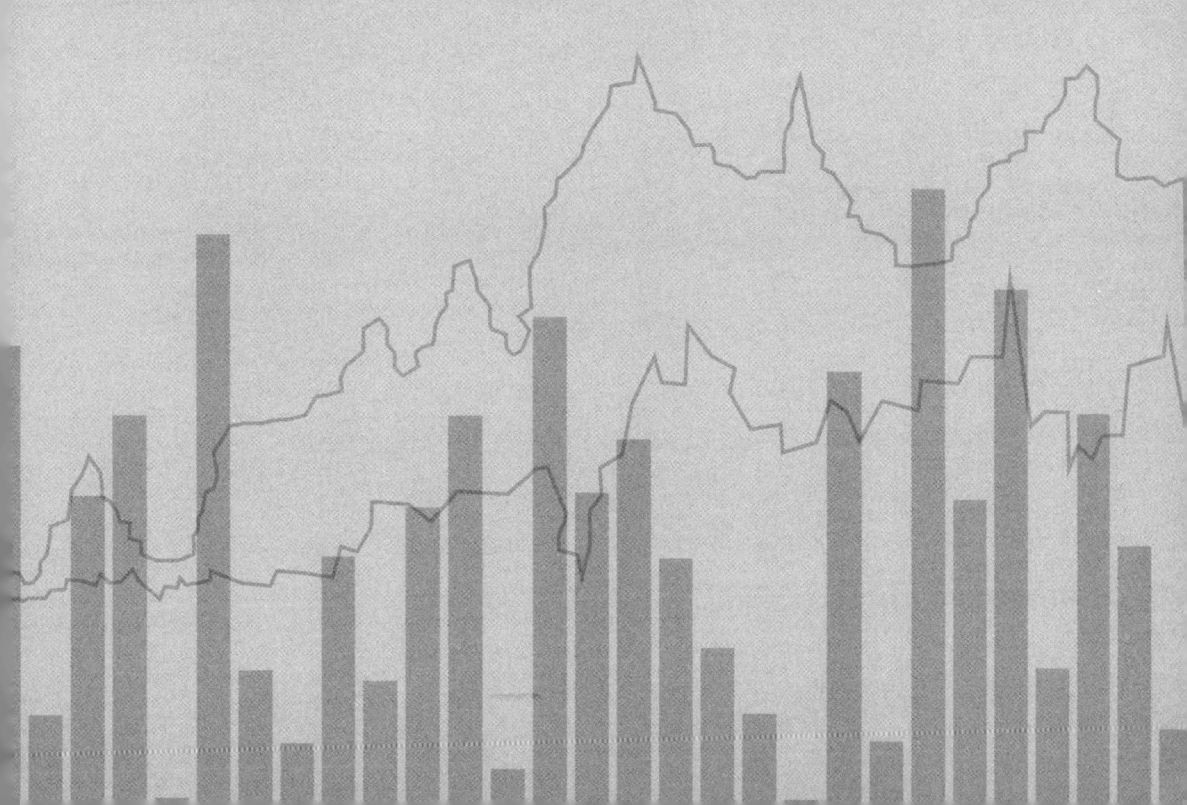

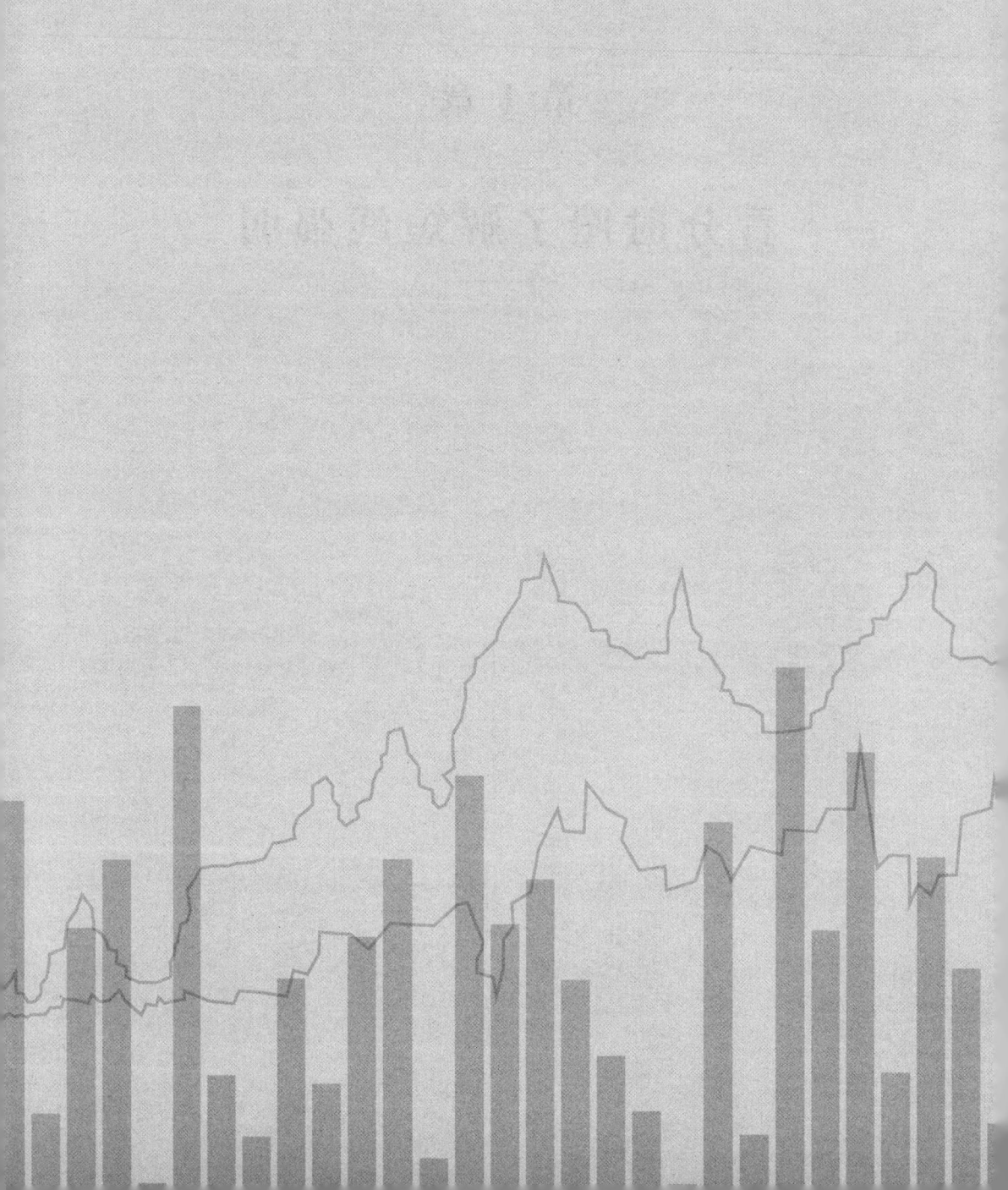

1.1 分时线和分时均线

分时线是指分时走势里的白色（有时为蓝色）曲线，表示股票即时成交的价格。分时线的波动情况反映了盘中交易的具体情况，从形态上我们可以掌握股价的涨跌力度，然后据此研判股价未来的走势。

分时均线是指分时走势里的黄色（有时为粉色）曲线，表示股票即时成交的平均价格。分时均线具有支撑和阻力作用，当分时均线持续下跌时，股价每次向上触碰到分时均线都有可能会受到阻力，继续下跌。当分时均线持续上升时，股价每次回落到分时均线处都有可能会获得支撑，而后又重新上涨。

图1-1为上证指数2023年7月3日的分时线和分时均线走势。

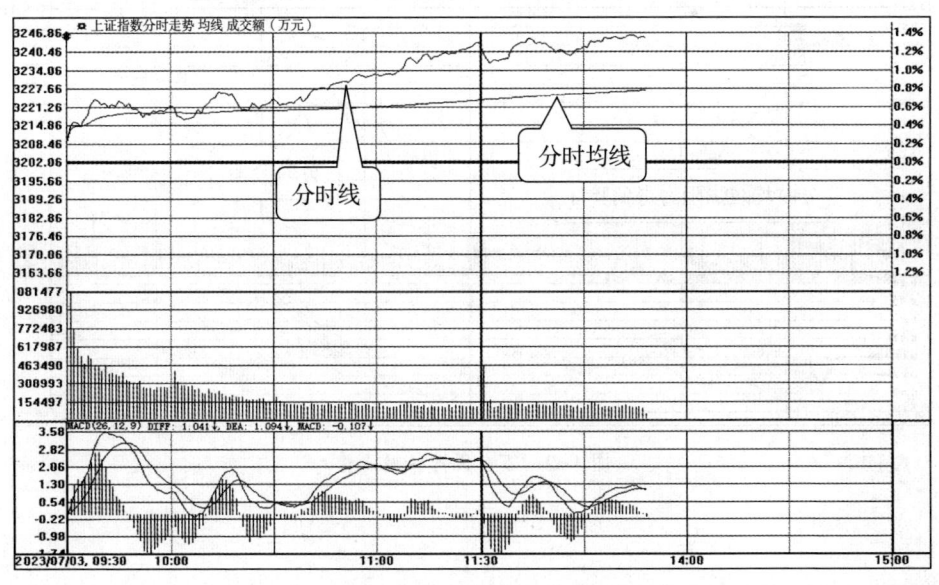

图1-1　上证指数分时走势

1.1.1 分时金叉

分时金叉是指分时线上穿分时均线时所形成的交叉状。分时金叉的出现说明股价短线有一波上涨走势。在分时走势图中出现分时金叉较常见，其中在分时均线的强阻力得到过验证后，金叉看涨信号会更加强烈。

如图1-2所示，2022年10月12日，万东医疗（600055）上午盘分时线始终在分时均线下方运行，且分时线多次向上但由于分时均线的阻力作用而回落。下午盘13:45左右，分时线向上突破成功，出现了分时金叉，随后股价回抽得到分时均线的确认。这是上涨动能启动的信号，之后该股持续向上，短线形成一波明显的上涨走势，如图1-3所示。

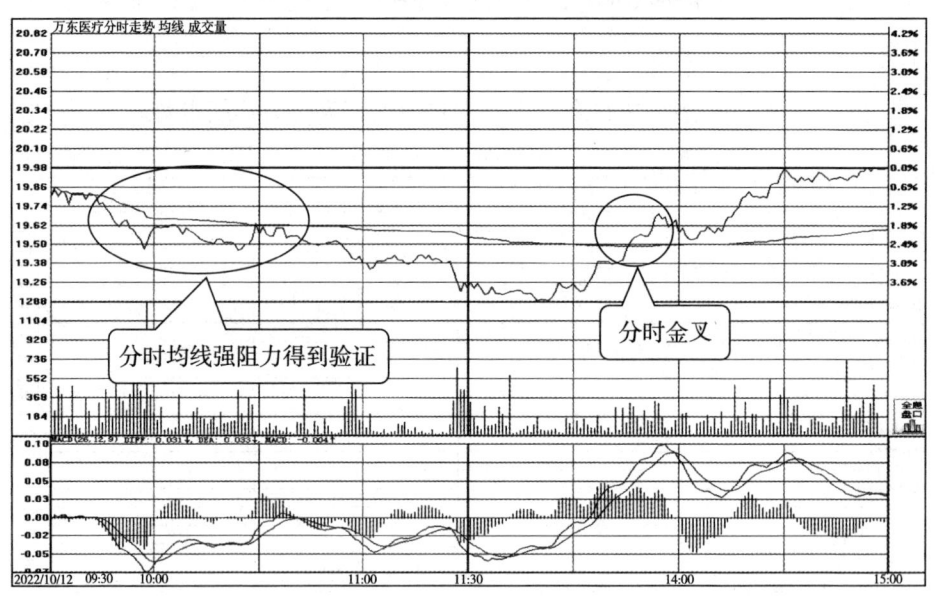

图1-2　万东医疗分时走势

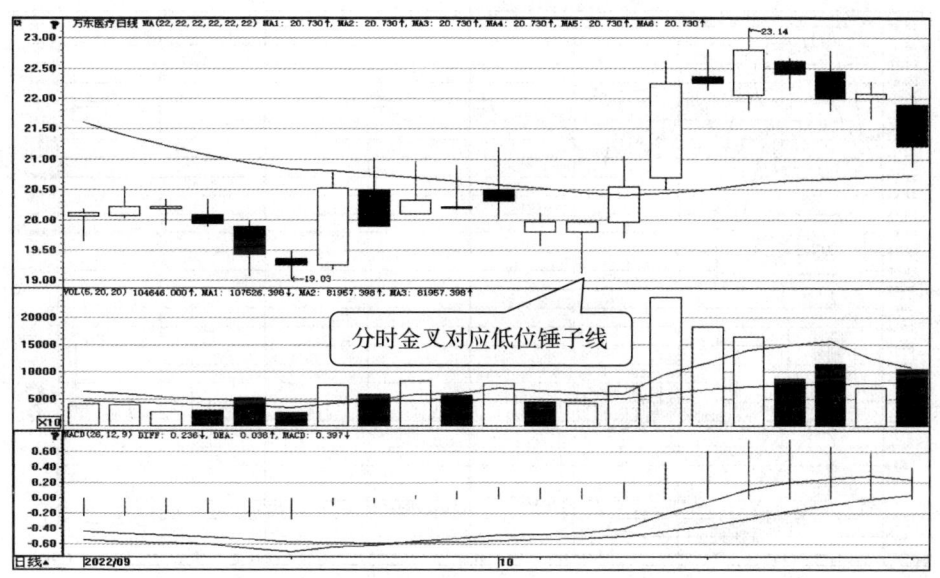

图 1-3　万东医疗日 K 线

1.1.2　分时死叉

分时死叉是指分时线向下击破分时均线所形成的交叉状。分时死叉的出现说明股价短线有一波下跌走势。在分时走势里出现分时死叉较常见，然而在分时均线的强支撑力得到验证后，其死叉的看跌信号较强烈。

如图 1-4 所示，2023 年 1 月 20 日，人福医药（600079）开盘后快速上涨，早盘（9:30—10:00）过后，股价冲高回落，跌破分时均线，形成分时死叉。这表明股价上涨乏力，下跌动能占据优势，之后该股出现一波短期下跌走势。

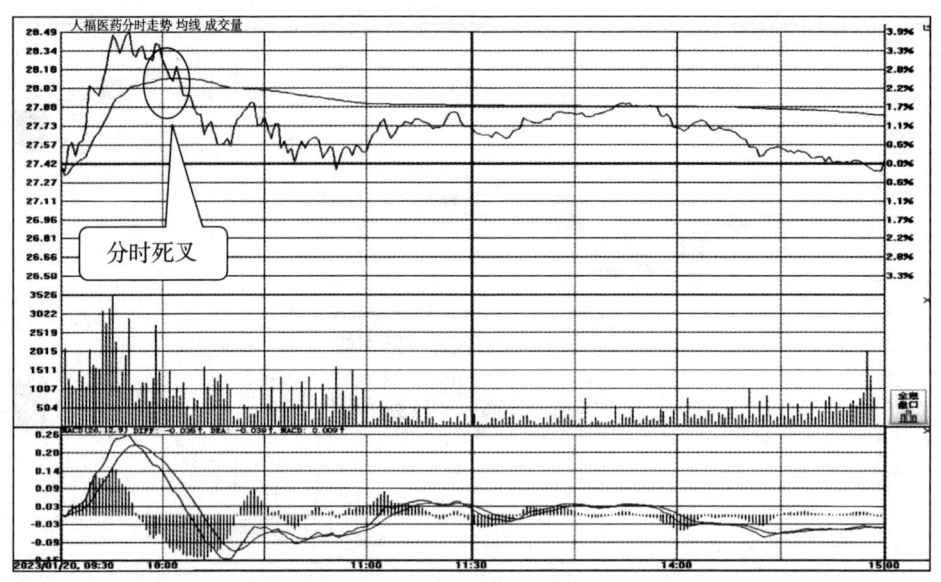

图1-4 人福医药分时走势

1.1.3 分时搓揉

分时搓揉是指分时线和分时均线形成上下缠绕的连续交叉状。分时搓揉的出现表示股价短线将要有一波行情,但是只有等到突破确认后才能辨明是上涨还是下跌。

如图1-5所示,2022年12月13日,云天化(600096)的分时走势上出现分时搓揉,随后分时线跌破分时均线并逐渐偏离分时均线。这表明云天化股价经过分时搓揉之后,做空动能更加强烈,投资者纷纷卖出股票,导致股价下跌。投资者可以在分时线跌破分时搓揉区间时卖出股票。

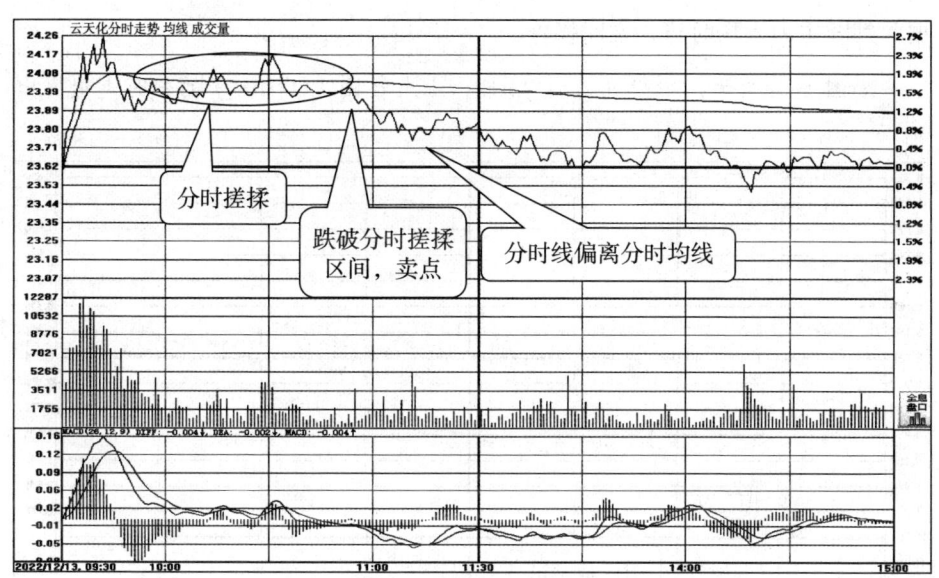

图1-5 云天化分时走势

1.2 分时成交量变化

分时成交量是指个股或指数分时走势中的每分钟成交量的总和,通常在分时走势图里用一根根柱线表示。柱线越长表示这一分钟的成交量越大;柱线越短,则表示这一分钟的成交量越小,如图1-6所示。

1.2.1 分时线上涨、分时成交量放大

如果在分时线上涨的过程中,分时成交量呈现逐步放大的迹象,说明主力想拉抬分时线,不断主动买入,造成分时成交量的放大,这也预示着股价后市看涨。量增价升表示多方力量强势,多方上涨行情不会轻易停下来,这是主力积极投入资金操盘的结果,是常见的价量操盘方式。短线投资者可以

据此判断主力入场时机，及时操作。

如图 1-7 所示，2022 年 6 月 23 日，上汽集团（600104）的分时走势上出

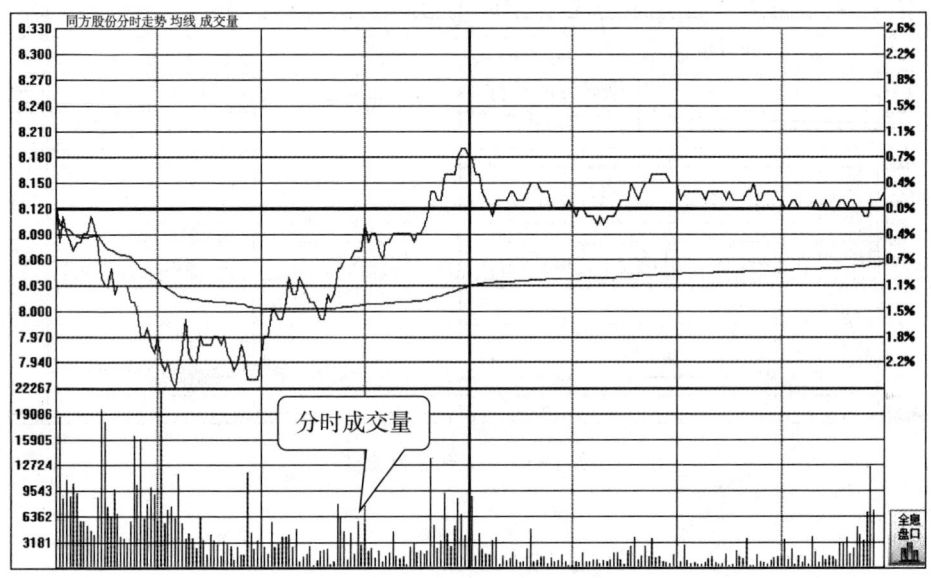

图 1-6　同方股份分时走势

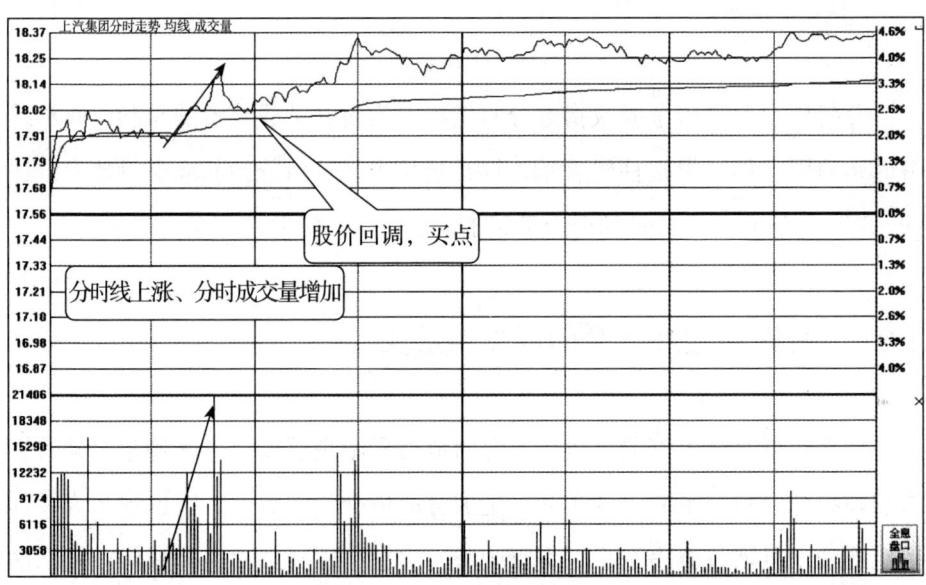

图 1-7　上汽集团分时走势

现了分时成交量增加、分时线上涨的走势。这表明股价经过前期一波震荡整理之后，主力开始拉升股价，不断买入并抬高股价，呈现出分时成交量增加、分时线上涨的形态。此时，投资者可以跟风买入股票，也可以在股价回调后买入股票。

1.2.2 分时线上涨、分时成交量萎缩

如果在分时线上涨的过程中，分时成交量呈现萎缩的迹象，则有两种可能。一是主力想拉高出货，但是接盘力量不足；二是主力绝对控盘，志存高远，无心出货。无论是哪种可能，投资者都可谨慎持股，只要主力筹码还没有出现松动，就是比较安全的时段。场外短线投资者应尽量使用小资金来进行买入操作。

如图1-8所示，2023年2月8日，东睦股份（600114）的上午盘分时走势上出现了分时成交量减少、分时线上涨的背离形态。这表明尽管主力还在

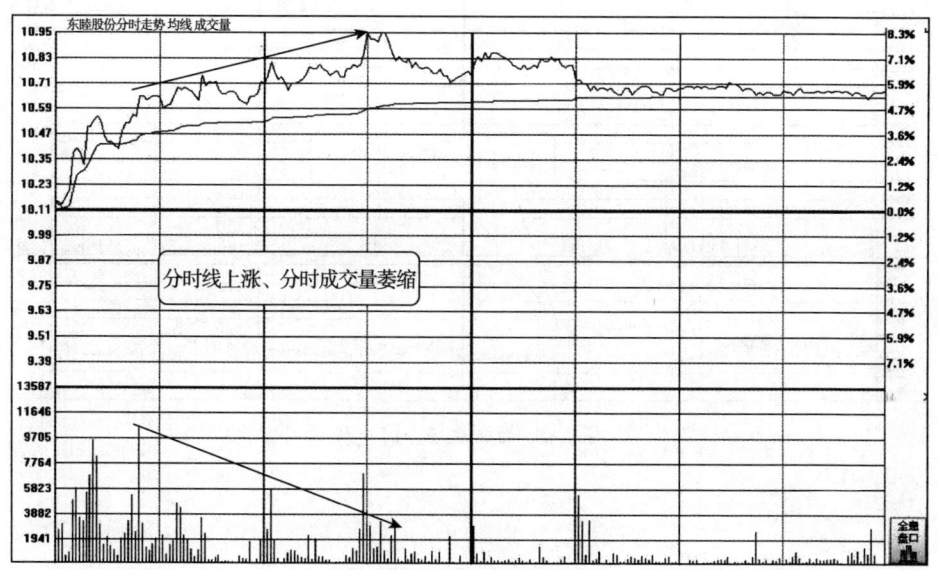

图1-8 东睦股份分时走势

拉升股价，但已经有"动能耗尽"的迹象。之后，股价缓缓下跌，收盘时虽然分时线仍在分时均线上方，但上涨动能不足已经越来越明显，投资者在后市要注意控制风险，伺机出场。

1.3 分时技术指标

分时技术指标是指在分时走势中可以调用的技术指标，如 PSY 指标、CCI 指标、RSI 指标、MACD 指标、KDJ 指标等。它们一般在成交量的下方显示，投资者可以单击鼠标右键选择，如图 1-9 所示。

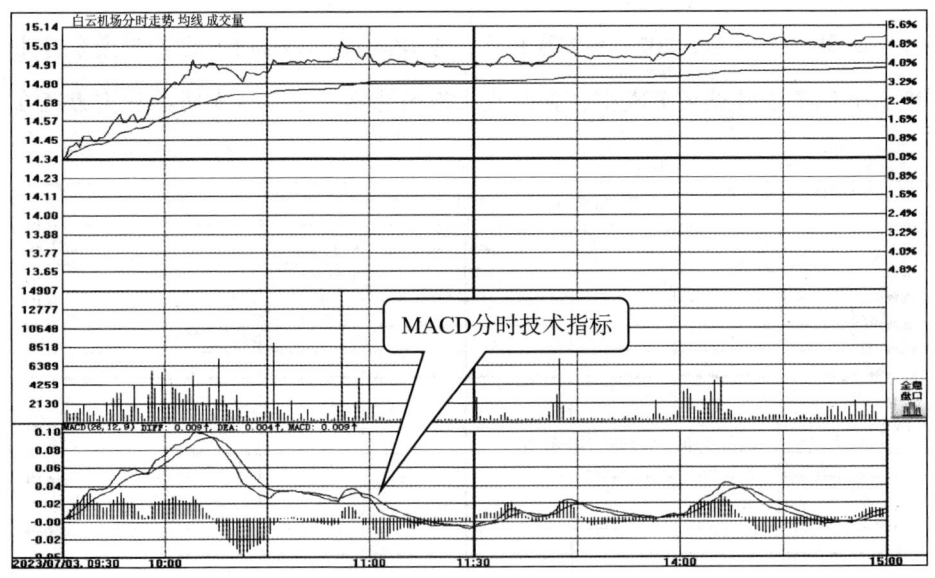

图 1-9　白云机场分时走势

1.3.1　PSY 分时技术指标

PSY 分时技术指标即心理线指标，是研究投资者对股市涨跌产生心理波动的情绪指标，它对股市短期走势的研判具有一定的参考意义。该指标利用一段时间内市势上涨的时间与该段时间的比值曲线来研判市场的多空倾向性。

PSY 分时技术指标的特性有以下两点：第一，人们的心理预期与市势的升跌成正比，即市势升，心理预期也升，市势跌，心理预期也跌；第二，当人们的心理预期接近或达到极端的时候，逆反心理开始起作用，并可能最终导致心理预期方向的逆转。PSY 值的计算公式为：

$$PSY=A/N \times 100$$

其中，N 为时间周期参数，A 为在这段时间内价格上涨的周期。

PSY 值为 50 时，是多空分界点，表示 N 日内有一半时间市势是上涨的，另一半时间是下跌的。投资者通过观察心理线的位置，可对多空形势有个基本的判断。

PSY 值为 25 至 75 表示心理预期处于正常理性变动的范围。

PSY 值在 75 以上表示处于超买区，市势回档的可能性增加。

PSY 值在 25 以下表示处于超卖区，市势反弹的可能性增加。

PSY 指标的 M 形走势是超买区常见的见顶形态，其 W 形走势是超卖区常见的见底形态。

PSY 值在 90 以上或在 10 以下，表示逆反心理将起明显作用，市势见顶或见底的技术可信度极高。

如图 1-10 所示，美尔雅（600107）的分时走势图中最下面的窗口为分时技术指标窗口，显示 PSY 分时技术指标。2022 年 11 月 4 日，PSY 值连续两次出现在 25 以下，形成了 W 形底，属于超卖区见底，短线投资者见此形态可以买入股票。

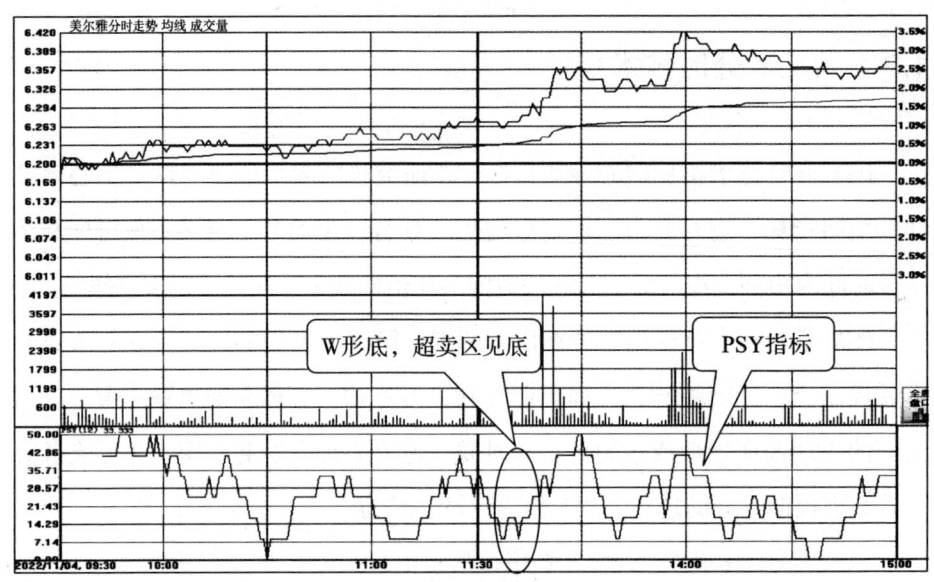

图 1-10 美尔雅分时走势

1.3.2 RSI 分时技术指标

RSI 分时技术指标是用向上波动幅度和总波动幅度的比值来描述走势强弱的相对强弱指标。相对强弱值 RSI 的计算公式为：

$RSI = N$ 日内收盘价上涨幅度总和 / 上涨下跌幅度总和 $\times 100$

RSI 指标的用法如下。

（1）6 日 RSI 指标向上突破 85，进入超买区；向下跌破 15，进入超卖区。

（2）当股价盘整时，RSI 指标出现一底比一底高的形态，说明多头势强，后市可能继续上涨，是买入信号；反之，是卖出信号。

（3）股价尚在盘整阶段，而 RSI 指标已多次形成 W 形底或其他见底信号，则表明股价将随之向上突破。

（4）6 日 RSI 指标向上突破 12 日 RSI 指标，形成买入信号；反之，则形成卖出信号。

如图 1-11 所示，2023 年 4 月 28 日，兖矿能源（600188）下午盘的分时走势图中 RSI 指标形成了 W 形底，而且 6 日 RSI 指标向上突破 12 日 RSI 指标，形成强烈的买入信号。此时，短线投资者可以积极买入股票。

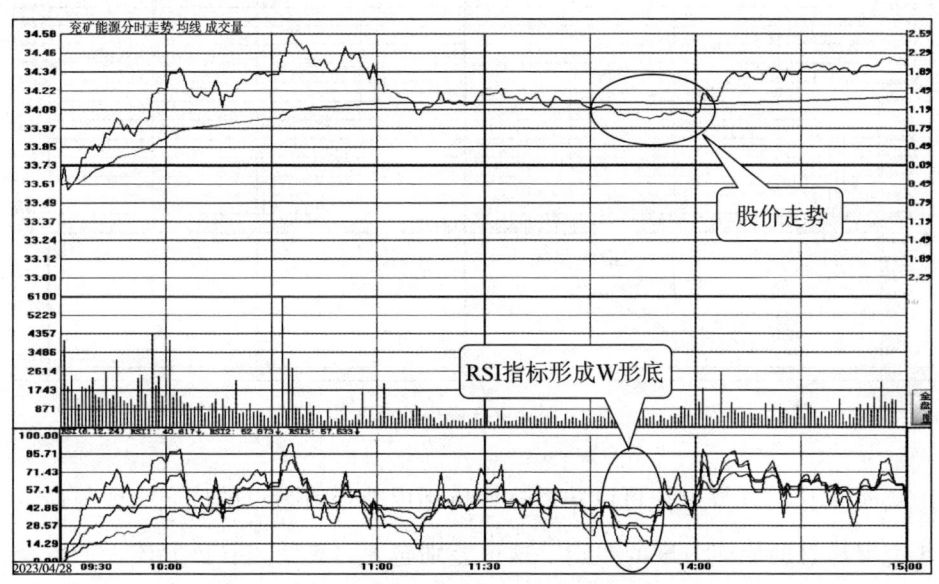

图 1-11　兖矿能源分时走势

1.3.3　量比指标

量比是衡量相对成交量的指标。它是指股市开始后平均每分钟成交量与过去 5 个交易日平均每分钟成交量之比。其计算公式为：

量比 = 当日即时成交总手数 /（过去 5 个交易日平均每分钟成交量 × 当日累计开市分钟数）

如图 1-12 所示，2023 年 5 月 15 日，中牧股份（600195）的股价持续下跌后在低位震荡，量比曲线呈现出持续下降的形态。

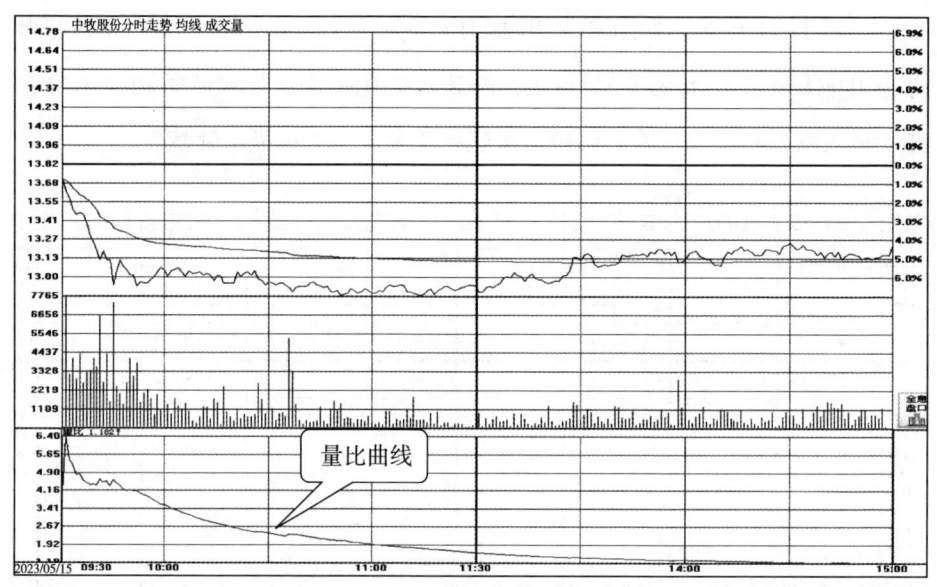

图 1-12 中牧股份分时走势

从量比的计算过程可以知道,该指标反映当前盘口的成交力度与最近5个交易日的成交力度的差别。这个差别越大,表明当日该股流入的资金越多,盘口成交越趋活跃。因此,量比可以说是盘口语言的翻译器,它是超级短线投资者临盘实战洞察主力短时间动向的秘密武器之一,更适用于短线操作。

在实战中,量比要结合价格使用,来对未来的走势进行研判。其运用法则如下。

(1)量比为0.8~1.5倍,说明成交量处于正常水平。

(2)量比为1.5~2.5倍为温和放量,如果股价也处于温和缓升状态,则升势相对健康,可适当买入;若股价下跌,则可认定跌势难以在短期内结束,投资者从量的方面判断可考虑止损退出。

(3)量比为2.5~5倍,则为明显放量,若股价相应地突破重要支撑或阻力位置,则突破有效的概率颇高,投资者可以积极买入。

（4）量比为5~10倍，则为剧烈放量，如果是在个股处于长期低位时出现剧烈放量突破，预示后续涨势的空间巨大，往往是一波上涨趋势的开端，此时投资者可以逢低买入。但是，如果在个股已有巨大涨幅的情况下出现如此剧烈的放量，则需要高度警惕。

如图1-13所示，2023年2月16日，宇通客车（600066）的量比曲线从低位开始迅速上扬，越过2.5和5，表明市场正在剧烈放量。该股股价经过前一阶段的回调整理，此时突然急剧放量，往往是股价加速上涨的预兆，投资者可以果断买入。之后该股股价出现一波快速上涨走势，如图1-14所示。

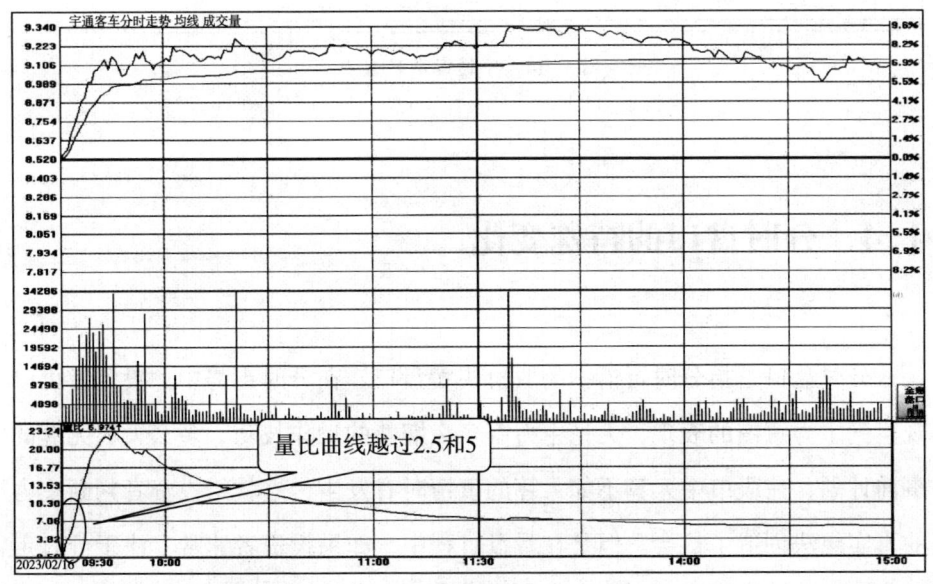

图1-13　宇通客车分时走势

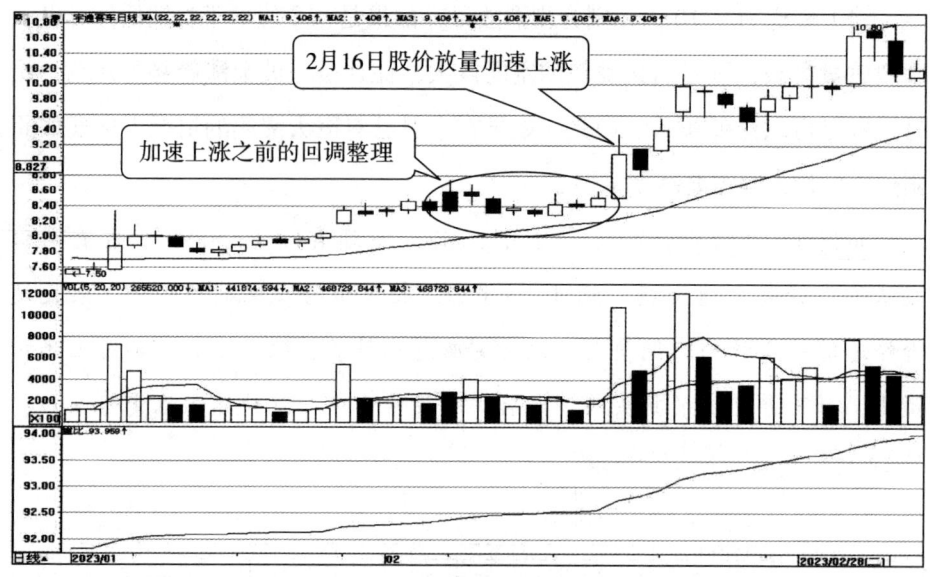

图 1-14 宇通客车日 K 线

1.4 分时盘口的特殊变化

分时盘口是指分时行情中的股价买卖盘口。在分时走势中，投资者可以观察到主力意图的表现，无论主力有多么娴熟的操作技巧、多么天衣无缝的事前计划，在股市中人算不如天算的事情时有发生，这就给投资者判断主力的真实想法创造了机会。但是在看盘过程中，如果投资者非常专注于分时走势，再加上自己先入为主的心理，很容易被一些细小的非主要因素误导。因此，在分析分时盘口时需注意以下几种走势。

1.4.1 尾市盘口急拉

尾市盘口急拉是指分时盘口显示在收市前半小时内完成整个拉升，形成大买单不断向上拉升的局面。若在收盘前最后几分钟股价出现异常的放量拉升，股价呈跳跃波动，这种尾市拉升的手法只是市场投资者短时间的需要，有时是为了粉饰账面利润，有时是为了引起市场关注，多是信心不足的表现。这种手法在股价大幅上涨之前一般不会出现，在股价主趋势完成以后才比较常见。

如图 1-15 所示，2023 年 4 月 14 日，微导纳米（688147，科创板个股，涨停板为 20%）的分时走势图上出现了尾市急拉的走势。其在盘口主要表现为成交量异常放量，股价变动呈跳跃波动，以此吸引更多的投资者跟风买进，从而拉动股价上涨。虽然该股前期走势较为稳健，但尾盘的拉升给股价带来了不确定性，后市风险较大，投资者要谨慎持有，伺机卖出。

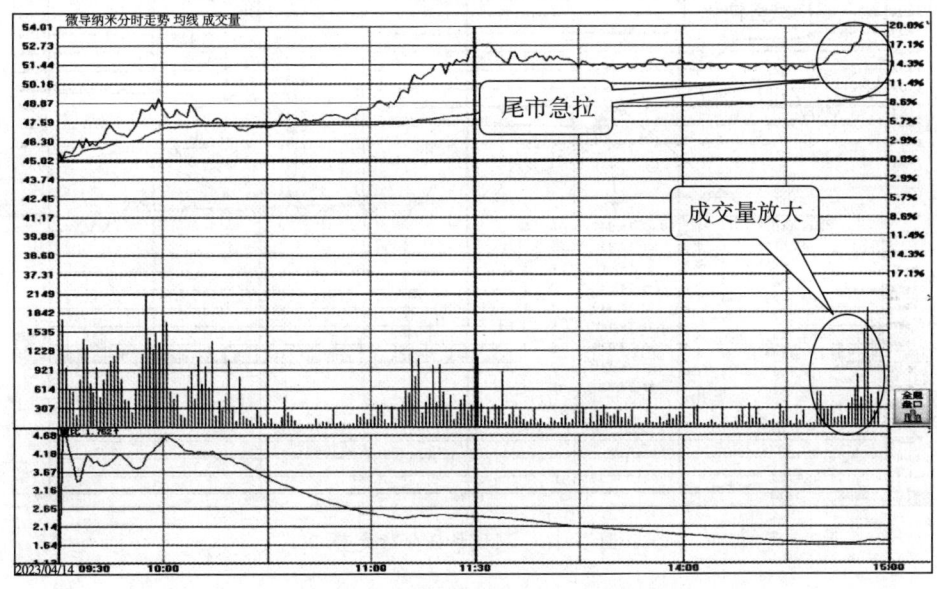

图 1-15　微导纳米分时走势

1.4.2　跌势钝化盘口

跌势钝化盘口是指一只股票在下跌时默默无闻，这种特点在分时走势中表现得尤为突出。主要原因是，盘中暂时可以影响股价短线走势的资金或筹码，总是希望在股价下跌的时候尽量让持有者更长时间地持有股票，这样投资者就不会因恐慌而卖出，于是在分时盘口中经常可以看到主力资金小心翼翼的表现。

如图1-16所示，2023年4月10日，深圳华强（000062）的分时走势中出现了跌势钝化走势，但在盘口上（图中分时成交明细的四列从左至右分别为成交时间、成交价格、成交手数、成交笔数），股票起初买卖盘较弱，随后更多投资者加入买方，纷纷买入股票，此时主力资金或筹码看到有资金介入，开始了大卖单砸盘，进而达到出货的目的。

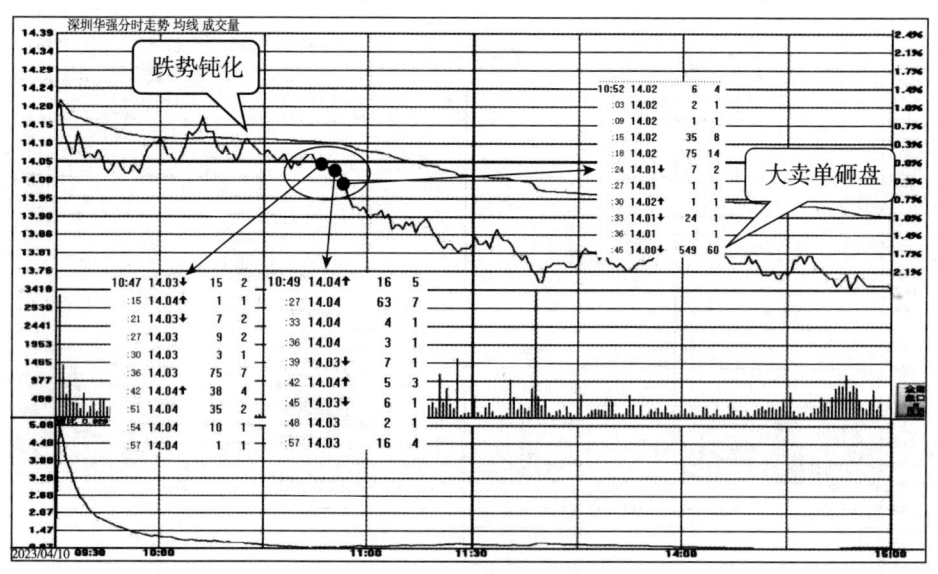

图1-16 深圳华强分时走势

第 2 章

看 K 线图了解多空动能

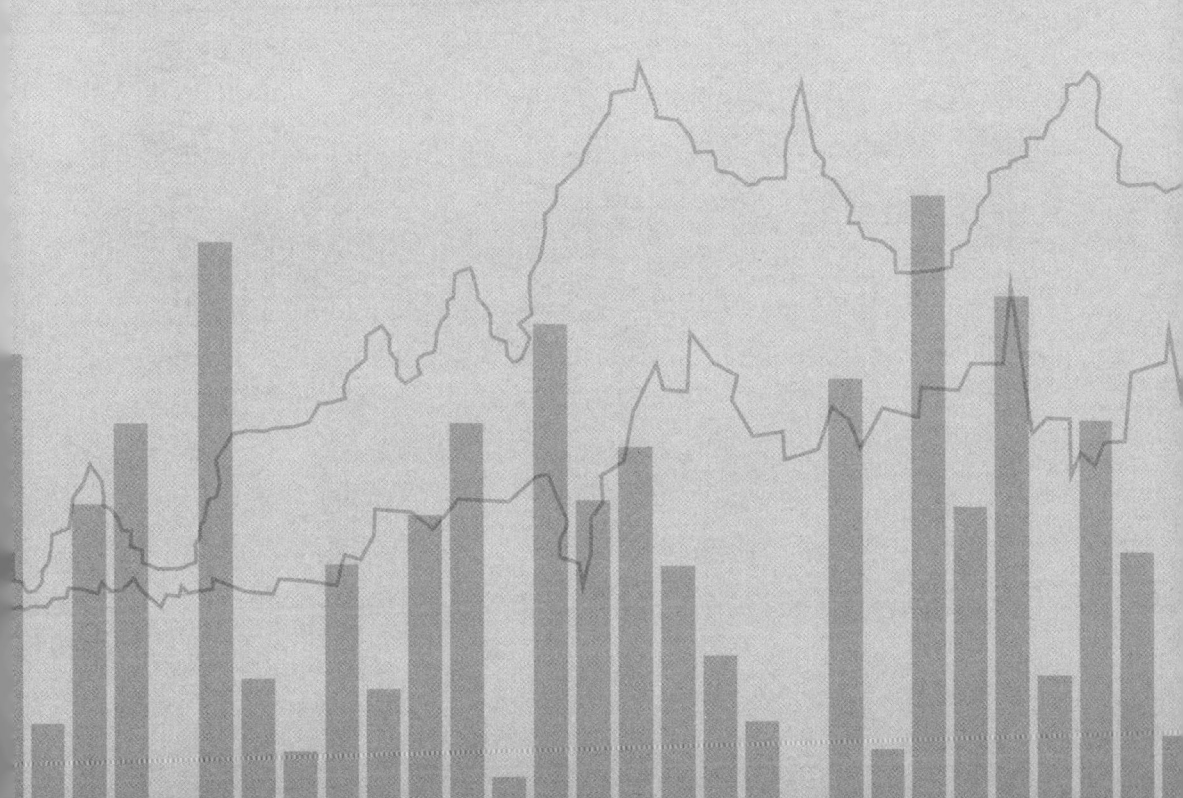

2.1 单根K线形态

K线又称蜡烛线、阴阳线。K线图有直观、立体感强、携带信息量大的特点，能充分显示股价趋势的强弱、买卖双方力量平衡的变化等，根据K线图预测后市走向较准确，是实时分析系统应用较多的技术分析手段。一根K线可由开盘价、最高价、最低价和收盘价组成，其形态千差万别，在此介绍几种常见的K线形态，仅供投资者参考。

2.1.1 锤子线

锤子线是指实体比较短小、下影线较长的K线形态，一般下影线为实体的两倍以上。其中K线可以是阴线，也可以是阳线（见图2-1）。

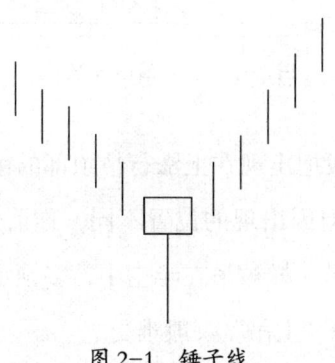

图 2-1 锤子线

锤子线往往出现在市场的底部，为见底信号，后市看涨。大跌后的锤子线显示买盘开始介入。如果锤子线出现后的三日内出现向上跳空或者低开高走的大阳线，收盘价突破锤子线顶点价位，说明反弹即将开始，投资者可以适当买入。

如图 2-2 所示，2023 年 4 月 11 日，北方国际（000065）的日 K 线图上出现了锤子线形态，这表明股价经过一波下跌后开始逐渐回升。此时，投资者可以少量买入股票。次日，股价越过锤子线顶点价位，此时投资者可以积极买入股票。

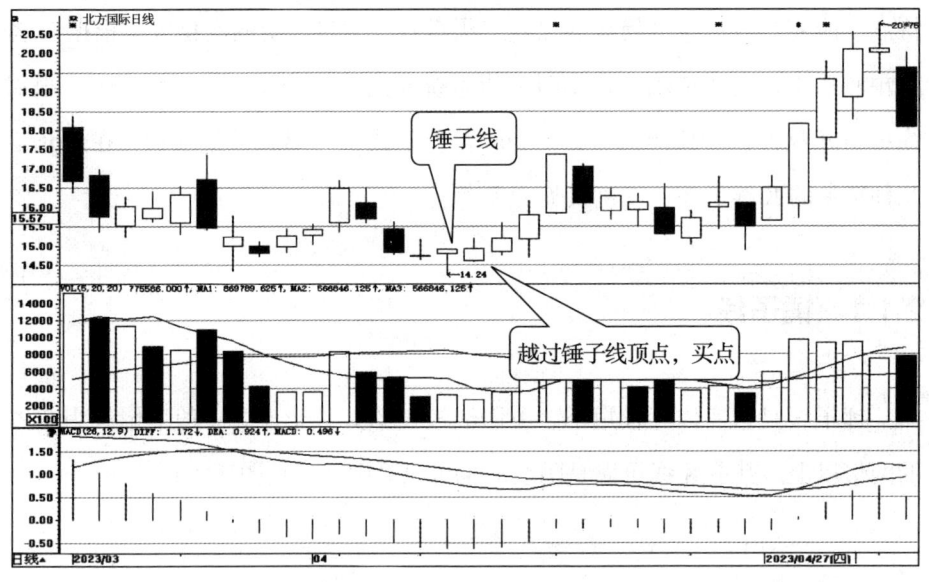

图 2-2　北方国际日 K 线

如图 2-3 所示，一般把出现在上涨行情顶部的锤子线称为上吊线，其形态虽然与锤子线相同，但因出现的位置不同，称谓也发生了变化。上吊线，顾名思义形态上是像上吊一样被吊在半空中，多预示股价见顶，投资者若此时不卖出股票，未来会像"上吊"一般难受。

如图 2-4 所示，2023 年 3 月 27 日，云鼎科技（000409）的日 K 线图上出现了上吊线，这表明股价经过一波上涨后出现上涨乏力的现象，下跌动能已经初步占据优势。3 月 28 日，股价低开，这说明多方力量枯竭，投资者需要尽快将手中的股票卖出。

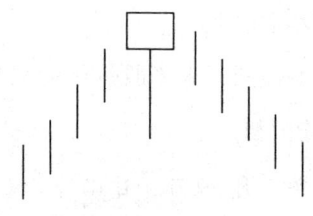

图 2-3 上吊线

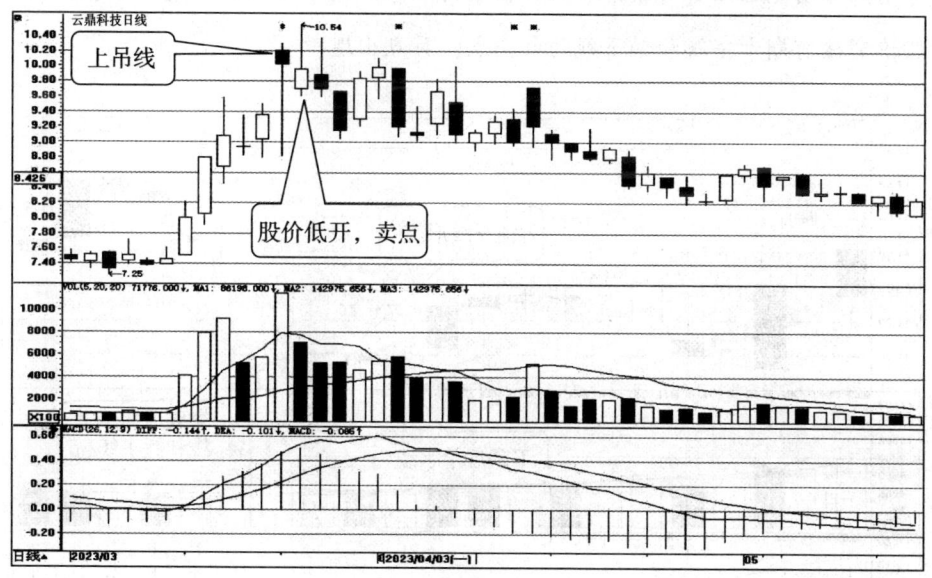

图 2-4 云鼎科技日 K 线

2.1.2 十字线

十字线是指在某个交易日，开盘价、收盘价完全相同，实体形成"一"字，只有上下影线。

十字线形态说明当天市场多空双方处于胶着状态，两边力量达到了均衡。若十字线出现在股价大幅上涨之后，且次日收盘价低于当日收盘价，说明卖方力量较强，股价可能下跌。若十字线出现在股价大幅下跌之后，且次日收盘价高于当日收盘价，则说明买方力量较强，股价可能上涨。因此，十字线在一定范围内也可以视为反转信号。

十字线发出的信号并不强烈，未来股价可能只是短暂反转就继续原来的走势。投资者注意把握买卖时机。

如图2-5所示，2023年3月29日，甘化科工（000576）在经过一波缓缓下跌走势后企稳，当日开盘价与收盘价价位相同，形成十字线形态，这表明市场上涨动能已经有所集聚。次日，股价又形成锤子线看涨形态。3月31日，股价突破前期十字线和锤子线的最高点，买点出现。

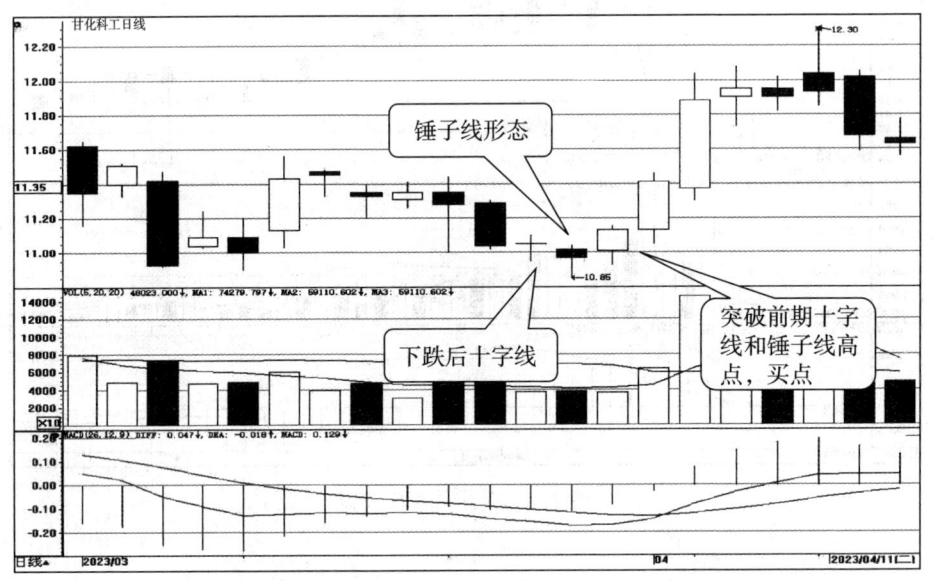

图2-5　甘化科工日K线

2.1.3　大阳线

在某个交易日里，股价收出一根阳线，其实体很长，而上下影线较短甚至没有，这根阳线称为大阳线。大阳线预示较为强烈的买入势头，在股价上涨初期，是极其重要的看涨信号。但是在股价上涨的后期，其往往表示最后的顶部。

如图 2-6 所示，从左至右依次为带有上下影线的大阳线、光头光脚大阳线、光脚大阳线和光头大阳线，其中光头光脚大阳线出现在股价低价位时，其看涨信号最强烈，其次是光头大阳线，最后是光脚大阳线，看涨信号最弱的是带有上下影线的大阳线。

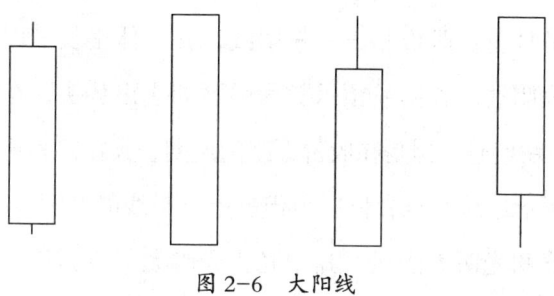

图 2-6　大阳线

若在高价位出现大阳线时，则往往带有欺骗性，可能是有庄家在高位诱空的信号。

如图 2-7 所示，2023 年 4 月 28 日，汇源通信（000586）在经过一波下跌

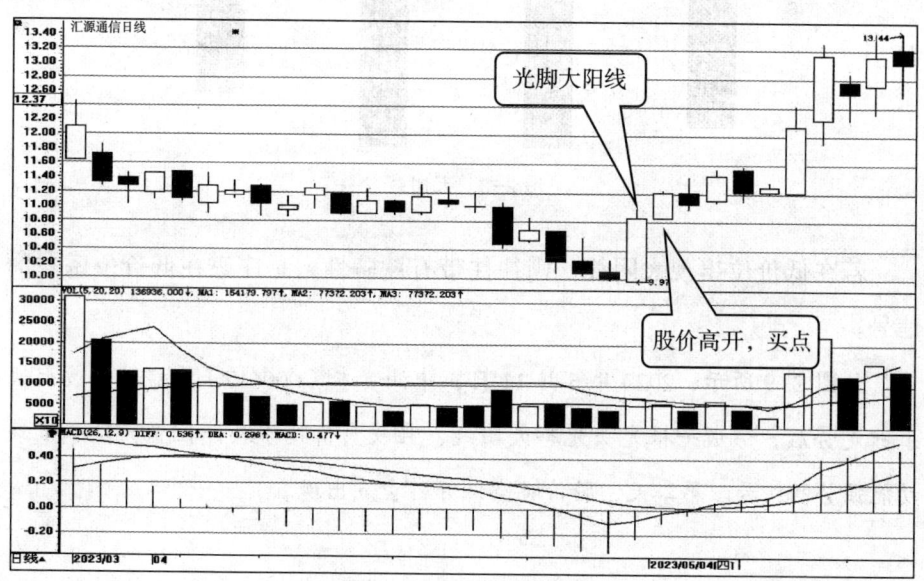

图 2-7　汇源通信日 K 线

走势后企稳向上，当日股价低开高走，持续上涨，接近涨停，形成一根光脚大阳线，这是上涨动能强势的表现。第二天股价高开，买点出现。

2.1.4 大阴线

在某个交易日里，股价收出一根阴线，其实体很长，而上下影线较短，这根阴线称为大阴线。大阴线预示较为强烈的卖出势头，在股价下跌初期，是极其重要的看跌信号。但是在股价下跌的后期，其往往表示最后的底部。

如图 2-8 所示，从左至右依次为带有上下影线的大阴线、光头光脚大阴线、光脚大阴线和光头大阴线，其中光头光脚大阴线出现在股价高价位时，其看跌信号最强烈，其次是光脚大阴线，再次是光头大阴线，最后才是带有上下影线的大阴线。

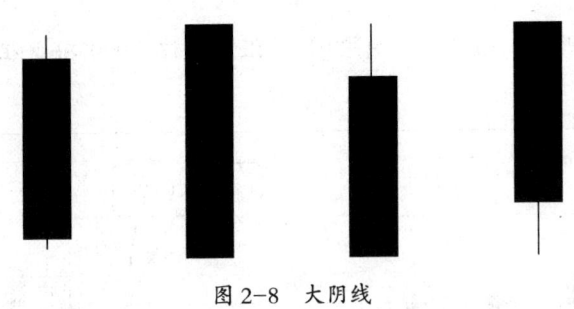

图 2-8　大阴线

若在低价位出现大阴线，则往往带有欺骗性，是庄家在低价位诱空的信号。

如图 2-9 所示，2023 年 5 月 11 日，中油资本（000617）在经过一波大幅上涨走势后，形成一根光头光脚大阴线，且收盘价处于跌停位置，这是下跌动能强势的信号。第二天，股价跳空低开，卖点出现。

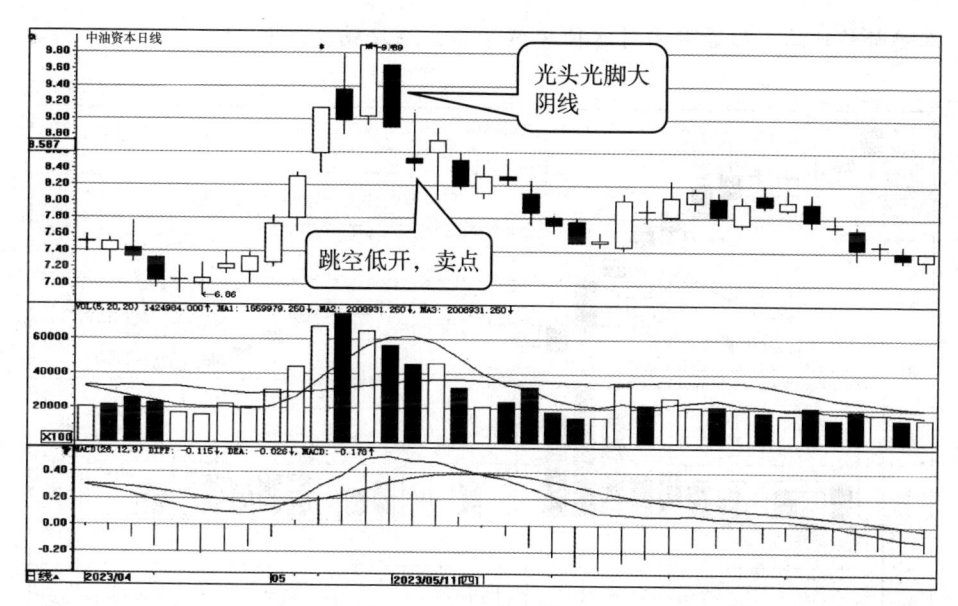

图 2-9 中油资本日 K 线

2.1.5 小阳线或小阴线

小阳线的阳线实体较短，上下影线可以有不同的变化，如上长下短、上短下长等。小阳线表示多空双方的小型对抗，消化获利盘和解套盘，其趋势一般仍会持续。在 K 线图中，单根小阳线的指示意义不大。

图 2-10 中为各种小阳线形态，小阳线是构成 K 线图的主要 K 线，往往代表趋势的延续。小阴线的基本用法与小阳线相同，在这里就不另做解释。

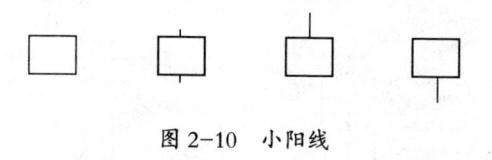

图 2-10 小阳线

如图 2-11 所示，2023 年 5 月至 6 月，恒立实业（现 *ST 恒立，000622）在股价反转过程中出现多个小阴线和小阳线。这些小阴线和小阳线多为原来下跌或上涨趋势的延续，投资者面对这种K线形态，注意观望为上。

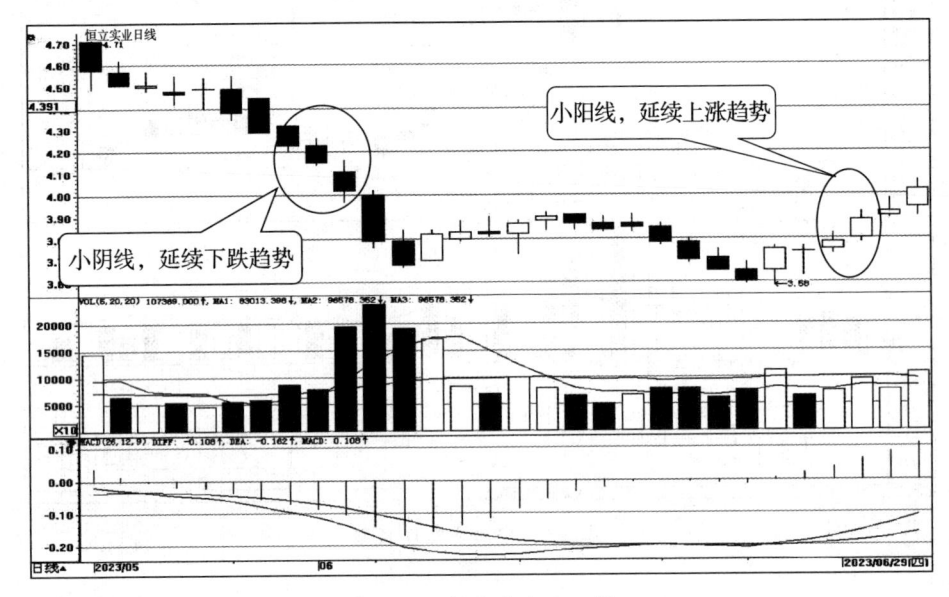

图 2-11　恒立实业日K线

2.1.6　射击之星

  射击之星又称为流星线。射击之星可以是阴线也可以是阳线，但实体比较短小，上影线较长。一般认为上影线长度为实体的两倍以上，下影线很短或者没有下影线（见图 2-12）。

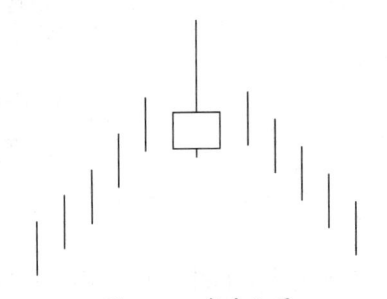

图 2-12　射击之星

射击之星出现在个股上涨行情的末期,是一种十分明显的见顶信号。这一形态的形成原因是开盘价比较低,多方组织力量向上强攻,一度急升,但尾市卖盘突然放大,收盘价又回落至开盘价附近。投资者在看到此形态时,应第一时间卖出股票。

如图 2-13 所示,在 2023 年 3 月 24 日,南华生物(000504)收出一根流星线。这根流星线对应的成交量较大,上影线很长,同时前一个交易日形成了放量上吊线。鉴于这根流星线具备了多个信号加强的形态特征,投资者可以进行初步的减仓,卖点 1 出现。下一个交易日,股价直接低开低走,无法突破流星线,看跌的验证信号出现,此时投资者可以进行全部卖出,卖点 2 出现。

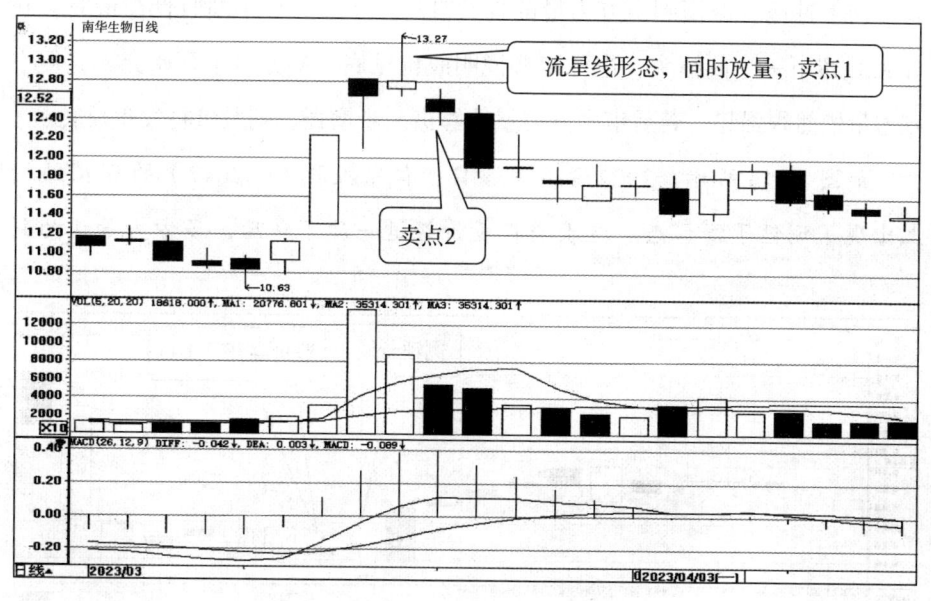

图 2-13 南华生物日 K 线

2.1.7 倒锤子线

倒锤子线的形态与射击之星类似,不同之处在于,射击之星出现在上涨行情末期,而倒锤子线则出现在下跌行情的末期。因其 K 线形态像一把倒转的锤头，故俗称"倒锤头"（见图2-14）。

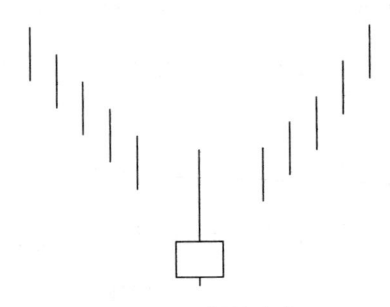

图 2-14　倒锤子线

倒锤子线出现在下跌行情中，往往在市场底部。倒锤子线表明多方拉动股价向上冲高，但遭到空方力量的强烈打压，导致股价不断收低，最终会在日K线留下一个倒锤头。这种走势说明股价见底，多方力量开始介入，但空方力量依然很强势，若后市多方力量能够进一步增强，则股价将发生反转。

如图2-15所示，2022年8月3日，仁东控股（002647）的日K线图上出现了倒锤子线形态。这表明在股价经过一波下跌后，多方力量认为到

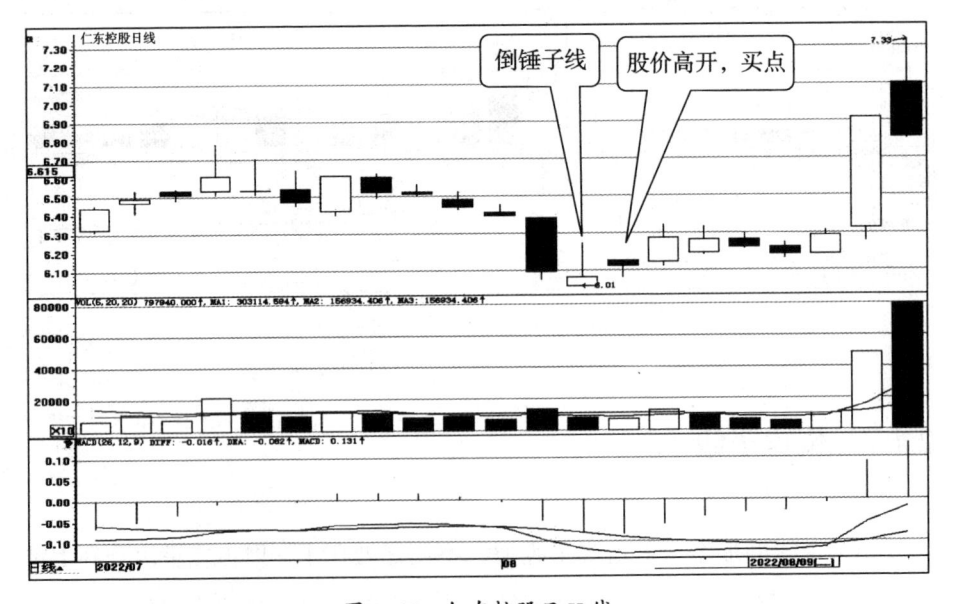

图 2-15　仁东控股日K线

了股价底部，纷纷买入股票，由此吸引更多投资者买入股票，短时间内将股价拉升到高位，但因多方力量不够强劲，终被空方力量打压下来，由此形成倒锤子线形态。这同时说明股价已经到了底部，后市当多方力量凝聚足够大的力量时，股价将进入一波上涨行情。下一个交易日，股价高开，买点出现。

2.1.8　T字线、倒T字线和一字线

T字线、倒T字线和一字线是指形状像字母T、倒字母T、一字的K线（见图2-16）。

图2-16　T字线、倒T字线和一字线

T字线、倒T字线和一字线主要出现在极端上涨或下跌行情中，其往往代表着极其强势或极其弱势的极端情况。这类K线多出现在ST股票的K线图中，是由庄家控盘造成的，根据其位置不同，技术含义也不同。

如图2-17所示，2023年1月17日，跃岭股份（002725）在经过一波缓缓上涨走势后放量加速向上，当天收出一根光头光脚大阳线，且收盘价在下午盘直接封涨停，显示出极强的上涨动能。第二天，K线形成一字线形态，延续前一日的强势上涨。1月19日，该股虽然再次放量封涨停，但K线形成T字线，说明空方开始反攻，投资者要注意减仓。1月20日，股价开盘即跌停，中途虽然一度打开跌停但收盘依然在跌停价位，当日K线形成倒T字线，说明股价虽然被打压下来，但多方仍不死心，伺机反扑，投资者要注意伺机出场。

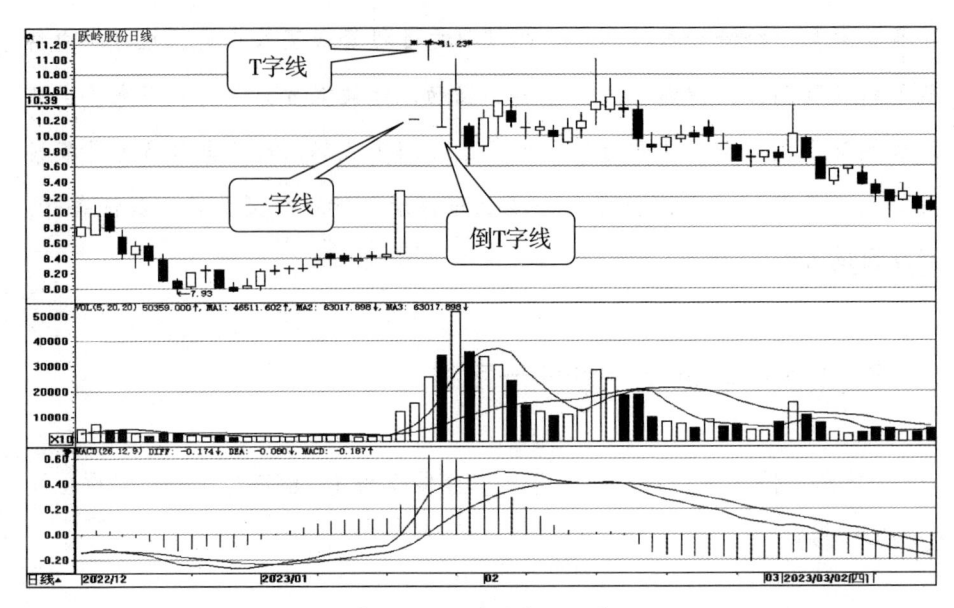

图 2-17 跃岭股份日 K 线

2.2 K 线组合形态

K 线组合就是指由两根或两根以上 K 线组成的预示股价见顶、见底或持续上涨、下跌的形态。K 线组合在整个 K 线图中会不断重复出现，如果投资者掌握了这些规律，将在很大程度上提高技术分析准确度。底部 K 线组合形态出现时，说明股价很快就会上升，要赶快建仓。顶部 K 线组合形态出现时，说明风险很大，要及时获利了结。下面简单讲解一下部分经典的 K 线组合。

2.2.1 早晨之星

早晨之星，顾名思义就是指太阳尚未升起的时候，黎明前最黑暗的时刻，一颗明亮的启明星在天边指引着夜行人。在股市中，K 线图上的早晨之星预示着跌势已尽，大盘处于拉升的前夜，行情将摆脱下跌的阴影，逐步走向光明。

如图 2-18 所示，早晨之星由三根 K 线组成。首先股价处于下跌行情，之后出现大阴线，说明空方力量主导着下跌行情。随后股价收小星线（该小星线可以为阳线也可以为阴线），这再次说明多空双方力量处于均衡。最后多方力量强势拉升股价上涨并收大阳线，该阳线实体部分深入到阴线实体部分或将阴线覆盖。这说明多方力量开始拉升股价，后市看涨，投资者可积极买入股票。

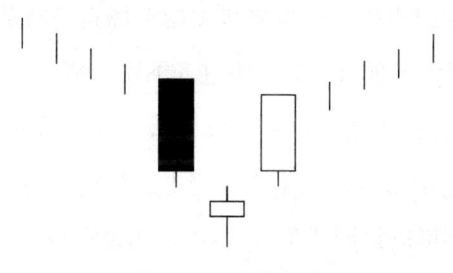

图 2-18 早晨之星

如图 2-19 所示，2022 年 10 月 28 日至 11 月 1 日，招商银行（600036）的日 K 线图上出现了早晨之星的 K 线组合形态。这表明股价底部已经确立，

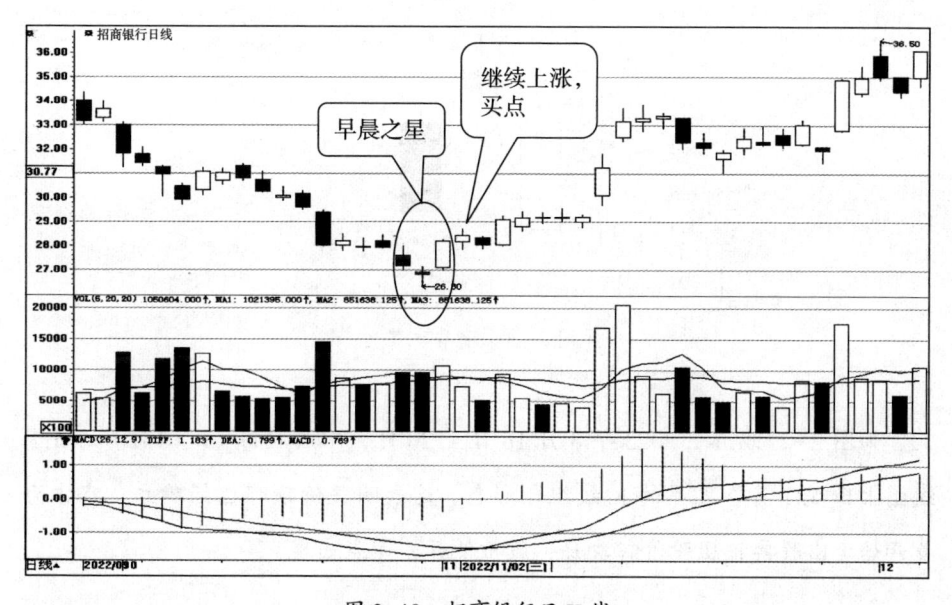

图 2-19 招商银行日 K 线

多方力量开始拉升股价。投资者在遇到此形态时，待次日该形态彻底确立后可积极买入股票。

2.2.2 黄昏之星

黄昏之星，就是指黄昏日落的时候，太阳的余光慢慢消失，多形容光明消失，黑暗来临。在股市中，黄昏之星多指市场在持续的涨势之后，已无续涨的动能，股价已经到了顶点，后市将进入下跌行情。

如图 2-20 所示，黄昏之星也由三根 K 线组成。首先股价处于上涨行情，之后出现大阳线，这说明多方力量主导着上涨行情。随后股价收小星线（该小星线可以是阳线也可以是阴线），这再次说明多空双方力量处于均衡。最后空方力量来袭，致使股价下跌并收大阴线，该阴线实体部分深入阳线实体部分，或将阳线覆盖。整个 K 线组合形态表明空方力量开始主导行情，后市看跌，投资者应尽早卖出股票。

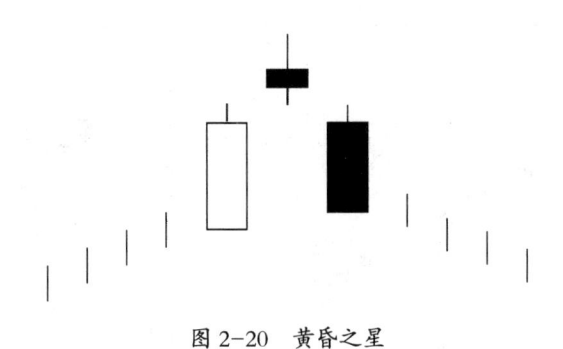

图 2-20 黄昏之星

如图 2-21 所示，2023 年 3 月 16 日至 20 日，中成股份（000151）的日 K 线图上出现了黄昏之星的 K 线组合形态。这表明股价顶部已经确立，空方力量开始卖出股票打压股价。次日，股价低开，卖点出现。

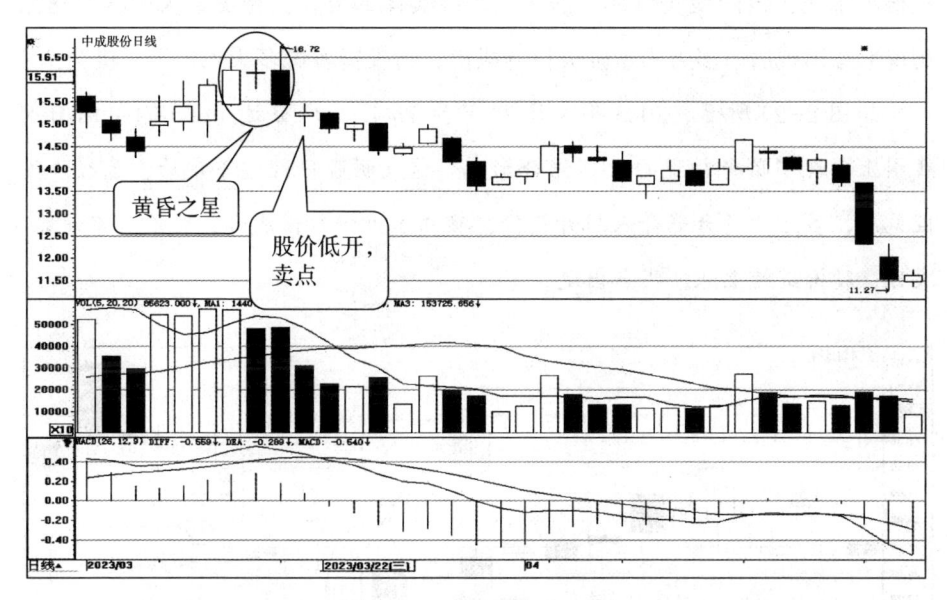

图 2-21 中成股份日 K 线

2.2.3 曙光初现

曙光初现，是指股价处于漫漫熊市，"跌跌不休"让投资者看不到希望，此时出现的大阳线犹如一股光明的力量深入"敌人"内部，给广大投资者指明了方向。

如图 2-22 所示，曙光初现由两根 K 线组成。起初，股价在下跌行情中出现一根大阴线。这说明空方力量打压股价至新低，投资者看不到希望。紧接着出现

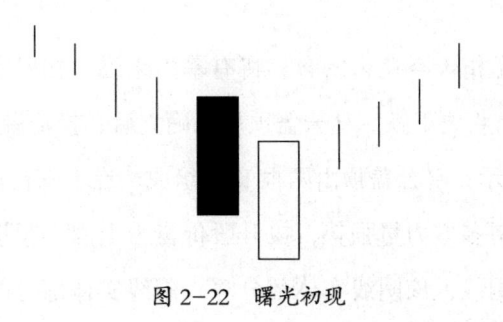

图 2-22 曙光初现

一根大阳线，该阳线实体部分深入大阴线实体部分，甚至覆盖大阴线。曙光初现形态出现后，多方力量强势拉升股价，给投资者做多买入提供了机会。

如图 2-23 所示，2023 年 4 月 24 日至 25 日，广誉远（600771）的日 K 线图上出现了曙光初现的 K 线组合形态。这表明股价经过下跌后，已经阶段性见底，多方力量开始介入拉升股价，确立了市场行情底部，股价后市看涨。次日，股价继续上涨，买点出现。

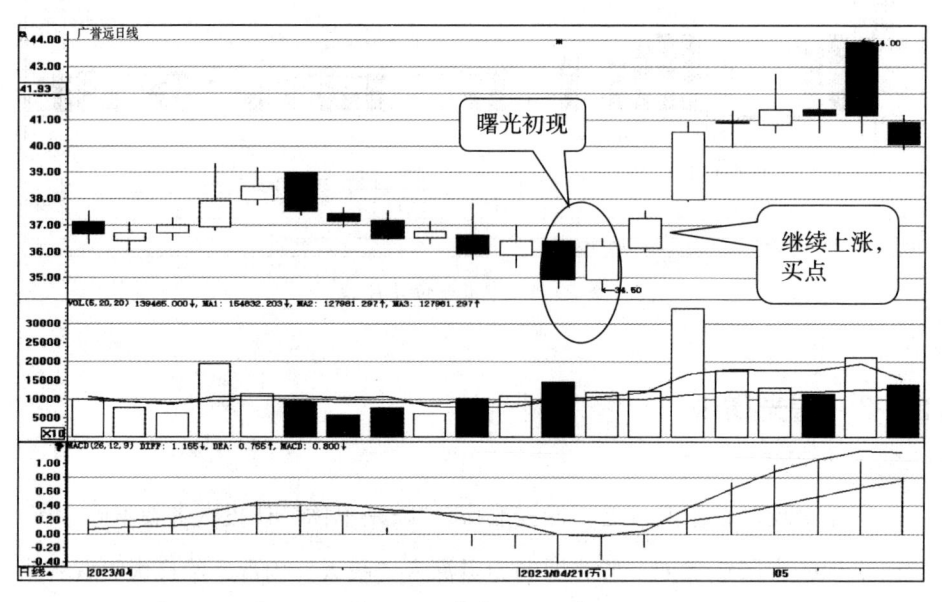

图 2-23　广誉远日 K 线

2.2.4　乌云盖顶

乌云盖顶，是指天空乌云密布，将有暴雨来临，在股市中多指示股价已经达到顶点，后市将要下跌。乌云盖顶形态确立后，投资者应及时卖出股票。

如图 2-24 所示，乌云盖顶由两根 K 线组成。在上涨行情中，首先出现一根大阳线，这表明多方力量强势，拉升股价奋力上涨。紧接着这根大阳线出现一根高开的大阴线，该阴线实体部分深入阳线实体部分的一半以上，却没有完全覆盖阳线。这表明在股价高位，投资者纷纷卖出股票变现，后市将进入下跌行情。投资者应及时卖出股票。

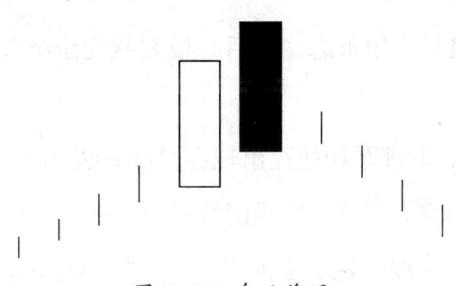

图 2-24　乌云盖顶

如图 2-25 所示，2023 年 2 月 15 日至 16 日，海王生物（000078）日 K 线图上出现乌云盖顶形态。这表明一方面，多方力量消耗殆尽，另一方面，空方力量逐渐聚集，预示着股价将进入下跌行情。2 月 17 日，股价低开，之后虽有上涨但无法突破前期高点，再次验证上涨动能不足，此时投资者应该尽快将手中的股票卖出。

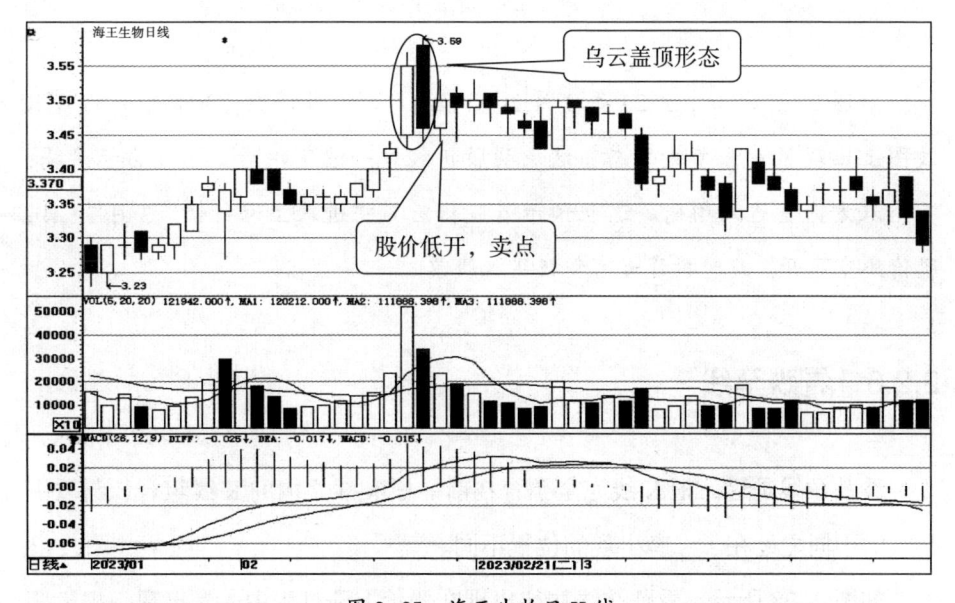

图 2-25　海王生物日 K 线

2.2.5 看涨孕线

看涨孕线又称身怀六甲形态，是后一根 K 线完全孕育在前一根 K 线之内的 K 线组合。

如图 2-26 所示，看涨孕线往往出现在股价下跌过程中，先出现一根大阴线或者中阴线，说明空方强势。紧跟阴线出现一根小 K 线，该 K 线可以是小阳线、小阴线或者十字线，说明之前强势的空方力量衰竭，多空双方陷入僵持。看涨孕线多为反转信号，表示股价后市将进入上涨行情。

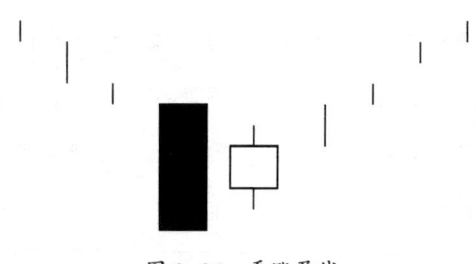

图 2-26　看涨孕线

如图 2-27 所示，2023 年 3 月 20 日至 21 日，国科微（300672）的日 K 线图上出现了看涨孕线形态。这表明股价经过一波下跌后，空方力量衰竭，多空双方力量达到均衡。这也预示着股价后市将进入上涨行情。3 月 22 日，股价跳空高开，此时投资者可积极买入股票。

2.2.6 看跌孕线

看跌孕线是后一根 K 线完全孕育在前一根 K 线之内的 K 线组合，与看涨孕线的不同之处在于二者出现的位置不同。

如图 2-28 所示，看跌孕线往往出现在股价上涨过程中，先出现一根大阳

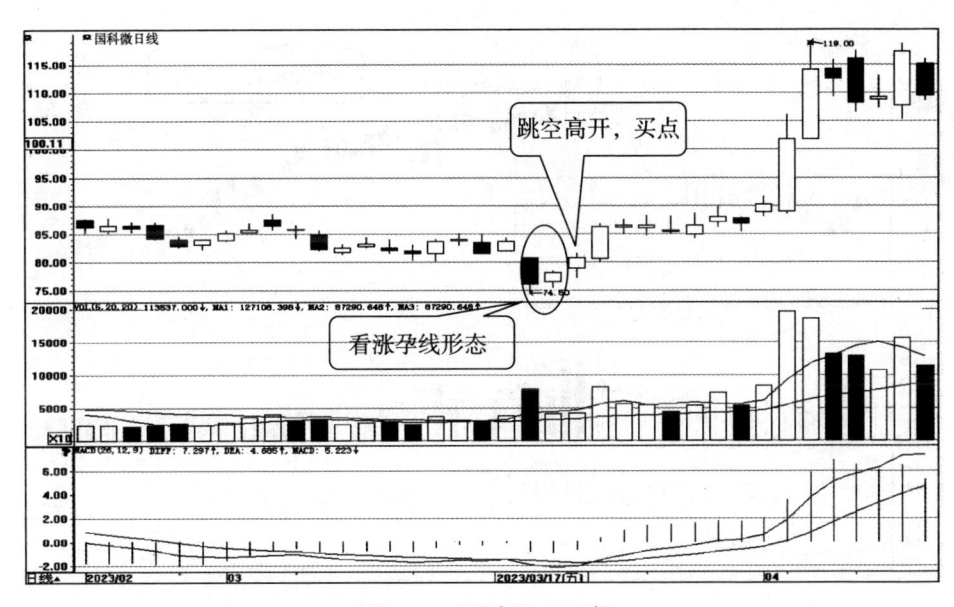

图 2-27　国科微日 K 线

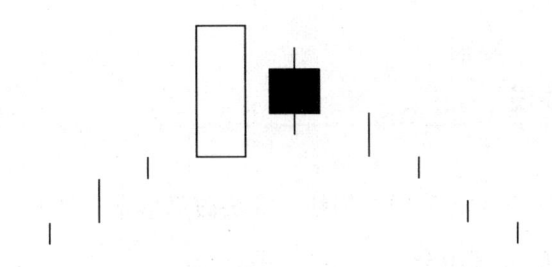

图 2-28　看跌孕线

线或者中阳线，表示多方强势。紧跟阳线出现一根小 K 线。小 K 线可以是小阳线、小阴线或者十字线，表示之前强势的多方力量衰竭，多空双方陷入僵持。看跌孕线多为反转信号，表示股价后市将进入下跌行情。

如图 2-29 所示，2023 年 2 月 1 日至 2 日，红星发展（600367）的日 K 线图上出现了看跌孕线形态。这表明股价经过一波上涨后，多方力量衰竭，空方力量增强，多空双方力量达到短暂均衡。这也预示着股价后市将进入下跌行情。该形态出现的次日，股价低开低走，卖点出现。

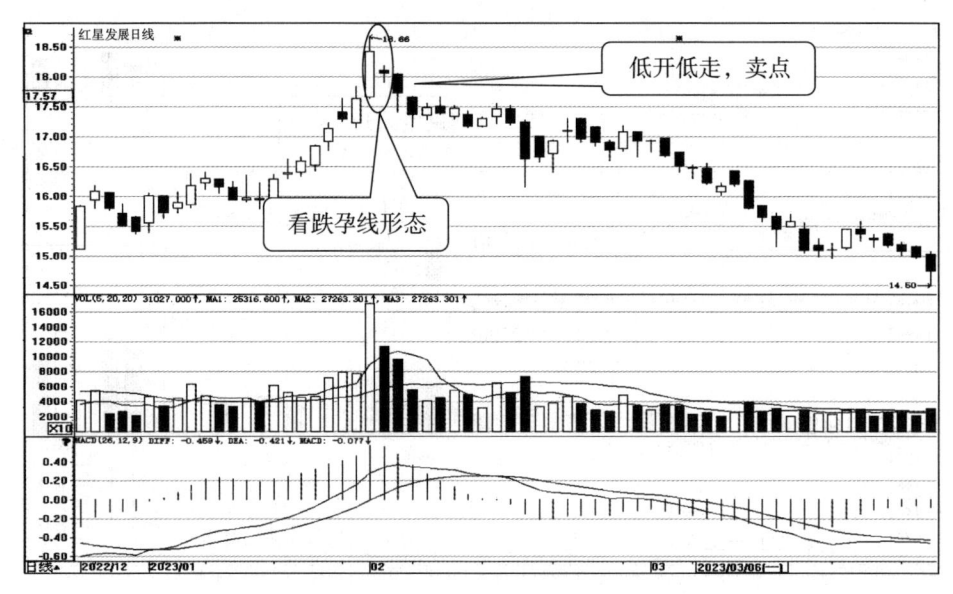

图 2-29 红星发展日 K 线

2.2.7 看涨吞没

看涨吞没形态又称包容线、抱线、穿头破脚形态,是后一根 K 线将前一根 K 线完全吞没的 K 线组合。

如图 2-30 所示,看涨吞没往往出现在股价下跌行情中,是前小后大、前阴后阳的两根 K 线组合。在股价持续下跌一段时间后,出现一根阴线。阴线的实体部分较短,表示下跌趋势减缓。紧跟阴线出现一根阳线。阳线的实体

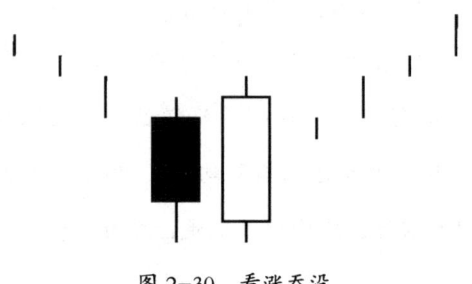

图 2-30 看涨吞没

将阴线完全吞没（但并不一定吞没阴线的上下影线）。这表示多方力量压倒空方，开始占据主动。因此看涨吞没形态为底部看涨信号。

如图 2-31 所示，2022 年 9 月 26 日至 27 日，健康元（600380）的日 K 线图上出现了看涨吞没形态。这表明股价经过一波下跌后，空方力量衰竭，多方力量增强，多方开始拉升股价上涨。这也预示着股价后市将进入上涨行情。9 月 28 日，股价低开高走，形成低位射击之星形态，从另一个侧面验证了看涨吞没的可靠性，此时投资者可以买入股票。

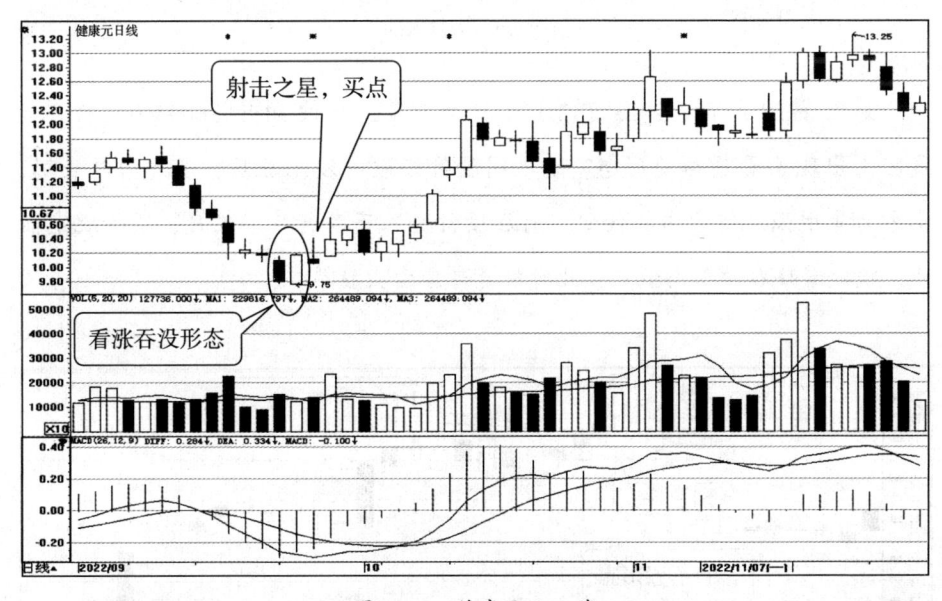

图 2-31　健康元日 K 线

2.2.8　看跌吞没

看跌吞没形态又称包容线、抱线、穿头破脚形态，是后一根 K 线将前一根 K 线完全吞没的 K 线组合。看跌吞没是出现在行情顶部的形态。

如图 2-32 所示，看跌吞没形态出现在股价上涨行情中，是前小后大、前阳后阴的两根 K 线组合。在股价持续上涨一段时间后，出现一根阳线。阳线的实体部分较短,表示上涨趋势减缓。紧跟阳线出现一根将阳线完全吞没的大阴线(但并不一定吞没阳线的上下影线),这表示空方力量压倒多方,开始占据主动。因此看跌吞没形态为顶部看跌信号。

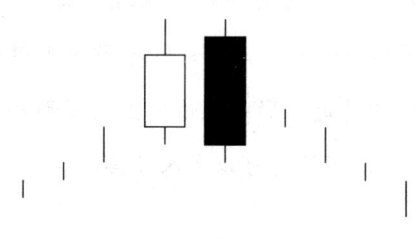

图 2-32 看跌吞没

如图 2-33 所示,2023 年 2 月 1 日至 2 日,宁波韵升(600366)的日 K 线图上出现了看跌吞没形态。这表明股价经过一波上涨后,多方力量衰竭,空方力量增强,空方占据优势,打压股价进入下跌行情。次日,股价跳空低开,跌破看跌吞没形态低点,此时投资者应卖出股票。

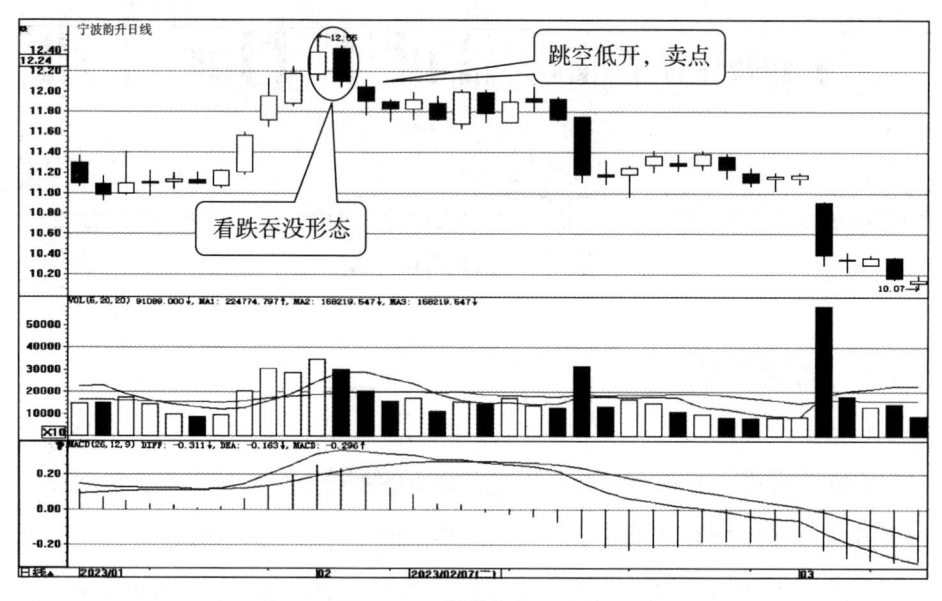

图 2-33 宁波韵升日 K 线

2.2.9 红三兵

红三兵是指三根连续上涨的小阳线,多用于表示看好后市行情,但看涨信号较弱。

如图 2-34 所示,红三兵由连续上涨的三根小阳线组成。在上涨行情初期,股价连续收三根小阳线,这些阳线间无跳空缺口。

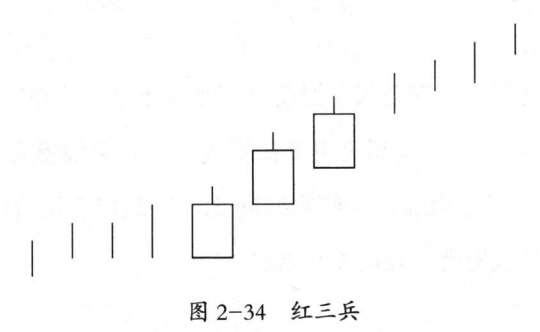

图 2-34 红三兵

如图 2-35 所示,2021 年 11 月 9 日至 11 日,敏芯股份(688286)的日 K

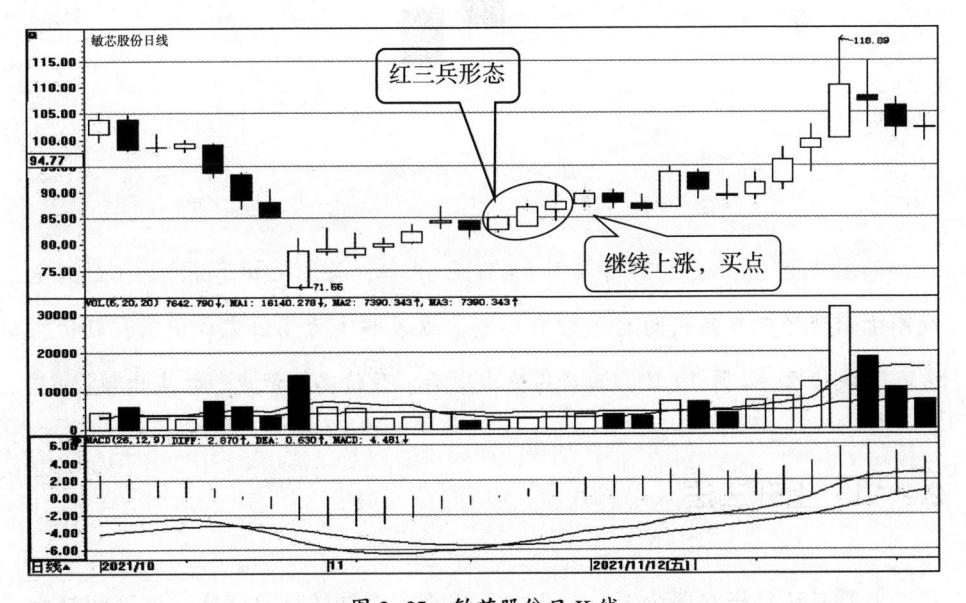

图 2-35 敏芯股份日 K 线

线图上出现红三兵形态。

从 2021 年 10 月底开始，敏芯股份持续上涨。11 月 9 日至 11 日，该股连续 3 个交易日的收盘价均高于前一日的收盘价，形成红三兵形态。这表示多方力量开始占据主动，推动股价向上攀升，市场趋势即将反转，形成看涨买入信号。11 月 12 日，股价继续上涨，投资者可以积极买入。

2.2.10 三只乌鸦

在股市中，三只乌鸦形态表示股价即将加速下跌，后市行情看淡。

如图 2-36 所示，三只乌鸦是由三根阴线组成的 K 线形态。在下跌行情初期，股价连续收三根小阴线，这些阴线间无跳空缺口。这说明股价进入下跌行情，持有股票的投资者应及时卖出股票。

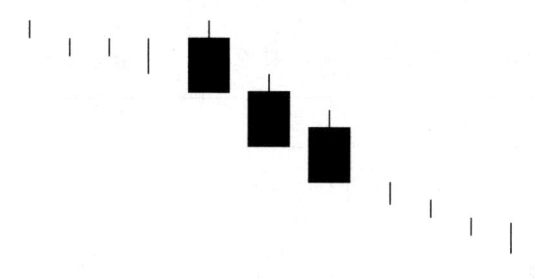

图 2-36 三只乌鸦

如图 2-37 所示，2023 年 4 月 14 日至 18 日，圣湘生物（688289）的日 K 线图上出现了三只乌鸦的 K 线组合形态。这表明主力高位完成出货，股价将进入下跌行情。4 月 19 日，三只乌鸦出现后，股价高开低走，卖点出现。

2.2.11 上升三法

上升三法是指在股价上升过程中，出现一个调整休息区间，该区间结束

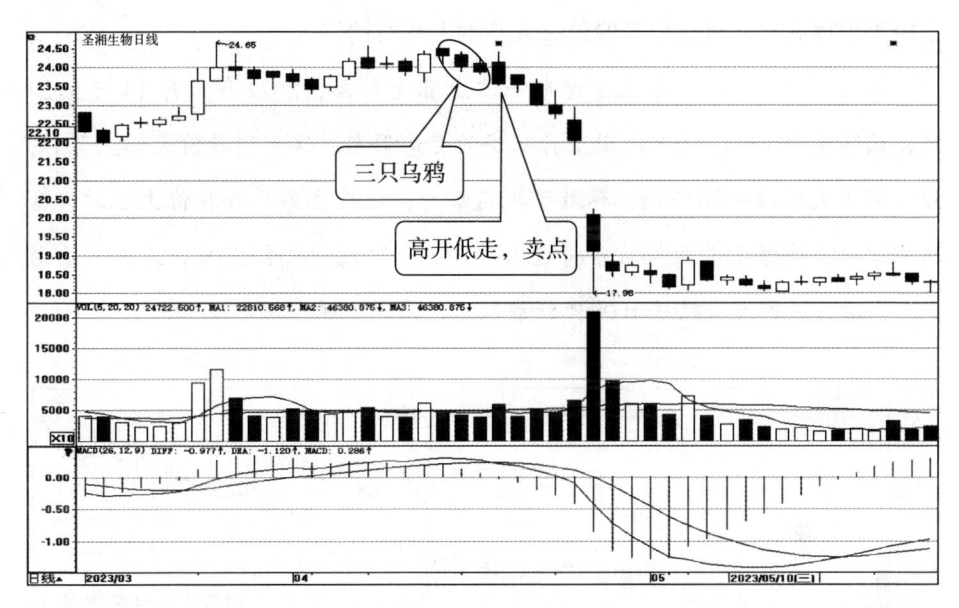

图 2-37　圣湘生物日 K 线

后，后市依然看好。投资者可积极做多买入。

如图 2-38 所示，上升三法形态一般由五根 K 线组成。在上升趋势中，出现一根大阳线，在该阳线之后，出现三根实体短小、依次下跌的阴线。这些阴线的实体必须处在第一根阳线的开盘价以上。最后一根阳线的收盘价高于三根小阴线的开盘价。上升三法说明多方主导着股价上涨的主旋律，在获利

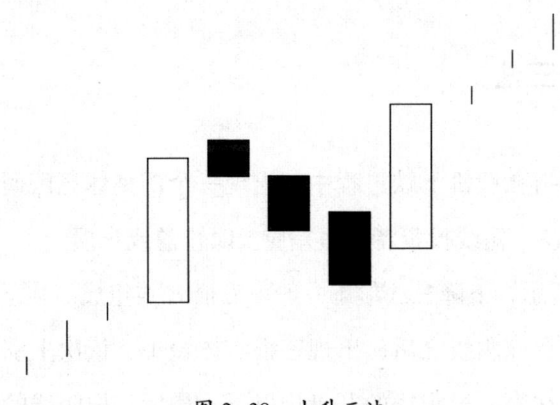

图 2-38　上升三法

筹码得到释放后，再次拉升股价进入新的上涨行情。

如图 2-39 所示，在经过前期一波上涨走势后，2022 年 6 月 14 日至 24 日，国际实业（000159）出现上升三法的变形形态。这表明股价大幅上涨后，经过若干天连续小幅回调，释放了抛盘压力，之后主力拉升股价上涨时抛盘压力减小。这预示着股价后市将进入加速上涨阶段。6 月 27 日，上升三法形态形成后，股价没有跌破前根 K 线最低价，买点出现。

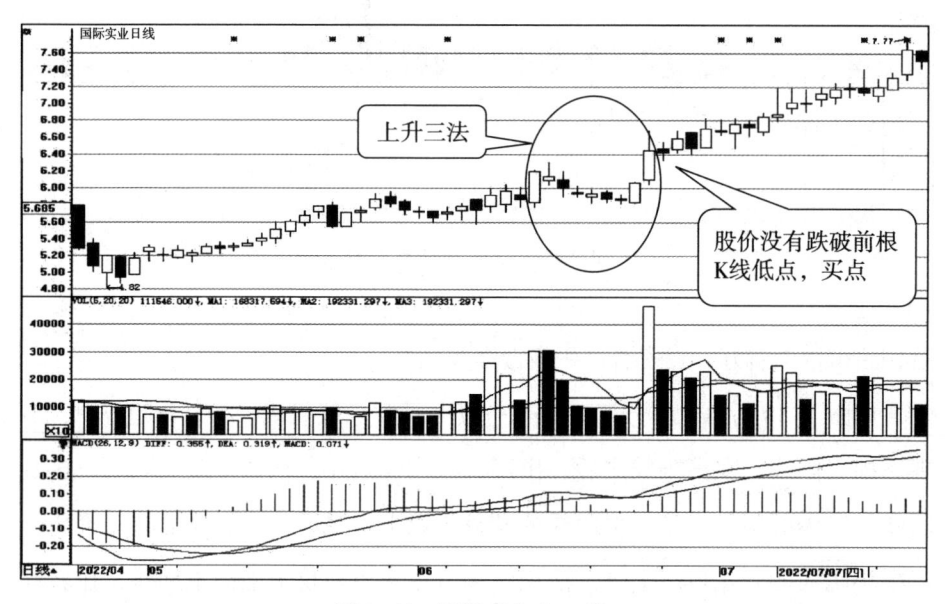

图 2-39　国际实业日 K 线

2.2.12　下降三法

下降三法是指在股价下跌过程中，出现一个调整休息区间，该区间结束后，后市依然看淡。短线投资者做短差应及时止盈或止损。

如图 2-40 所示，下降三法形态一般由五根 K 线组成。在下跌趋势中，出现一根大阴线，在该阴线之后，出现三根实体短小、依次上涨的阳线。这些阳线的实体都处在第一根阴线的开盘价以下。最后一根阴线的收盘价创出新

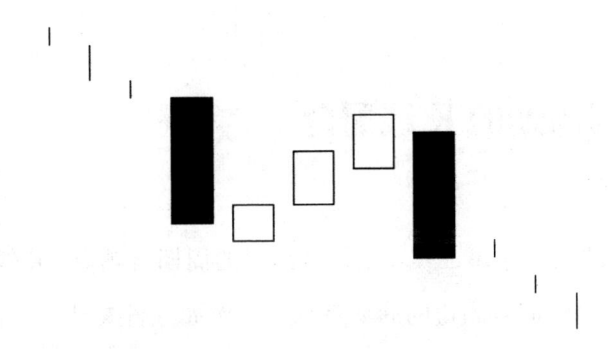

图 2-40　下降三法

低，完全消耗了三根小阳线的涨幅。下降三法说明空方主导着股价下跌的主旋律，待市场热情过去后，空方再度打压股价进入新的下跌行情。

如图 2-41 所示，2023 年 2 月 17 日至 27 日，维科技术（600152）的日 K 线图上出现了下降三法 K 线组合的变形形态。这表明股价经过一波下跌后，买方力量聚集，推动股价小幅反弹。股价上升之后空方力量逐渐增大，再一次打压股价至新低，预示着新一波下跌行情已经开始。2 月 28 日，股价反弹乏力，投资者要注意把握这个卖点。

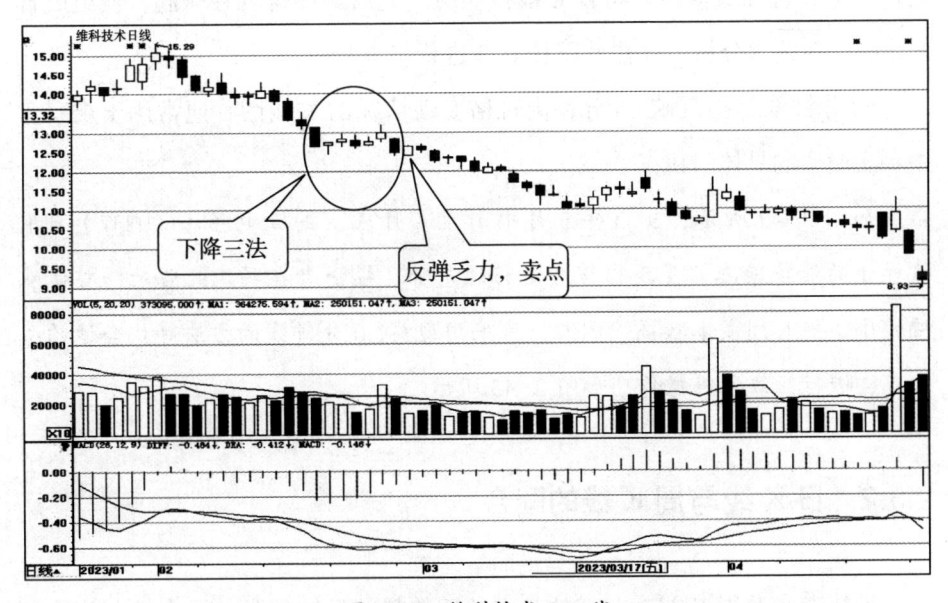

图 2-41　维科技术日 K 线

2.3　不同周期的 K 线配合

　　K 线代表的周期越短，其发出信号涵盖的周期就越短；K 线代表的周期越长，那么其发出信号涵盖的周期就越长。例如，日 K 线发出的反转信号，表示行情即将出现日线级别的反转，而月 K 线发出的反转信号，表示行情即将出现月线级别的反转。投资者若在日 K 线里找不到反转信号可以在周 K 线或 60 分钟线里面寻找，只不过 60 分钟线所代表的反转级别低，而周 K 线代表的反转级别较高罢了。

2.3.1　日 K 线与 60 分钟线的配合

　　日 K 线是指记录股票一天内的价格变动情况的 K 线图，包括开盘价、收盘价、最高价和最低价。将日 K 线按照时间先后顺序排列在一起，就组成日 K 线图。在技术分析中往往使用日 K 线进行基本分析。

　　60 分钟线是指反映 60 分钟内价格变动情况的 K 线图，通常用于观察盘中买卖股票的具体时机。

　　如图 2-42 所示，2023 年 5 月中旬至 6 月底，铜峰电子（600237）日 K 线显示的涨跌紧凑，呈现出缓缓上移的走势。投资者在买入此股后，整体涨幅较小，但时间成本较高。因此，可采用观察 60 分钟线的方法寻找合适的买卖点，进行短线波段操作，如图 2-43 所示。

2.3.2　日 K 线与周 K 线的配合

　　投资者在看周 K 线时，找的是中长期趋势的反转信号，而中长期趋势的

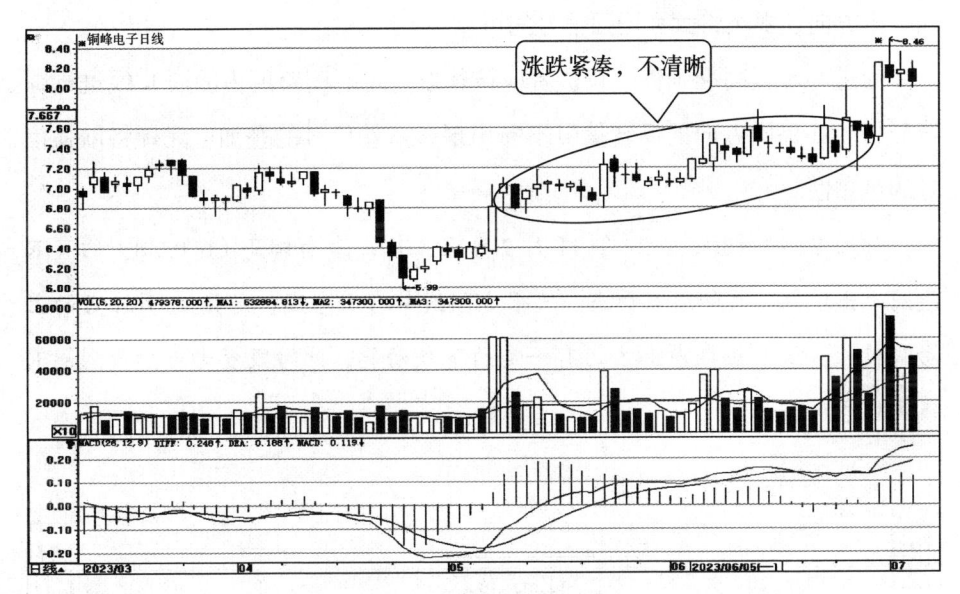

图 2-42　铜峰电子日 K 线

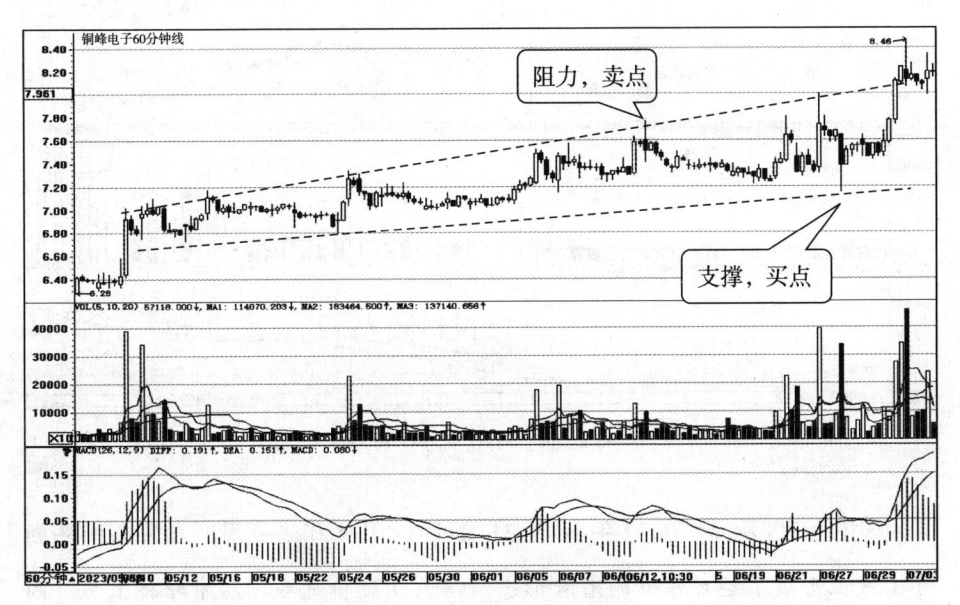

图 2-43　铜峰电子 60 分钟线

扭转不是一朝一夕可以完成的。因此在实战看盘中，投资者需要细心地观察，寻找多种不同类型的反转信号，将这些信号互相验证。如果这些信号均指向同一个方向,那么将大大增强信号的可靠性。

为进一步提高准确性,投资者应该选取一定时间跨度内的周 K 线进行综合分析。如果同方向的反转信号不断出现,这些信号的叠加,无疑将增强信号的可靠性。

如图 2-44 所示,2022 年 11 月 2 日至 4 日,海南椰岛(600238)的日 K 线图上出现红三兵的看涨形态。三根小阳线都有上影线,尤其 11 月 4 日的上影线较长,说明短期内上方仍有一定的下跌动能,此时投资者可切换到周 K 线去观察。

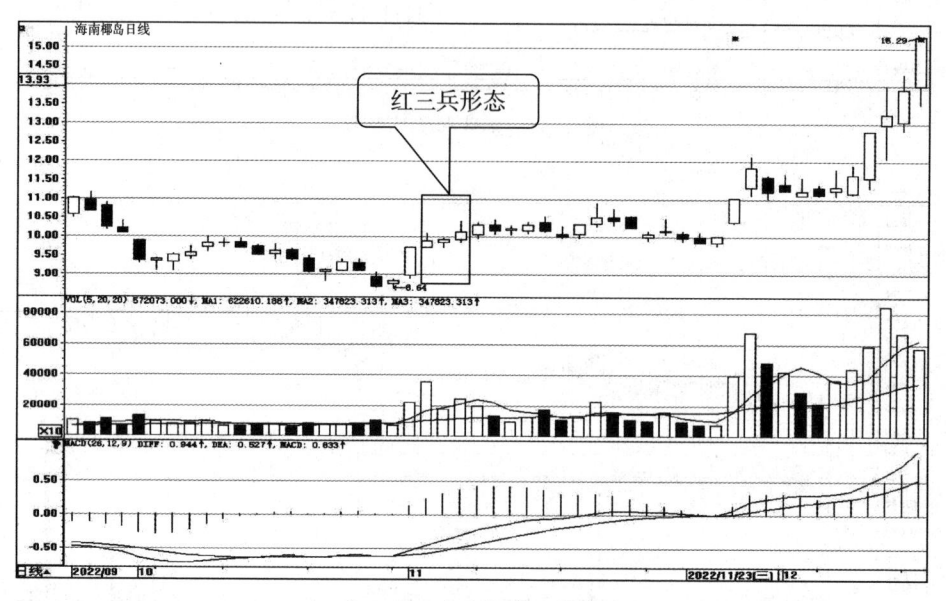

图 2-44　海南椰岛日 K 线

如图 2-45 所示,2022 年 10 月 31 日至 11 月 4 日这一周,在海南椰岛的周 K 线上形成了旭日东升的看涨形态。这表明股价见底,后市即将上涨。因此,将图 2-44 和图 2-45 结合起来看,日 K 线和周 K 线都指示股价见底,后市上涨。因此,投资者可以买入股票。

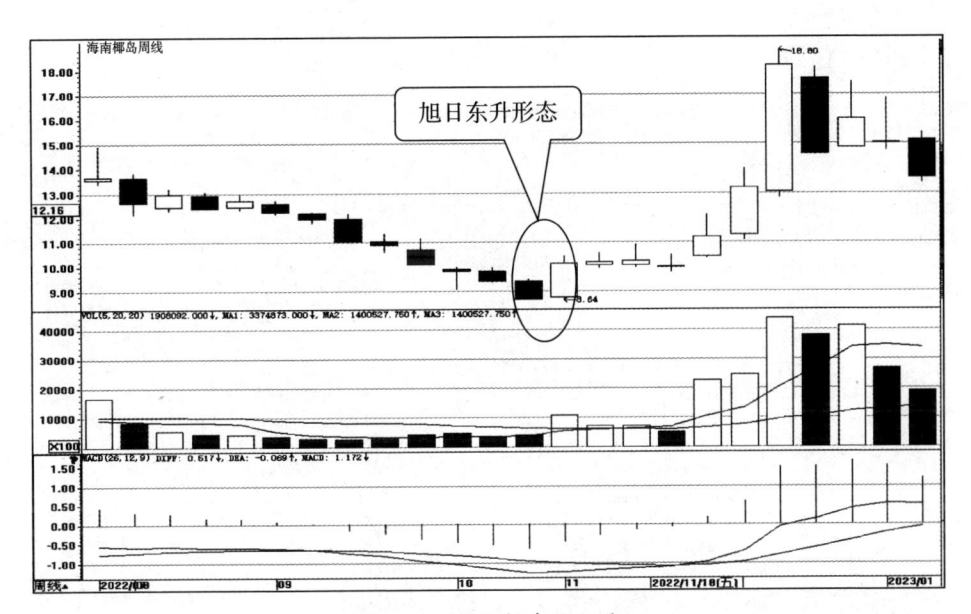

图 2-45　海南椰岛周 K 线

第 3 章

看趋势形态了解行情走向

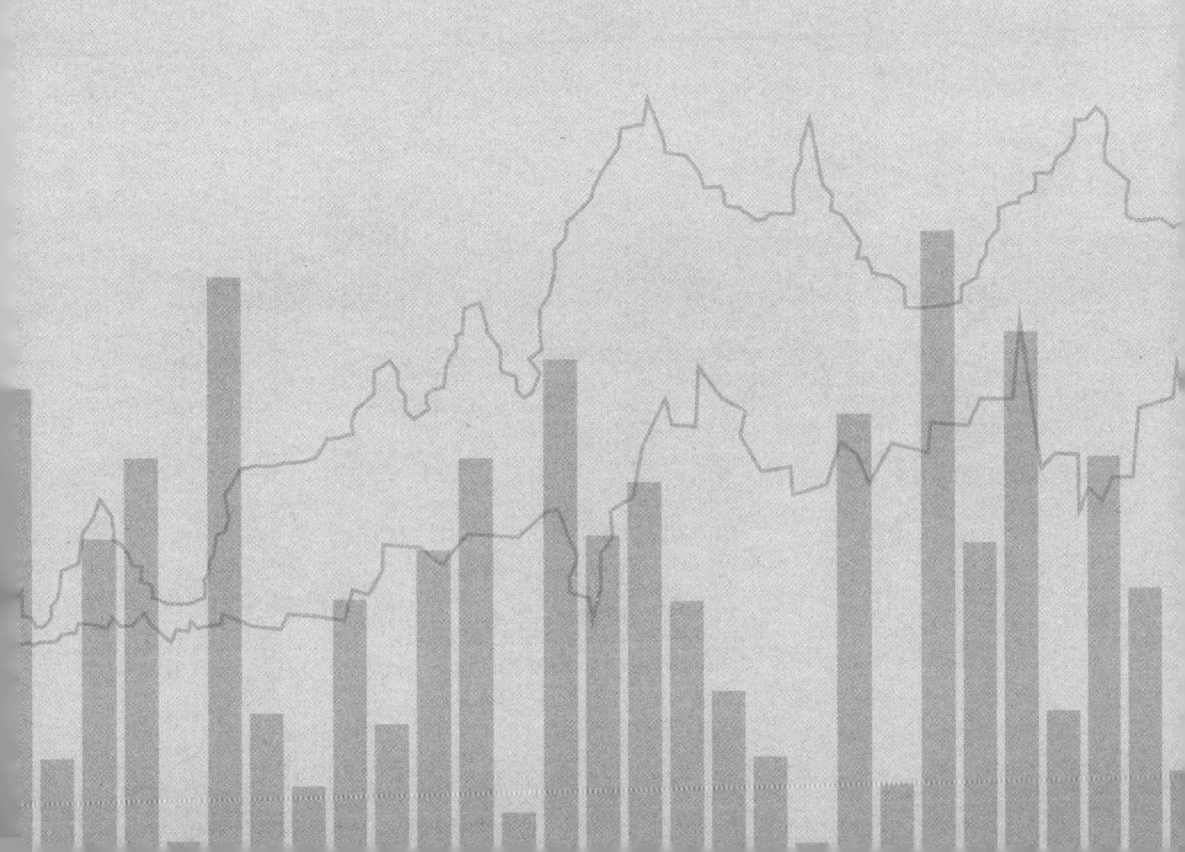

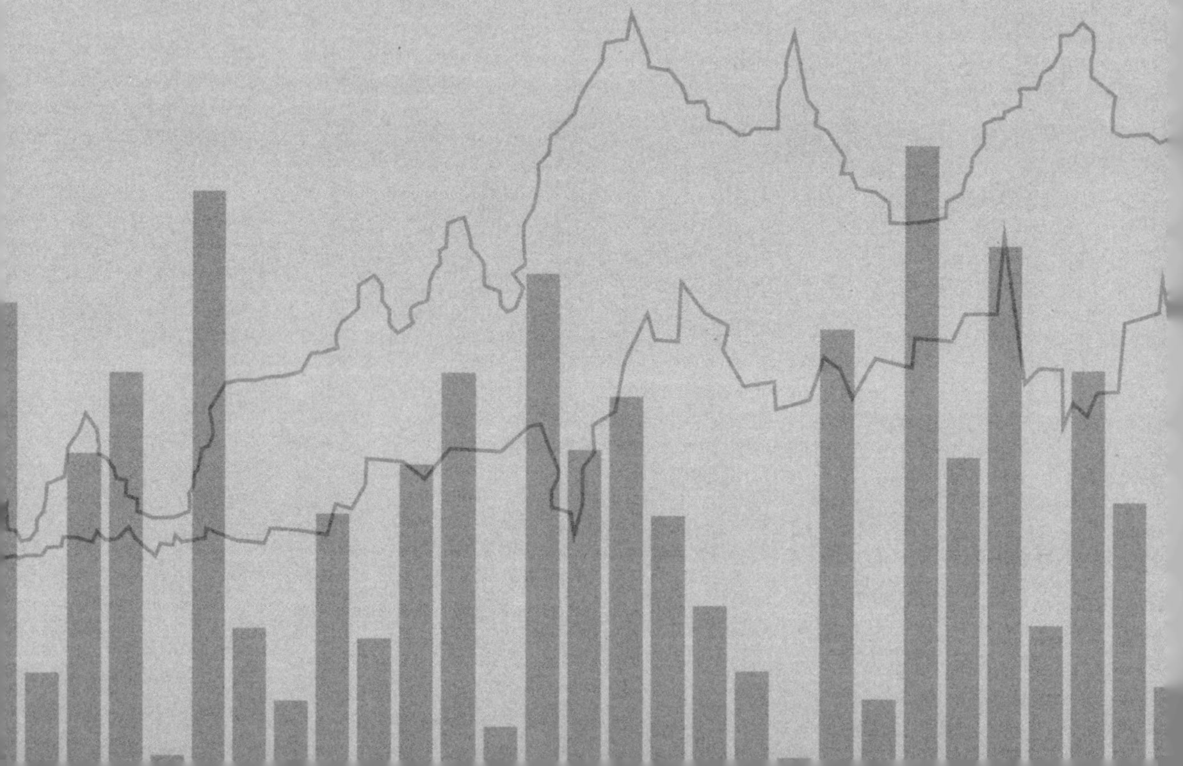

3.1 反转形态

反转形态的图形表示股价的原有趋势将要被逆转，例如，原来的上升趋势将变为下降趋势，或原来的下降趋势将变为上升趋势。反转形态的典型图形有 M 形顶、W 形底、头肩顶、头肩底、岛形反转等。

3.1.1　M 形顶与 W 形底

1. M 形顶

M 形顶又称双顶，是指股价在高位出现的两个顶部，形似大写字母 M。

如图 3-1 所示，M 形顶一般出现在上涨行情的末期。在上涨行情的末期，股价创新高后出现了一个顶部，随后股价回调至低价位，该低价位的水平线可称为 M 形顶的颈线。紧接着股价又出现上涨，但此次上涨的高点受到前期高点的制约，会使股价再次下跌，由此形成另一个顶部。当股价跌破前期的低价位时，一般称为股价跌破颈线，后市将进入下跌通道，M 形顶形态完成。

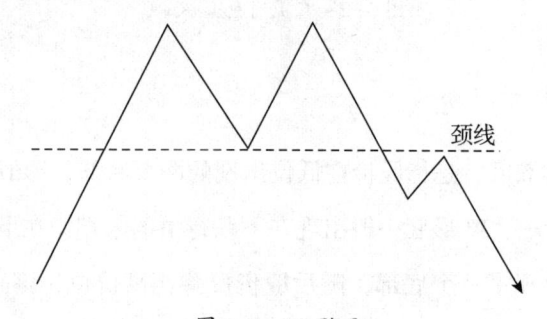

图 3-1　M 形顶

在整个形态中，多方力量经历了由强转弱的过程，或者说是空方力量由弱转强的过程。经历该形态后，市场将由多方主导的上涨行情转变为空方主导的下跌行情，股价趋势发生了变化。因此，当出现 M 形顶形态时，投资者应坚决卖出股票。

如图 3-2 所示，2023 年 1 月至 3 月，广晟有色（600259）股价走势形成一个双顶形态。通过回调低点画出一条水平直线，即双顶的颈线。3 月 6 日，股价一路下滑，并放量跌破 M 形顶颈线，M 形顶形态得到确认，股价将要进入下跌趋势，卖点出现。

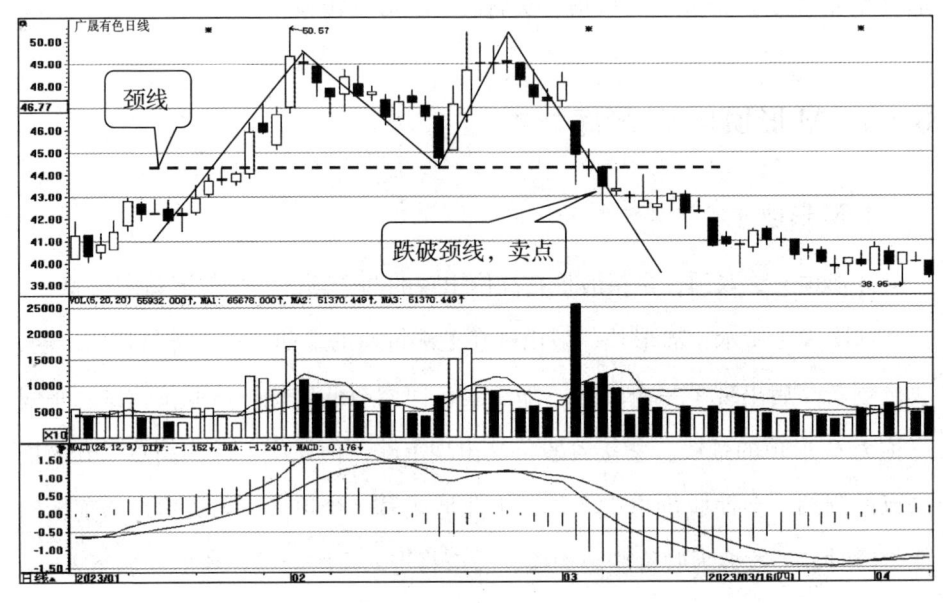

图 3-2　广晟有色日 K 线

2. W 形底

W 形底又称双底，是指股价在低位出现的两个底部，形似大写字母 W。

如图 3-3 所示，W 形底一般出现在下跌行情的末端。在下跌行情的末端，股价创新低后出现了一个底部，随后股价反弹至高价位，该高价位的水平线可称为 W 形底的颈线。紧接着股价又出现下跌，但此次下跌的低点受到前期低点的支撑，股价再次上涨，由此形成另一个底部。当股价突破前期高价位

第 3 章 看趋势形态了解行情走向

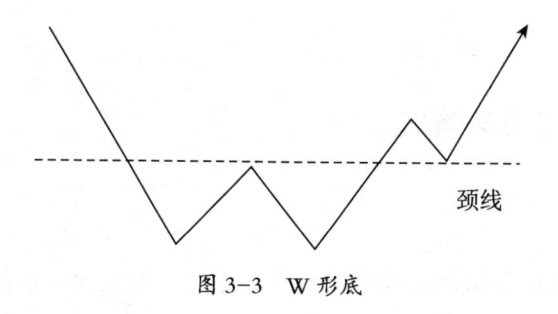

图 3-3 W 形底

时，一般称为股价突破颈线，后市将进入上涨走势，W 形底形态完成。

在整个形态中，空方力量经历了由强转弱的过程，或者说是多方力量由弱转强的过程。该形态形成后，市场将由空方主导的下跌行情转变为多方主导的上涨行情，股价趋势发生了变化。因此，当出现 W 形底形态时，后市看涨，投资者可以买入股票。

如图 3-4 所示，2022 年 9 月至 11 月，陕国投 A（000563）的日 K 线图上出现了 W 形底形态。这表明市场已经由空方主导的下跌行情转变为多方主导的上涨行情。当股价跳空向上突破颈线时，说明 W 形底已经形成。此时，投资者可买入股票。

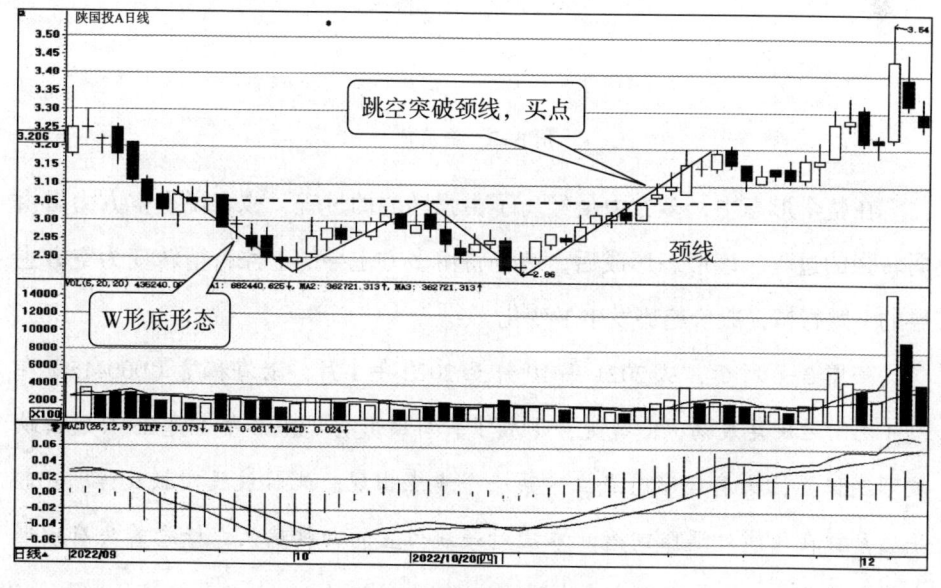

图 3-4 陕国投 A 日 K 线

3.1.2 头肩顶与头肩底

1. 头肩顶

头肩顶是股价在顶部形成三个峰顶,中间的峰顶比两边的高,形似人体的头部和左右两个肩部的形态。

如图 3-5 所示,头肩顶形态一般出现在上涨行情末期,由连续三个峰顶和两个谷底组成。两边峰顶基本持平,中间的峰顶略高。这三个峰顶从左到右依次叫作左肩、头部、右肩。左肩和头部两次回调后所形成的两个低点基本水平,这两个低点的连线为颈线。当股价跌破颈线时,投资者应卖出股票。

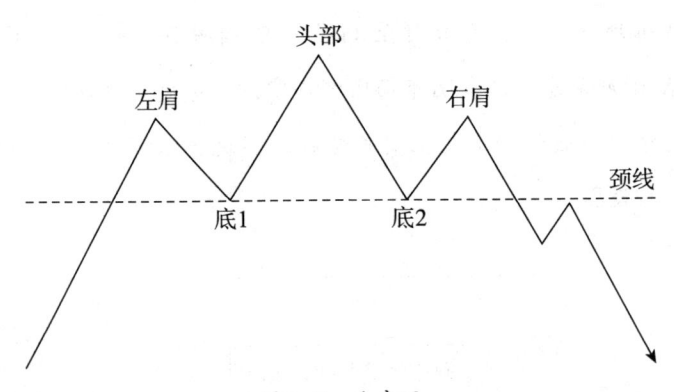

图 3-5 头肩顶

在整个形态中,多方力量经历了由强转弱的过程,或者说是空方力量由弱转强的过程。该形态形成后,市场将由多方主导的上涨行情转变为空方主导的下跌行情,股价趋势发生了变化。

如图 3-6 所示,从 2021 年 10 月至 2022 年 1 月,渤海租赁(000415)在 2.84 元附近反复震荡,K 线走势形成了头肩顶形态。2022 年 1 月 25 日股价跌破颈线位置,头肩顶形态成立,第一个卖点出现。此后该股回抽反弹,2022 年 2 月初在颈线处遇阻回落。本次对颈线位置的回抽确认,标志着头肩顶形态得到最终确认,第二个卖点出现。

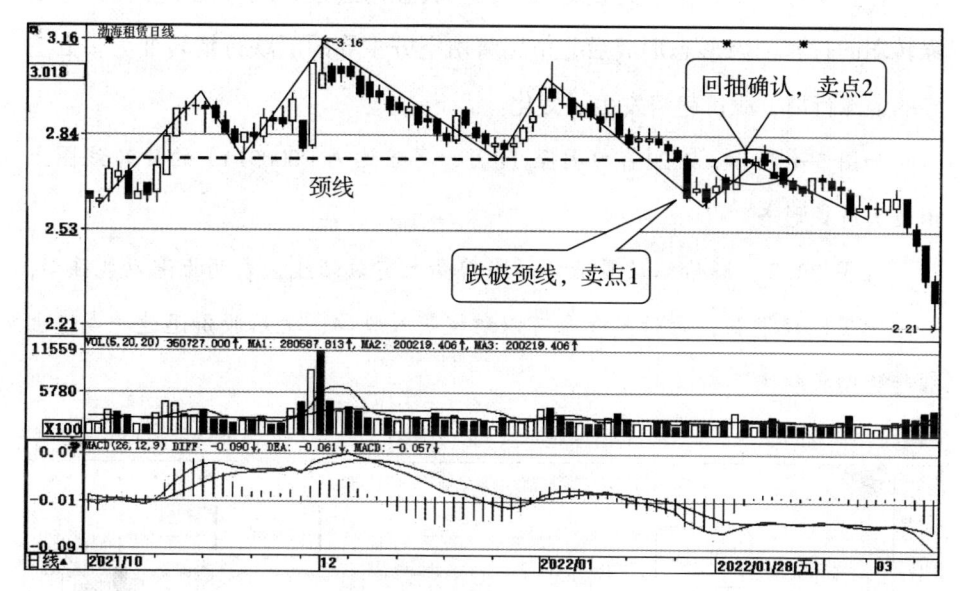

图 3-6　渤海租赁日 K 线

2. 头肩底

头肩底是与头肩顶完全相反的形态。如图 3-7 所示，头肩底形态一般出现在下跌行情末期，由连续三个谷底和两个谷峰组成。两边谷底基本水平，中间的谷底较低。这三个谷底从左到右依次叫作左肩、头部、右肩。左肩和头部两次反弹后所形成的高点连线为颈线。当股价突破颈线时，投资者可以买入股票。

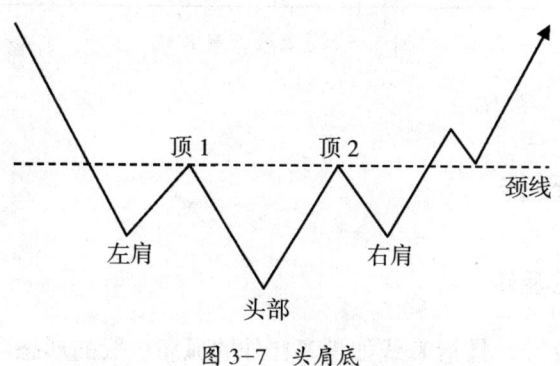

图 3-7　头肩底

在整个形态中，多方力量经历了由弱转强的过程，或者说是空方力量由强转弱的过程。该形态形成后，市场将由空方主导的下跌行情转变为多方主导的上涨行情，股价趋势发生了变化。

如图3-8所示，2022年9月至11月，粤宏远A（000573）的日K线图上出现头肩底形态。

11月28日，股价以放量涨停的态势向上突破颈线，表明上涨动能强劲，上方抛压已经很弱，此时投资者可以积极买入股票，之后股价迅速冲高，上涨趋势彻底确认。

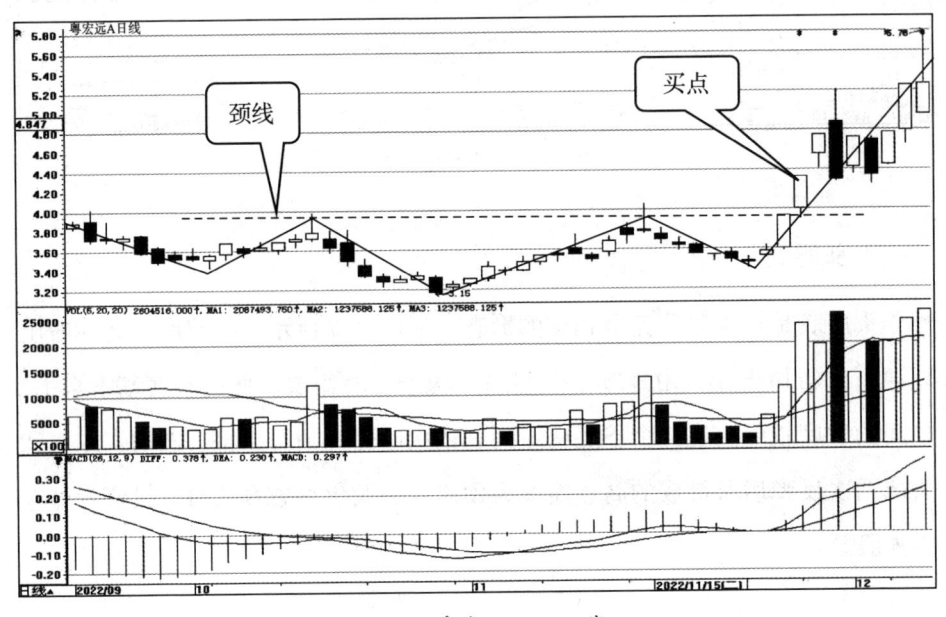

图3-8 粤宏远A日K线

3.1.3 岛形反转

1.顶部岛形反转

顶部岛形反转，是指K线如漂离在外的孤岛一般的形态。顶部岛形反转预示物极必反，股价上涨幅度太大终会下跌。

如图 3-9 所示，顶部岛形反转出现在上涨行情末期。在股价上涨过程中，首先出现一个跳空的上涨缺口。在该缺口出现之后，股价开始在顶部整理，形似漂离在外的孤岛。股价在顶部整理一段时间后，逐渐进入跌势。此时出现一个跳空的下跌缺口，岛形完全漂离在外，顶部岛形反转形态完成，股价进入下跌通道。

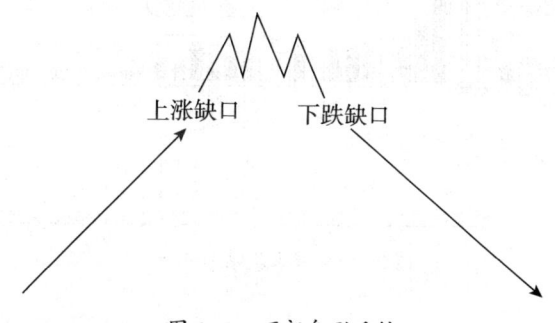

图 3-9 顶部岛形反转

在整个形态中，多方力量借助投资者追涨的热情，将其套在高价位，从而获得丰厚的收益。随后，多转空，股价进入下跌通道。

如图 3-10 所示，2022 年 8 月 1 日至 19 日，航天发展（000547）的日 K 线图上出现了顶部岛形反转形态。这表明主力拉升股价吸引足够的人气后，跳空高开，使跟风的投资者追高买入。而主力则借机出货，待主力出货完毕后开始打压股价，巨大的抛盘压力使股价跳空低开，进入加速下跌行情。投资者在看到顶部岛形反转形态确认后，应及时卖出股票。

2. 底部岛形反转

底部岛形反转是与顶部岛形反转完全相反的形态。如图 3-11 所示，底部岛形反转形态往往出现在下跌行情末期。在股价下跌行情中，股价向下跳空留下一个下跌缺口，这说明空方集中力量向下打压股价，空方渐显力量衰竭。随后多空双方在"岛上"激烈争夺，最终股价向上跳空留下一个上涨缺口，

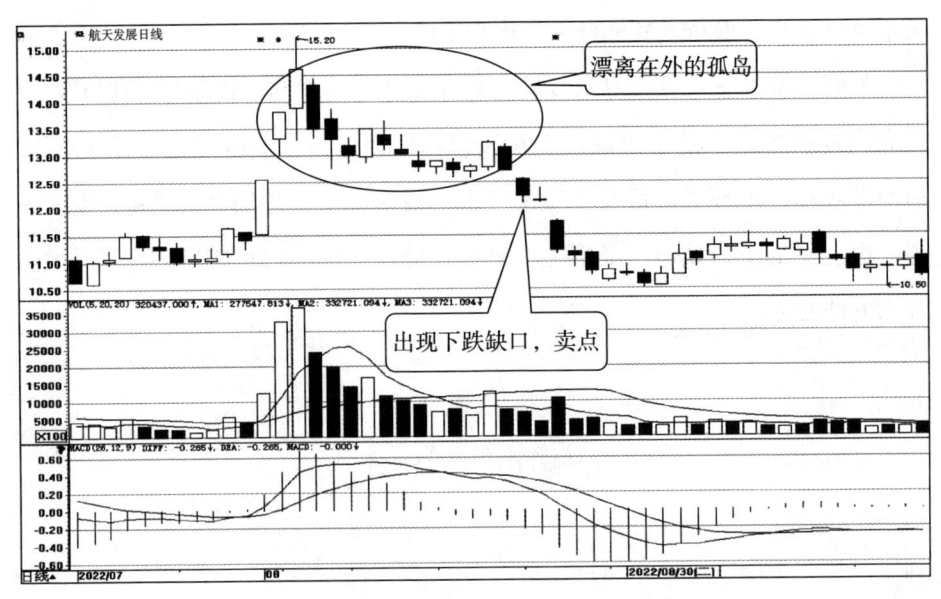

图 3-10 航天发展日 K 线

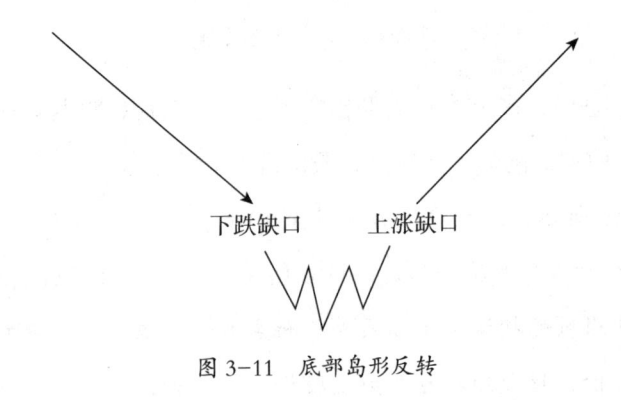

图 3-11 底部岛形反转

这说明多方力量更胜一筹，股价将进入多方主导的上涨行情。

如图 3-12 所示，2023 年 3 月下旬，罗牛山（000735）的日 K 线图上出现了底部岛形反转形态。这说明市场已由空方主导的下跌行情转变为多方主导的上涨行情。因此，当底部岛形反转形态完成时，投资者可以买入股票。

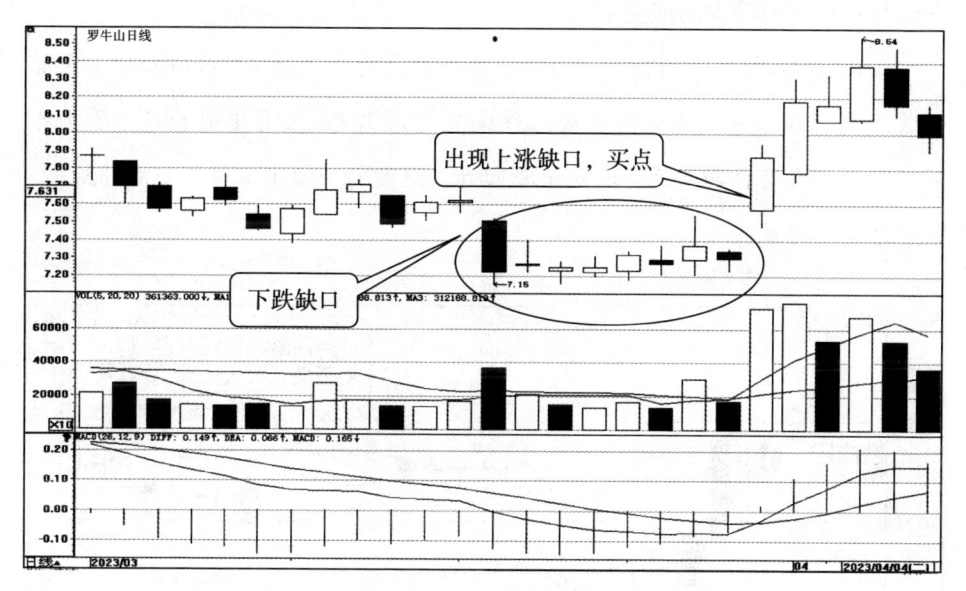

图 3-12　罗牛山日 K 线

3.1.4　V 形底与倒 V 形顶

1. V 形底

V 形底又称尖底，是指股价先跌后涨的一种 K 线形态，形似大写字母 V。

如图 3-13 所示，V 形底出现在一段下跌行情的尾部。在下跌行情中，股价快速下跌，在下跌到一定程度时，股价又掉头上涨。上涨和下跌之间完全没有整理过渡行情。V 形底的反转十分尖锐，常在几个交易日内形成，而且

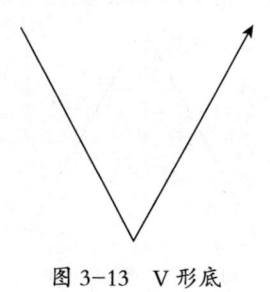

图 3-13　V 形底

在转势点往往有较大的成交量。

如图 3-14 所示，2022 年 4 月下旬至 5 月上旬，金冠电气（688517）出现一波急剧下跌、急剧上涨的走势，形成 V 形底形态。5 月中旬开始，股价冲高回落，但没有再创新低，而是企稳回升，这是新一波上涨趋势形成的标志，投资者可以逢低买入。

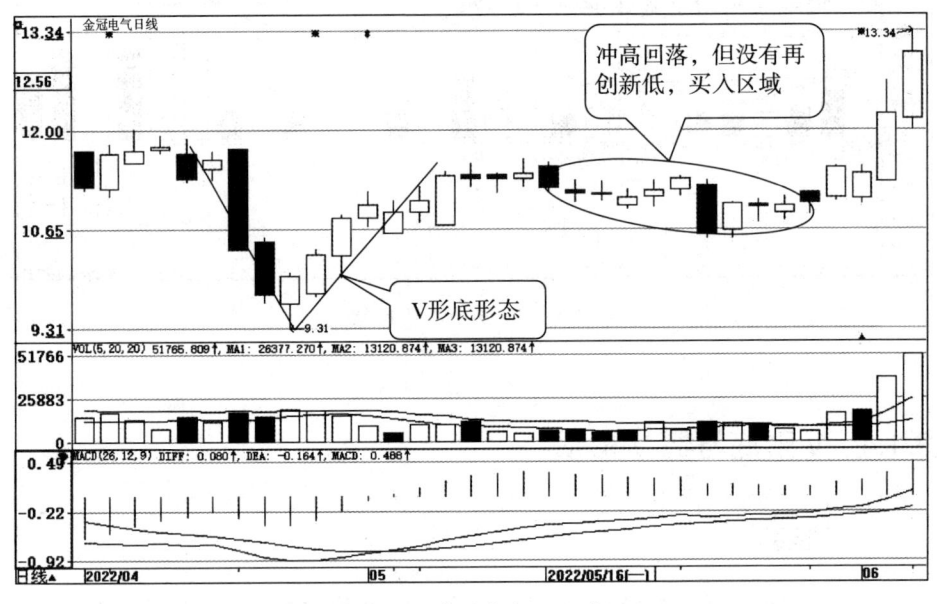

图 3-14 金冠电气日 K 线

2. 倒 V 形顶

倒 V 形顶是与 V 形底完全相反的形态。如图 3-15 所示，V 形顶出现在上涨行情的顶部。股价先是快速上涨然后快速下跌，头部为见顶，就像倒写

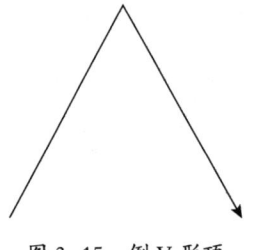

图 3-15 倒 V 形顶

的字母 V。倒 V 形顶的顶部非常尖锐，通常在几个交易日形成。

如图 3-16 所示，2012 年 12 月中旬至 12 月月底，东北制药（000597）的日 K 线图上出现了倒 V 形顶形态。在倒 V 形顶形态中，股价被迅速拉高后又被迅速打压，如坐过山车般回到起点。这表明主力诱多出货，投资者被套，后市将进入下跌行情，投资者应及时卖出股票。

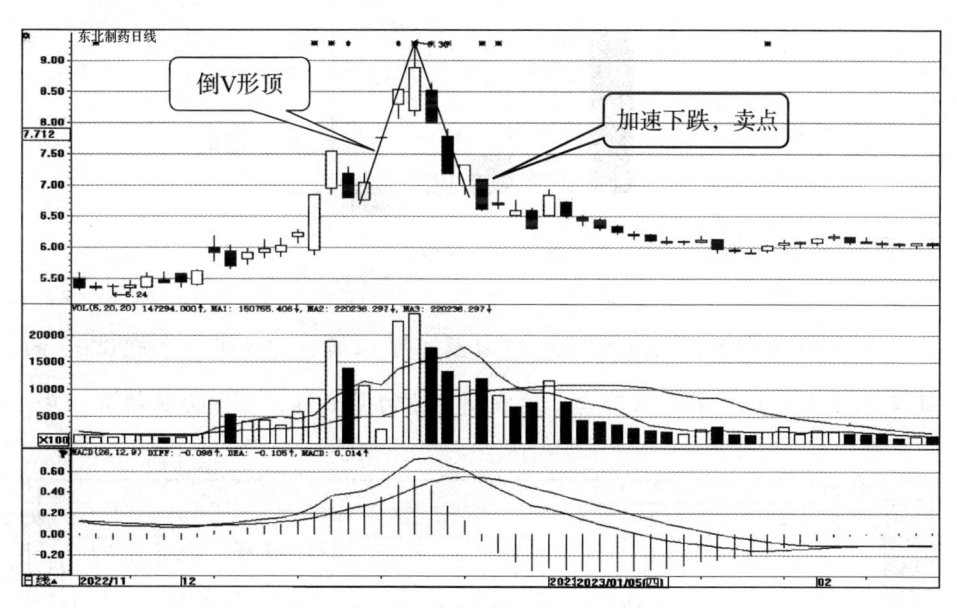

图 3-16　东北制药日 K 线

3.1.5　塔形底与塔形顶

1. 塔形底

塔形底因左右两根塔线得名。两根塔线即一根大阴线和一根大阳线，两根塔线中间均为小阴线或小阳线。

如图 3-17 所示，塔形底出现在下跌行情中，由一根大阴线、一根大阳线和中间的若干根小阴线、小阳线组成。塔形底是市场遇到强大支撑的表现，同时其形态形成过程就是多空实力转换的过程，空方由强转弱，而多方由弱转强。塔形底是 K 线形态中重要的转势信号，尤其最后一根长阳线将前期若干天的走势一并吞没，显示出多方力量极具强势，市场将进入多方主导的上涨行情。

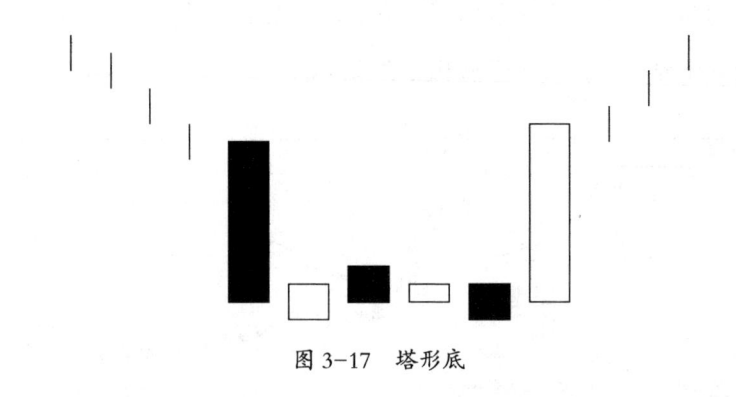

图 3-17　塔形底

如图 3-18 所示，2023 年 3 月 27 日至 4 月 14 日，建投能源（000600）的日 K 线图上出现了塔形底形态。这表明空方力量衰竭，多方力量极度强势，

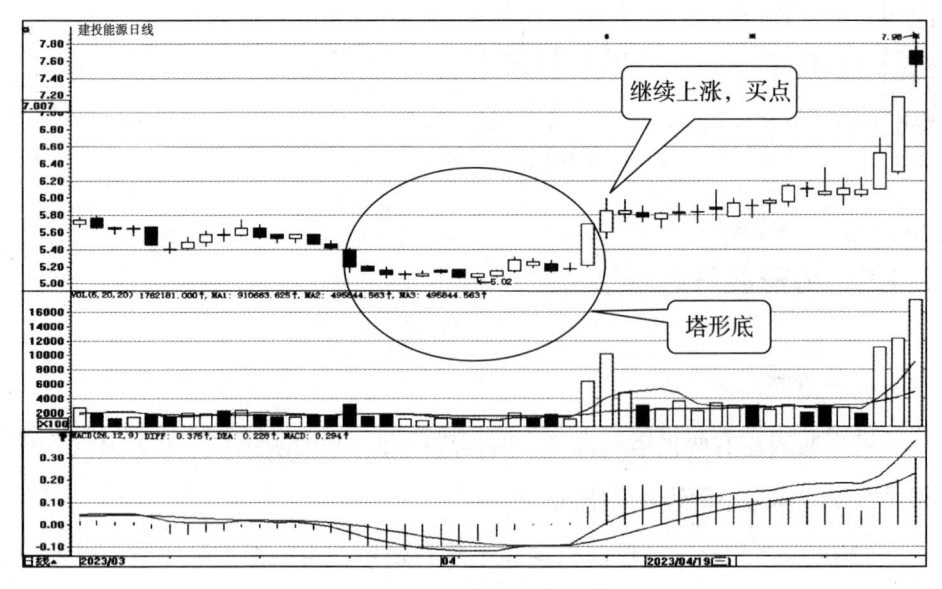

图 3-18　建投能源日 K 线

市场将进入多方主导的上涨行情。当塔形底形态确认时，投资者可以买入股票。

2. 塔形顶

塔形顶是与塔形底完全相反的形态。如图 3-19 所示，塔形顶出现在上涨行情中，由一根大阳线、一根大阴线和中间的若干根小阴线、小阳线组成。塔形顶左边的大阳线虽然看似是多方强势，但之后股价持续整理，说明这次上涨可能是多方的最后一搏。这同时表明多方力量已经衰竭，空方力量逐渐占据主动。之后出现的阴线更加验证了这个信号。因此，塔形顶形态为股价上涨受阻、即将反转下跌的信号。塔形顶形态的看跌信号较强，投资者看到这个形态后，需要尽快将手中的股票卖出。

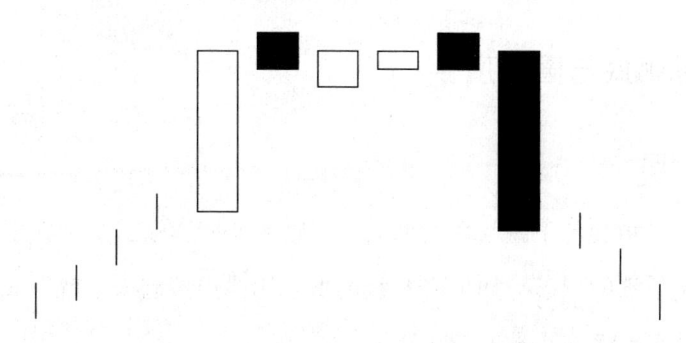

图 3-19 塔形顶

如图 3-20 所示，2023 年 4 月 11 日至 25 日，国城矿业（000688）的日 K 线图上出现了塔形顶形态。这表明多方力量已经衰竭，空方力量逐渐占据主动，市场将进入空方主导的下跌行情。4 月 26 日，塔形顶出现后，股价反弹乏力，卖点出现。

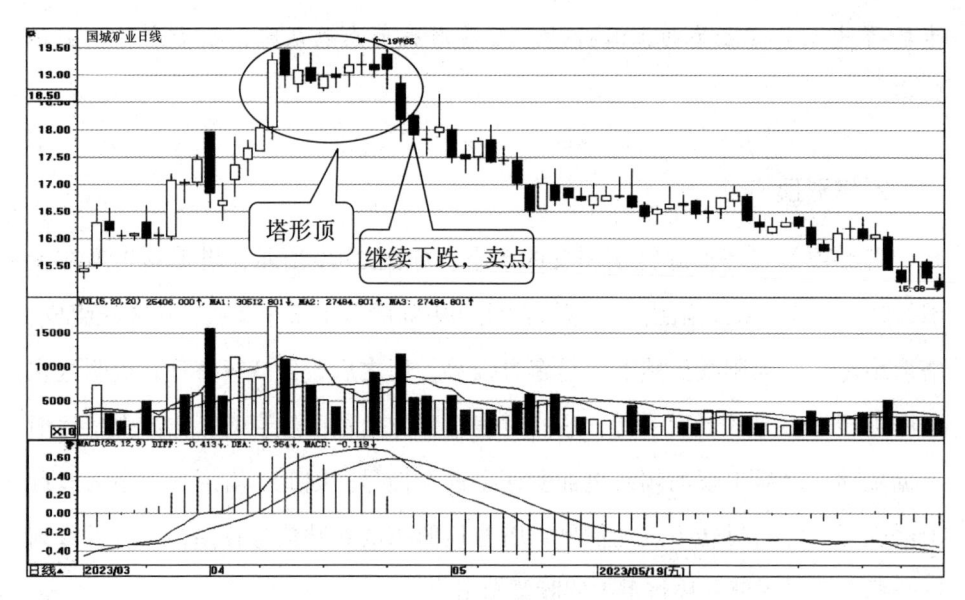

图 3-20 国城矿业日 K 线

3.1.6 圆弧底与圆弧顶

1. 圆弧底

圆弧底是指股价下跌一段时间后，下跌的速度逐渐减缓，在低位短暂震荡后又开始上涨的形态。如果将 K 线的低点用线连接起来，就形成一个向下凹陷的圆弧底形状（见图 3-21）。

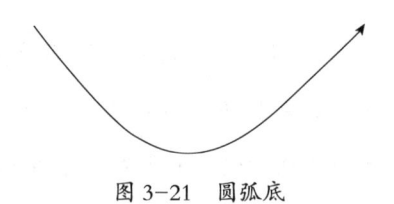

图 3-21 圆弧底

圆弧底往往出现在下跌行情的末期。在圆弧底形态中，股价不断创出新低，但下跌速度越来越缓慢，直到成交量出现极度萎缩，股价才停止下跌。然后多方力量逐渐入场，成交量温和放大，股价由缓慢上升转变为加速上升，从而形成股价走势的圆弧底形态。

如图 3-22 所示，2021 年 10 月底至 11 月底，中国神华（601088）的日 K 线图上出现了圆弧底形态。这表明在股价下跌过程中空方力量逐渐衰竭，多方力量逐渐聚集。随后多方力量强于空方力量，推动股价进入上涨行情。12 月 3 日，圆弧底形态形成后，股价放量加速上涨，买点出现。

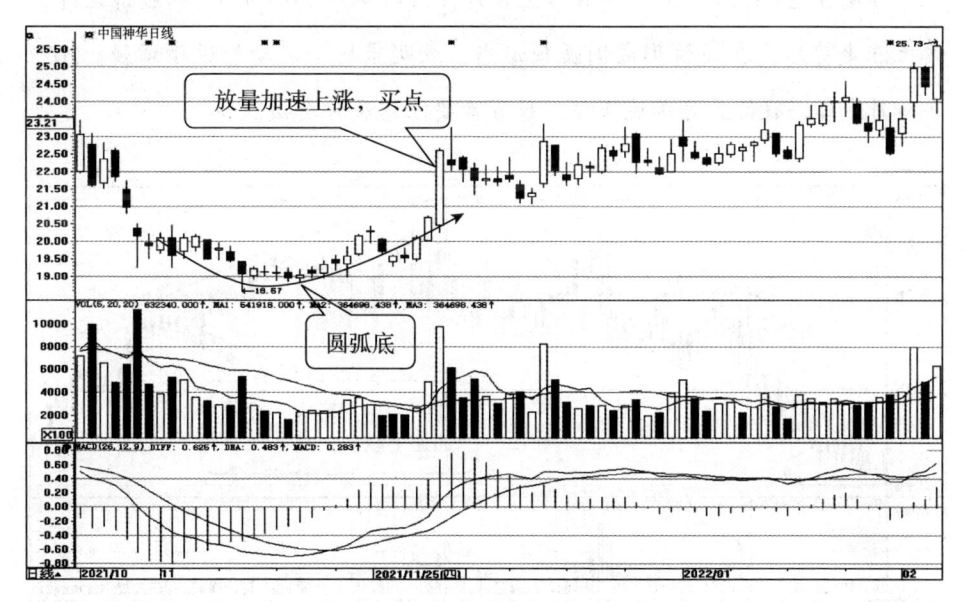

图 3-22　中国神华日 K 线

2. 圆弧顶

圆弧顶是指股价上涨的速度逐渐减缓，触碰高点后又开始下跌的形态。如果将 K 线的高点用线连接起来，就形成一个向上凸起的圆弧顶形状（见图 3-23）。

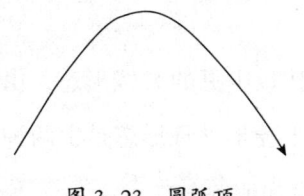

图 3-23　圆弧顶

圆弧顶形态往往出现在上涨行情末期。圆弧顶形态表示股价经过一段时间上涨后，虽然上涨趋势仍然持续，但主导上涨的多方力量正逐渐衰竭。股价上涨速度越来越慢，最终处于停滞状态。然而，此时空方力量逐渐增强，股价开始进入缓慢的下跌态势，而且下跌速度逐渐变快，头部出现一个明显的圆弧状。

如图 3-24 所示，2022 年 6 月至 8 月，云内动力（000903）的股价经过一波上涨走势后，在高位形成圆弧顶形态，表明市场下跌动能逐步增强。2022 年 9 月 1 日，股价开始加速下跌，投资者要注意及时卖出。

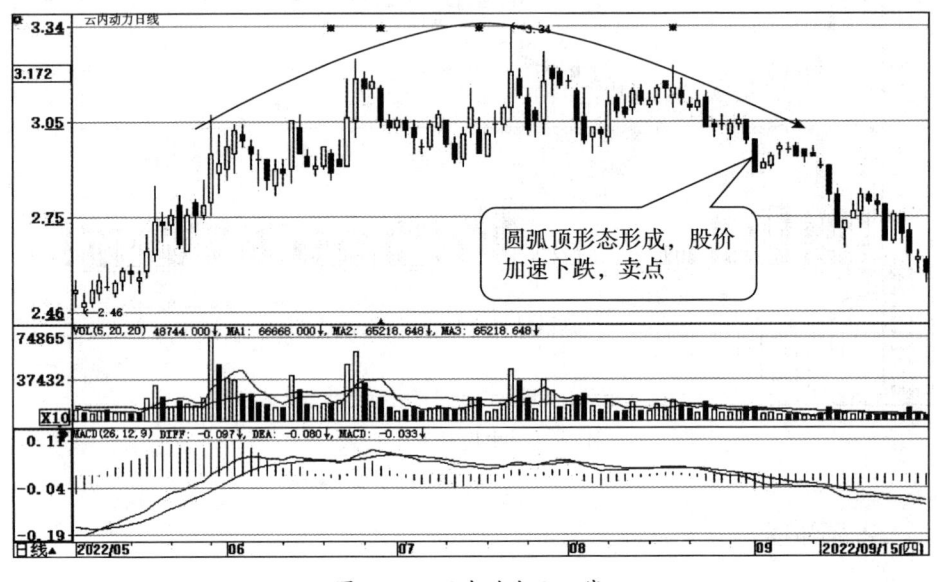

图 3-24　云内动力日 K 线

3.1.7　菱形整理形态

菱形整理形态是一种比较少见的 K 线形态，由于形似钻石，因而也被很多人称作钻石形态。实际上菱形整理形态是由两种不同的三角形形态，即扩散三角形和收敛三角形组合而成的。

如图3-25所示,菱形整理形态一般出现在一段上涨行情后。它是一个扩散三角形后紧跟一个收敛三角形的形态。

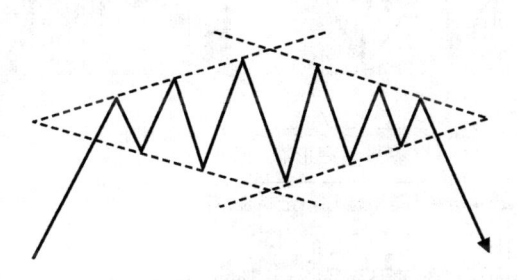

图3-25 菱形整理

在菱形整理形态中,左侧的扩散三角形和右侧的收敛三角形反映了两种不同的投资者心理变化。一开始,投资者炒作心理越来越重,使股价波动幅度加大。股价加速波动,也代表着市场风险增加。当风险积累到一定程度时,虽然没有崩盘,但是有越来越多的投资者转向观望。市场由活跃期转向萎缩,股价波动幅度也越来越小。当股价运行到菱形右侧顶点时,市场交易已经极度萎靡。因为缺乏买盘进入,此时股价多数会选择向下突破。因此,当投资者看到菱形整理形态时,应及时卖出股票。

如图3-26所示,2009年11月至2010年1月,南山铝业(600219)的日K线图上出现了菱形整理形态。经过菱形整理形态后,投资者炒作热情极度萎靡。随后,空方力量打压股价进入下跌行情。投资者在看到菱形整理形态时,应趁早卖出股票。

3.2 持续形态

持续形态是指股价先是处于一方主导的单向行情,但随着另一方力量

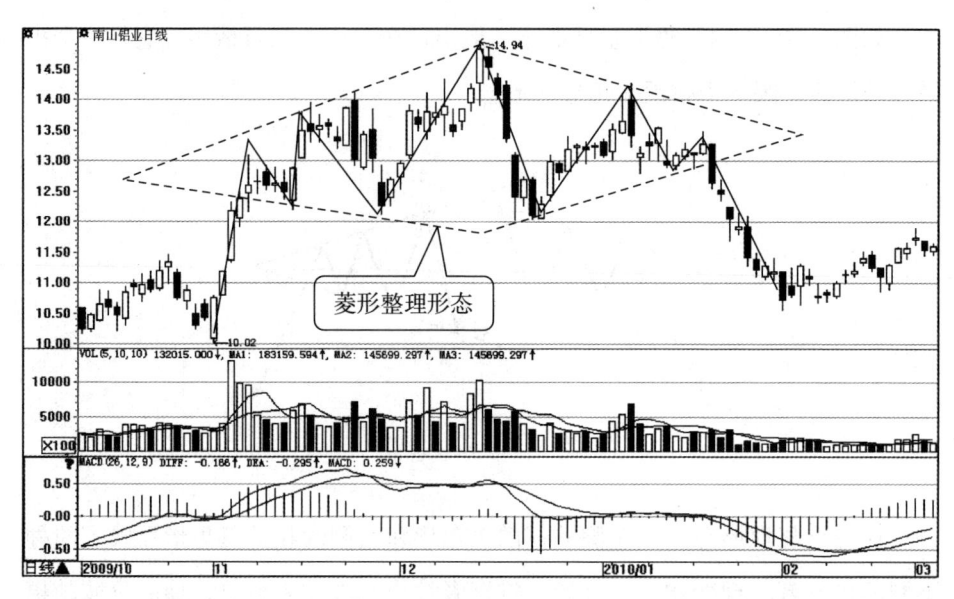

图 3-26 南山铝业日 K 线

的增强，股价进入整理状态，而后多空双方对峙，最终得胜一方主导的行情继续。

3.2.1 上升三角形

上升三角形是股价在上涨遇到阻力时反复震荡出现的三角形区域。

如图 3-27 所示，上升三角形出现在一段上涨行情后。在反复震荡过程中，股价每次上涨的高点基本处于同一价位上，每次回落的低点逐渐上移。

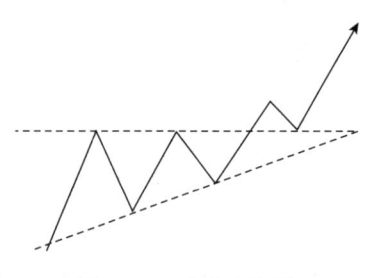

图 3-27 上升三角形

如果将高点和低点分别用直线连接起来，就构成一个向上倾斜的三角形。

当股价突破上升三角形的上边线时，就形成看涨买入信号。股价突破后，可能会有小幅回抽，但是在原来高点连线位置处止跌回升，这种回抽是对有效突破的确认。

如图 3-28 所示，2021 年 10 月至 12 月，华东医药（000963）日 K 线图上出现上升三角形。

在几个月中，华东医药股价连续三次在一个几乎相同的价位遇到阻力回调，但每次回调的低点越来越高，形成上升三角形。2021 年 12 月 24 日，股价放量向上突破压力位，形成买入信号。此时投资者可以买入股票。

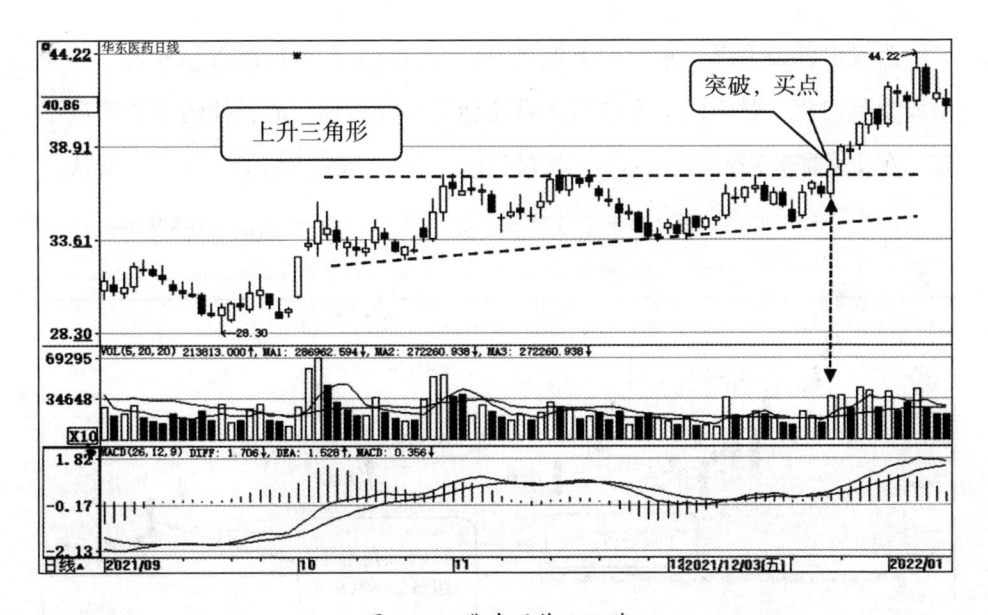

图 3-28 华东医药日 K 线

3.2.2 下降三角形

下降三角形是股价在下跌遇到支撑时反复震荡出现的三角形区域。

如图 3-29 所示，下降三角形出现在一段下跌行情之后。在反复震荡过程中，股价多次下跌都在同一个价位获得支撑，而每次反弹的高点却不断变低。如果将波动的高点和低点分别用直线连接起来，就会形成一个向下倾斜的三角形。

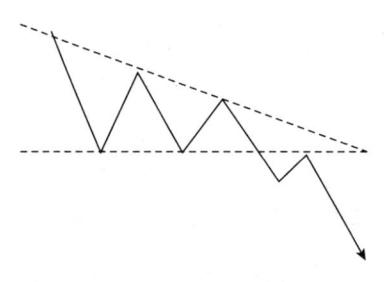

图 3-29　下降三角形

当股价跌破下降三角形的下边线时，说明空方开始持续打压股价，是卖出股票的时机。股价向下突破后，可能会有小幅回抽，但回抽的动能明显不足，在到达前期支撑位之前就会再次被打压。这种回抽是对下降三角形的确认。

如图 3-30 所示，2022 年 9 月底至 12 月中旬，华塑股份（600935）的日

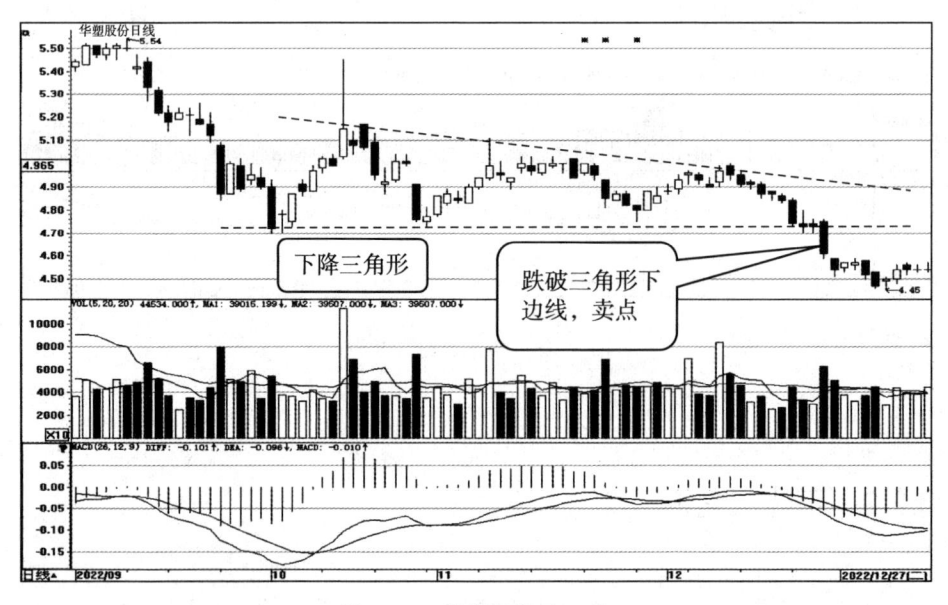

图 3-30　华塑股份日 K 线

K线图上出现了下降三角形形态。这表明股价在下跌一段时间后受到多方力量的支撑，随后股价反弹高点受到空方力量的打压，并出现高点逐步下移的走势，最后跌破多方强支撑位，这是下跌动能占优势的表现。12月22日，股价放量向下跌破支撑线（即三角形下边线），卖点出现。

3.2.3　下降楔形

下降楔形是一个形似向下倾斜的木楔的整理区间。股价在整理中下跌，上方阻力线和下方支撑线均为向上倾斜的直线，但支撑线要比阻力线平缓。

如图3-31所示，下降楔形出现在股价大幅上涨后的震荡回调过程中。这个形态说明，造成股价下跌的抛盘力量只是来自上升行情中的获利回吐，并没有强大的空方力量进场。经过震荡整理后，股价继续上涨的可能性较大。

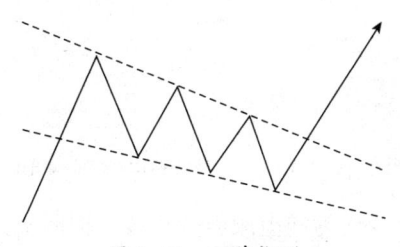

图3-31　下降楔形

如图3-32所示，2022年9月底至11月中旬，中国移动（600941）的日K线图上出现了下降楔形形态。这表明股价经过一波上涨走势后，受到抛盘力量打压，出现整理下跌走势。但在此过程中没有出现新的空方力量，致使其下跌动能不足，所以在多方力量休整结束后，多方重新拉升股价进入新的上涨行情。

11月22日，股价放量向上突破下降楔形上边线，买点1出现。11月25日，股价回抽确认，买点2形成。

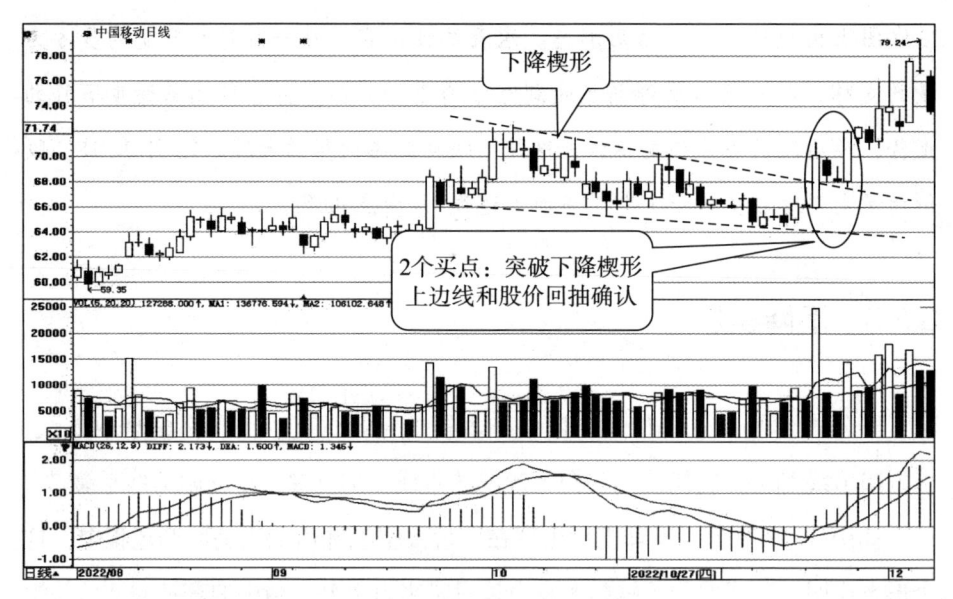

图 3-32　中国移动日 K 线

3.2.4　上升楔形

上升楔形是一个形似向上倾斜的木楔的整理区间。股价在整理中上涨，上方阻力线和下方支撑线均为向上倾斜的直线，但阻力线要比支撑线平缓。

如图 3-33 所示，上升楔形出现在一段大幅下跌后的震荡反弹过程中。上升楔形只是多方在遭到持续打压后的一次无力挣扎，属于长期下跌过程中的短暂反弹行情，股价总的运行趋势不会因楔形改变，仍会沿原有趋势运行。

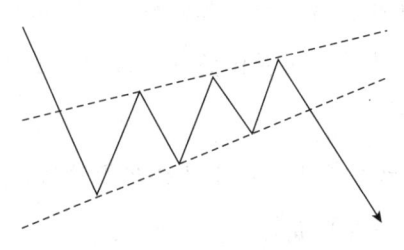

图 3-33　上升楔形

如图 3-34 所示,2022 年 10 月中旬至 11 月中旬,魅视科技(001229)的日 K 线图上出现了上升楔形形态。这表明股价在空方的打压下一路下跌,在股价下跌一段时间后,多方力量奋起挣扎,推动股价缓慢上升,形成一个楔形区间。而当股价上升到一定幅度时,空方力量再次来袭,股价将进入新一轮的下跌行情。

11 月 23 日,股价向下跌破上升楔形下边线,卖点出现。

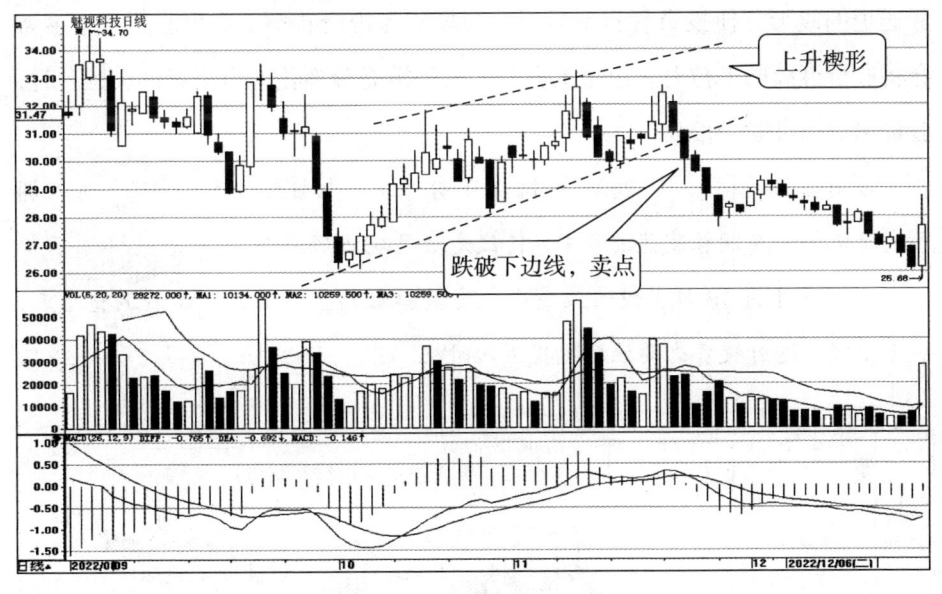

图 3-34 魅视科技日 K 线

3.2.5 上升旗形

上升旗形是股价在上涨的中途,在一个旗面形区域内波动的形态。如果投资者分别将区域内波动的高点和低点用直线连接起来,可以发现这两条直线基本平行(见图 3-35)。

上升旗形往往出现在股价经过一段时间上涨、遇到阻力回调的时候。上升旗形是主力在洗盘时常见的形态。在股价上涨一段时间后,会积累大量获

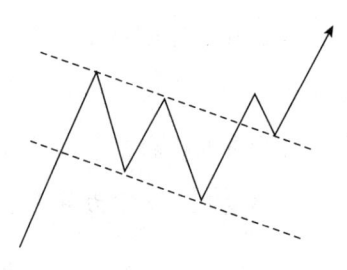

图 3-35　上升旗形

利筹码。为了继续拉升股价时不遇到太大阻力，主力会制造这样一个类似下降通道的旗形，使投资者看空后市。当投资者纷纷看空、卖出股票后，主力会将股价继续向上拉升。由于上方阻力已经被充分消化，当庄家再次拉升时，股价的涨幅可能会很大。

如图 3-36 所示，从 2022 年 11 月下旬开始，电科数字（600850）进入调整震荡走势。在调整震荡过程中，K 线走势呈现旗形形态。

2023 年 1 月 18 日，股价放量向上突破旗形的上边线，预示着调整结束，买点出现。这时投资者要注意把握买入时机。

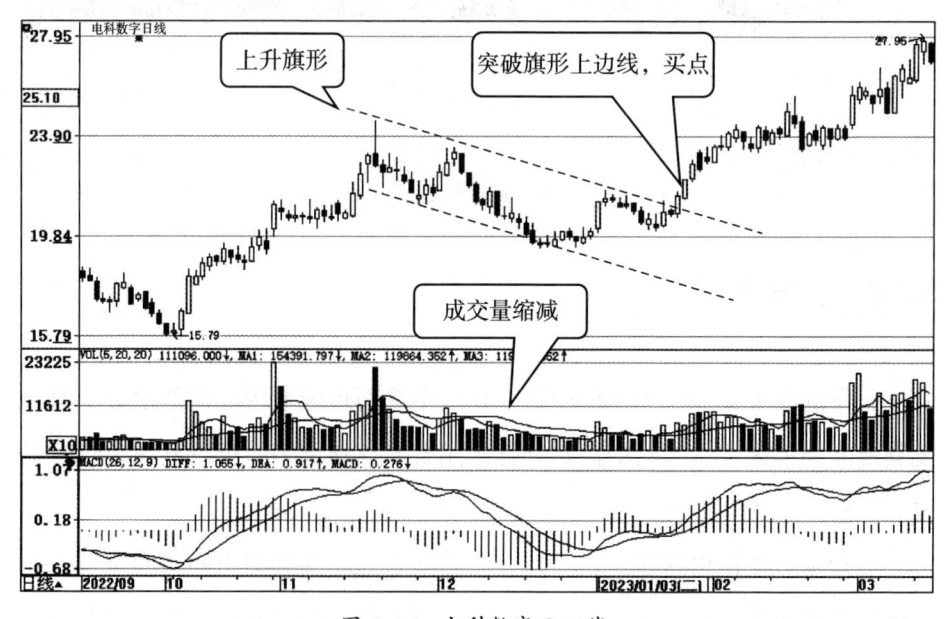

图 3-36　电科数字日 K 线

3.2.6 下降旗形

下降旗形是指股价在下跌的中途，在一个旗面形区域内波动的形态。如果投资者分别将区域内波动的高点和低点用直线连接起来，可以发现这两条直线基本平行（见图3-37所示）。

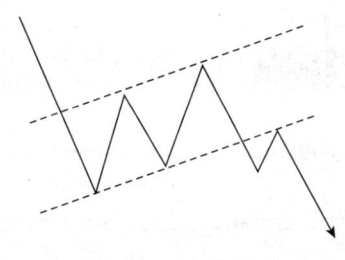

图 3-37 下降旗形

下降旗形出现在股价经过一段时间下跌、获得支撑反弹的时候。下降旗形是主力在出货时常见的形态。当主力连续打压股价一段时间后，发现下方承接盘不多，但是为了顺利出货，就会制造这样一个类似上升通道的旗形。当投资者受到诱惑纷纷买入股票时，庄家就可以达到顺利出货的目的。

如图3-38所示，2021年2月初至5月下旬，长虹美菱（000521）日K线图上出现下降旗形。这是庄家制造多头陷阱、伺机出货的形态。看到这个形态后，投资者应该保持谨慎。

5月31日，股价跌破下降旗形的下边线，支撑位被破，此时投资者应该尽快将手中的股票全部卖出。

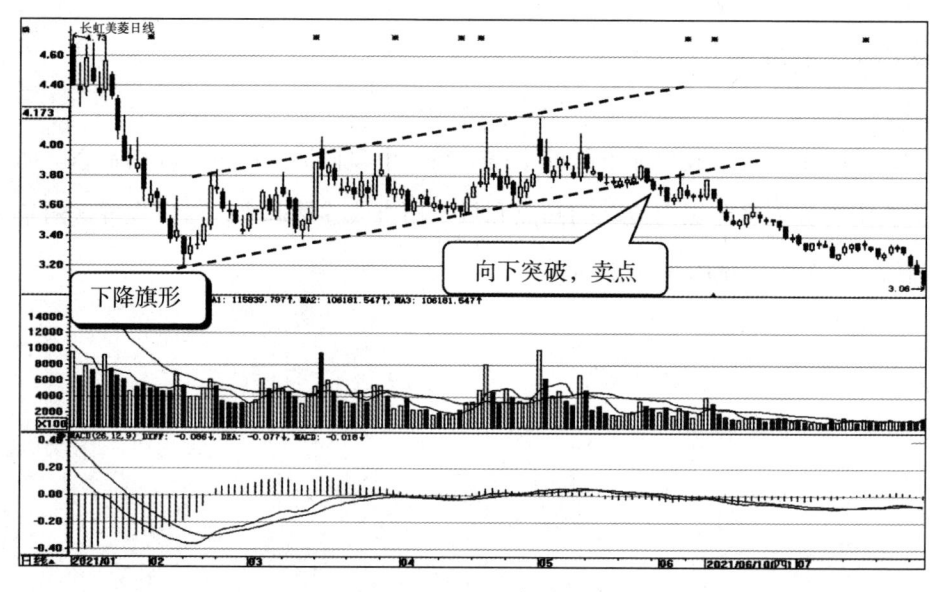

图 3-38　长虹美菱日 K 线

3.3　整理形态

整理形态，是指在多空双方处于对峙状态，双方都采用你进我退、你退我进的策略。具体表现为股价呈现横盘震荡走势，直至一方突破，整理结束。

3.3.1　矩形整理

矩形整理又称长方形整理、箱体整理，是股价在一个矩形区间内横盘整理的形态。

如图 3-39 所示，矩形整理可能出现在各种行情中。在一段时间的横盘整理行情中，如果分别将股价最高点和最低点连接起来，即可画出两条水平的直线。

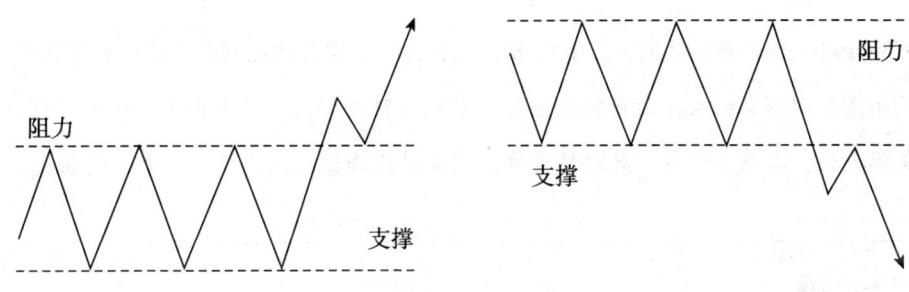

图 3-39　矩形整理

矩形整理表示这是一段上有阻力、下有支撑的行情。当股价上升到上方阻力位时就会回落，而回落到下方支撑位时就会弹升。这预示着多空双方僵持。直到一方力量耗尽，股价就会选择向上或向下突破。

如图 3-40 所示，2021 年 11 月中旬至 2022 年 1 月中旬，天源迪科（300047）股价以矩形形态不断地震荡。1 月 17 日，该股股价放量突破矩形上边线，发出看涨信号，投资者要注意及时买入。

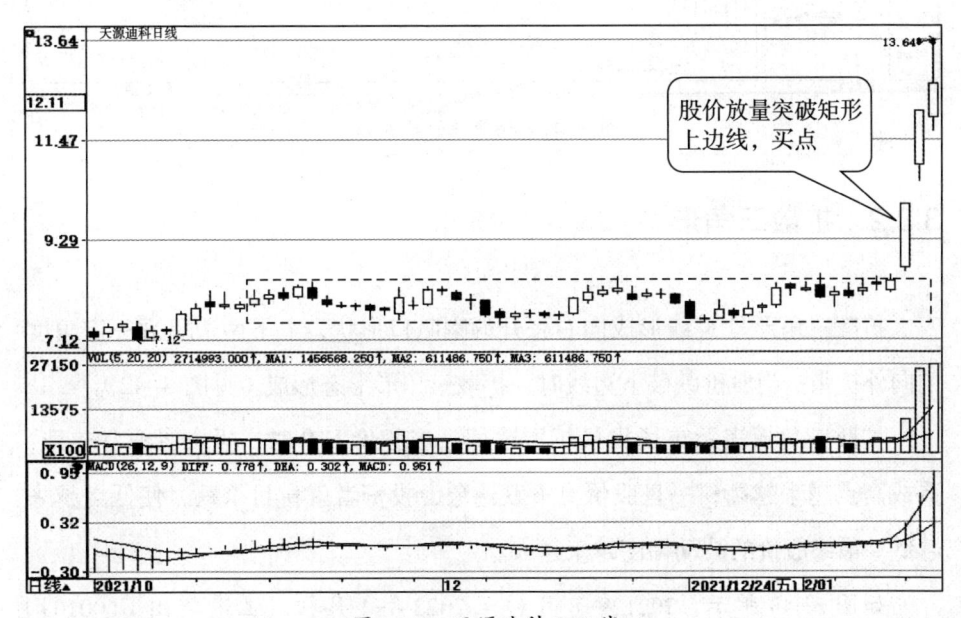

图 3-40　天源迪科日 K 线

如图 3-41 所示，2022 年 4 月底至 7 月中旬，锡业股份（000960）股价自高位下跌后进入矩形整理区间，7月15日，该股向下跳空跌破矩形整理区间的下边线，预示着整理形态结束，股价将要继续之前的下跌走势，卖点1出现。之后，该股反弹确认，卖点2形成，此时投资者应该及时止损出局，避免出现更大的损失。

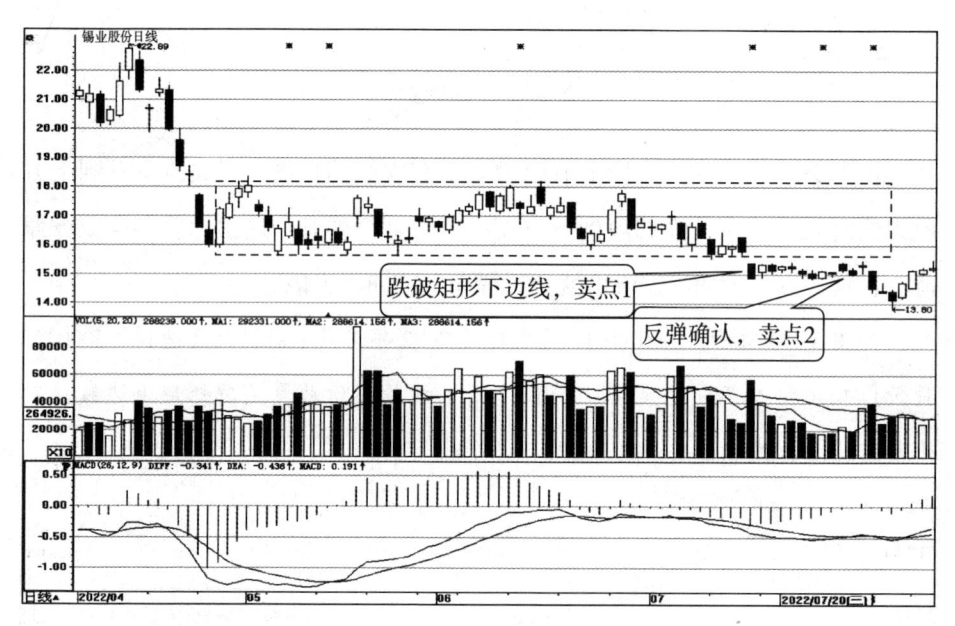

图 3-41　锡业股份日 K 线

3.3.2　扩散三角形

扩散三角形是 K 线形成向右张开的喇叭口形状，上下两边呈现一定角度的向外扩张。当股价跌破下边线时，扩散三角形形态形成（见图 3-42）。

扩散三角形表示市场投机氛围浓郁。当股价上升时，投资者疯狂追涨，造成高点越来越高；一旦股价有下跌迹象，投资者就盲目杀跌，使低点越来越低。最终股价的波动幅度越来越大。

如图 3-43 所示，2021 年 8 月初至 2022 年 1 月初，上汽集团（600104）的日 K 线图上出现了扩散三角形形态。这表明股价在上涨过程中逐渐疯狂。随着时间的推移，股价涨幅渐渐不如人意，投资者纷纷卖出股票，股价进入

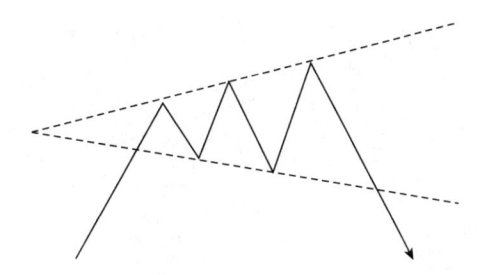

图 3-42　扩散三角形

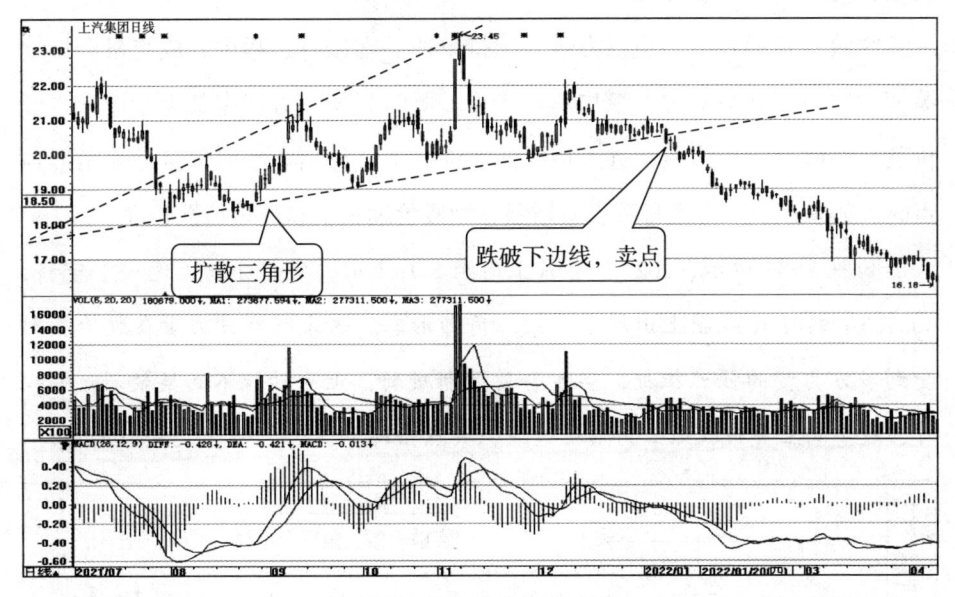

图 3-43　上汽集团日 K 线

下跌行情。2022 年 1 月 11 日，股价跌破扩散三角形下边线，卖点出现。

3.3.3　收敛三角形

收敛三角形是与扩散三角形完全相反的形态。收敛三角形是上边向下倾斜、下边向上倾斜、敞口不断收敛的三角形形态（见图 3-44）。

收敛三角形可能出现在下跌行情中。股价在反复波动过程中，每次波动的高点逐渐降低，而低点逐渐升高。如果分别将这些高点和低点用直线连接

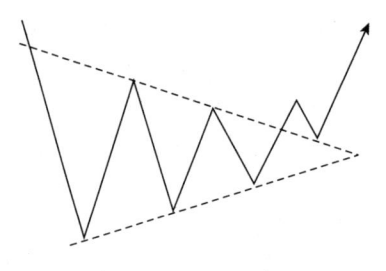

图 3-44　收敛三角形

起来，就形成一个收敛三角形。

收敛三角形表示多空双方进入僵持阶段。在僵持过程中，成交量会持续萎缩，这说明多空双方力量均消耗严重。此时只要一方能有新力量进入，股价就将突破三角形边线，进入持续的上涨或下跌行情。当股价接近三角形顶点时，如果多空双方力量都没有增强，则股价缩量下跌的可能性较大。

如图 3-45 所示，2021 年 2 月上旬至 5 月上旬，宁科生物（现 *ST 宁科，600165）的日 K 线图上出现了收敛三角形形态。这表明空方力量在股价底部受到多方力量的强烈抵抗，空方力量逐渐减弱，上涨动能不断集聚。5 月 14 日，股价向上突破收敛三角形上边线，买点出现。

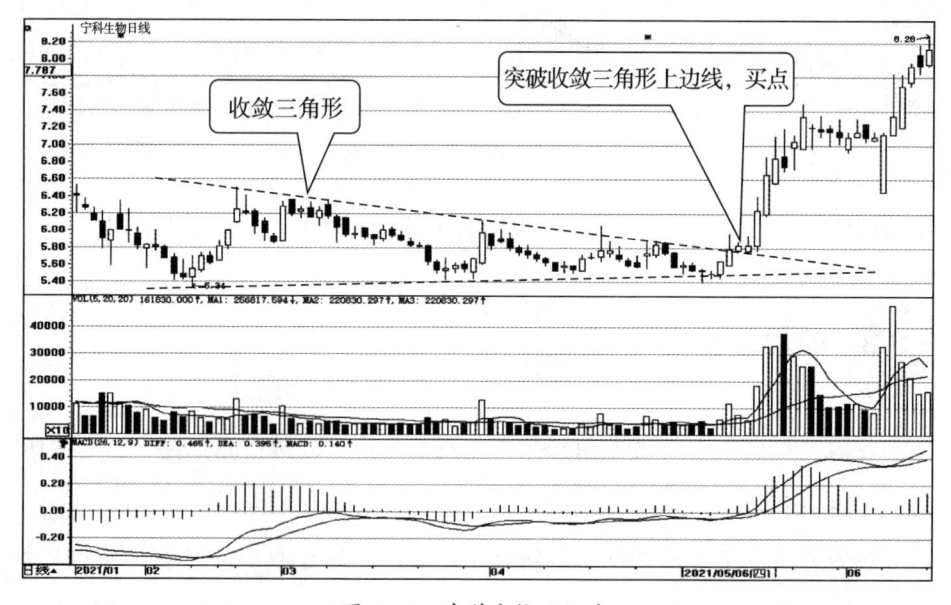

图 3-45　宁科生物日 K 线

第 4 章

看均线了解涨跌趋势

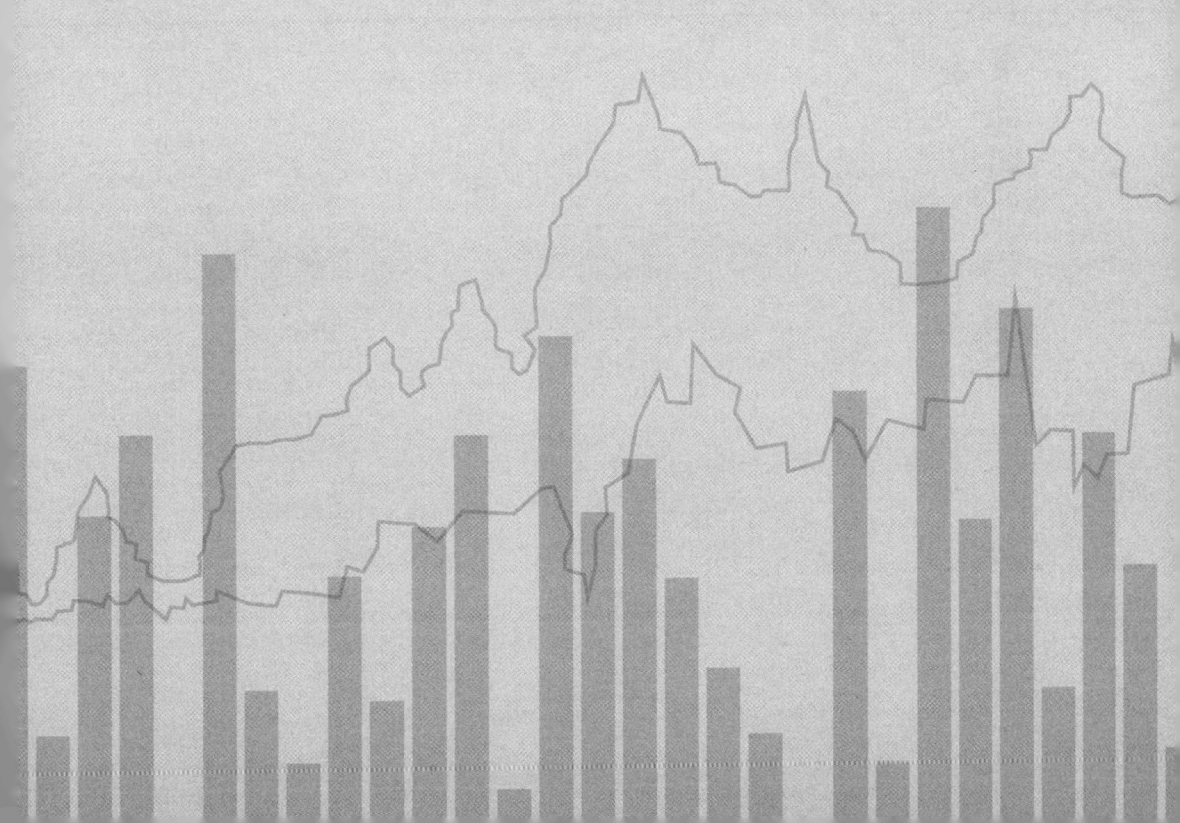

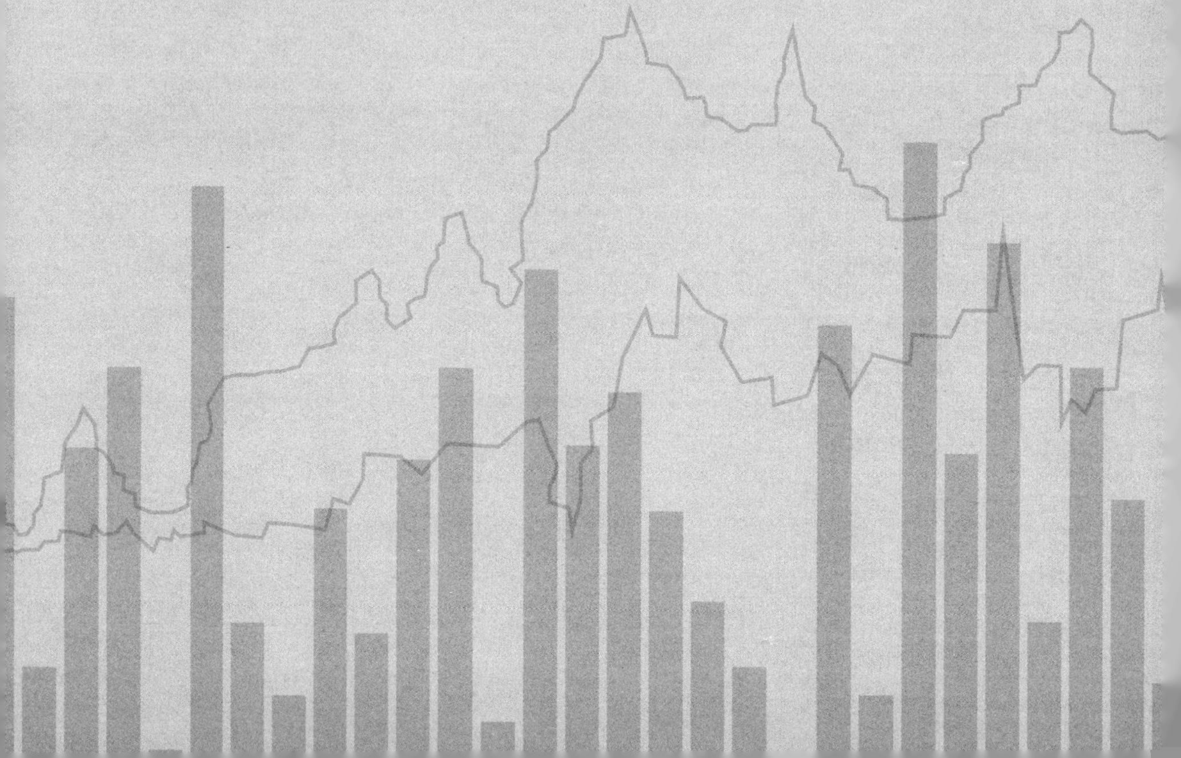

移动平均线，简称"均线"，是将一段时间内股票的平均价格连成曲线以显示股价趋势的一种技术指标。这里的一段时间，可以由投资者自行设置。一般情况下，较为常用的日均线指标为 5 日、10 日、30 日、60 日等。投资者还可以按照自己的习惯进行设定，如 13 日、21 日等。均线的表现形式如图 4-1 所示。

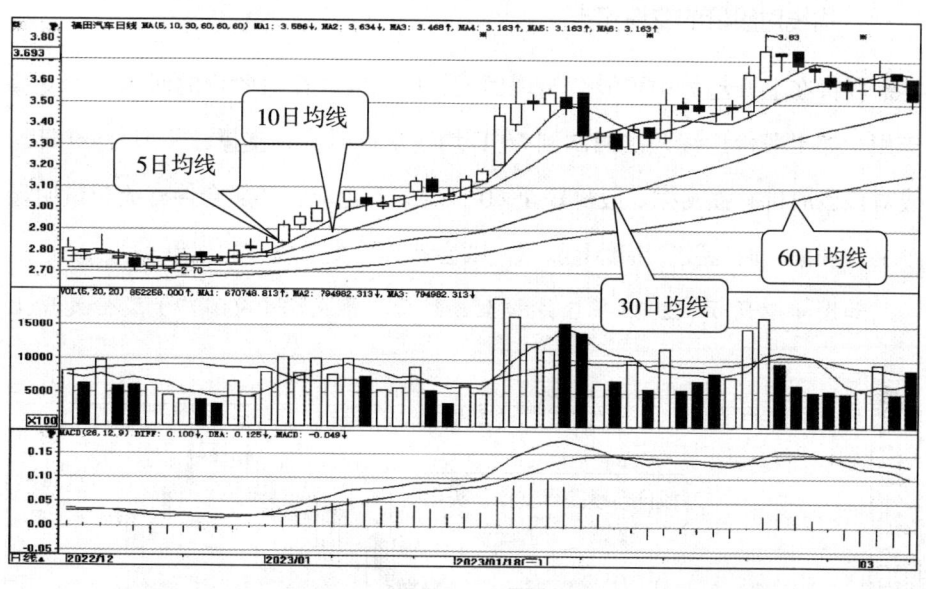

图 4-1 均线

4.1 股价和移动平均线

投资者可以通过观察股价是在均线的上方还是下方来判断趋势方向。例如，当股价处于短期均线之上时，说明当前股价的短期趋势是向上的；当股价处于长期均线之上时,就说明当前股价的长期趋势是向上的。反之亦然。投资者可以从以下几个方面去看待股价和均线的关系。

4.1.1 均线对股价的支撑和阻力

股价在涨跌震荡过程中,可能会遇到均线较强的阻力或支撑,可以为投资者的操作提供一定的参考依据。

1. 均线对股价的支撑买点

股价在上升趋势中可能会出现回调,而均线往往对股价的回调起到支撑作用。如果股价连续两次回调到 60 日均线附近时受到支撑,一般称 60 日均线对该股股价有强支撑。股价跌至 60 日均线附近时,一般会伴有成交量明显萎缩的现象。而当股价再度上涨时,则会伴有成交量放大的现象。

如图 4-2 所示,2023 年 3 月初至 6 月初,雅戈尔(600177)股价处于上

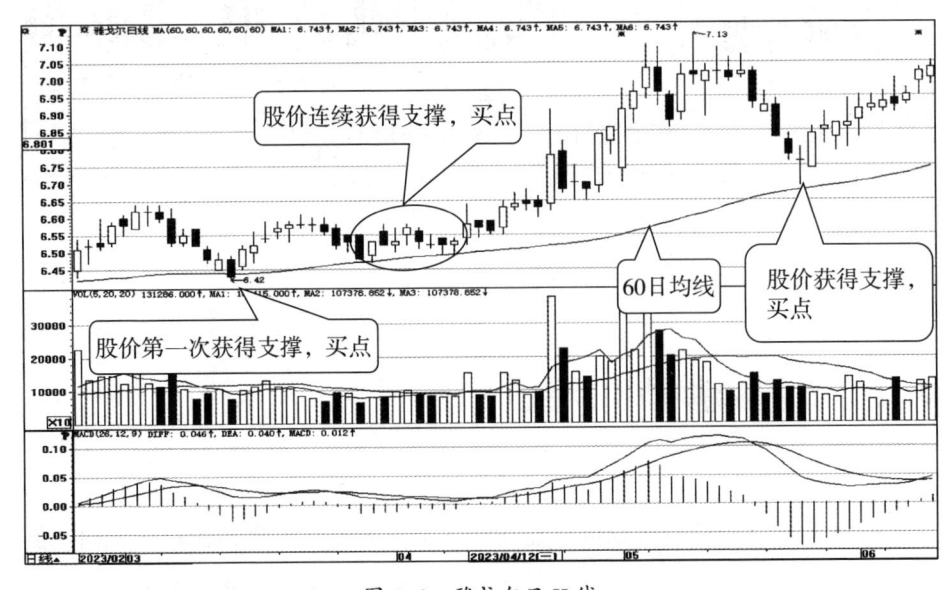

图 4-2 雅戈尔日 K 线

涨趋势，多次获得60日均线的支撑，同时伴有成交量缩量的现象，说明市场上涨趋势未变。投资者要注意把握这几个支撑买点，可在均线附近伺机买入（风险厌恶型投资者可以在股价获得支撑再次上涨时买入）。

2. 均线对股价的阻力卖点

股价在下跌趋势中，也会出现回调，而均线往往对股价的回调起到阻力作用。如果股价连续两次在60日均线附近受到阻力，一般称60日均线对该股股价有强阻力。当股价涨至60日均线附近时，一般会伴有成交量放大的现象。而当股价再度下跌时，往往不需要成交量的配合。

如图4-3所示，2023年4月至5月，锦州港（现ST锦港，600190）一直运行在60日均线下方，在此期间，股价两次反弹到60日均线附近但都受到60日均线的阻力作用再次向下。仍持有股票的投资者要注意伺机卖出。

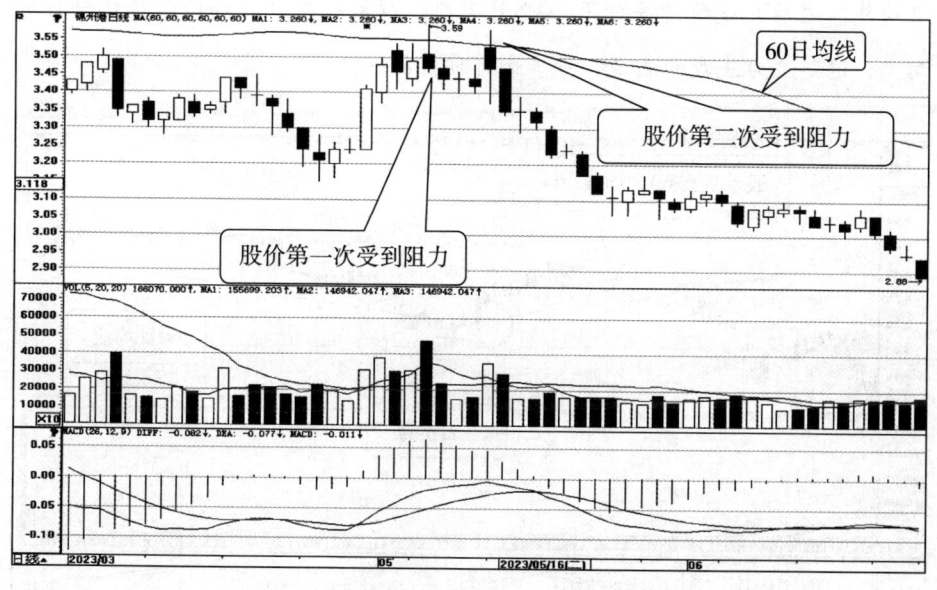

图4-3 锦州港日K线

同理，股价同样会受到5日均线、10日均线、30日均线的支撑和阻力，只是其支撑和阻力强度不同罢了。在日线中，长期均线的支撑和阻力要较短期均线的支撑和阻力稍强一些。

4.1.2 股价突破均线

当股价突破均线时,股价即站在了均线上方。这说明当前的股价已经超过了过去一段时间内的平均交易价格,股价是向上的趋势,后市将进入上涨行情。此时,投资者可以买入股票。股价突破短期均线预示着股价的短期上涨,突破长期均线则预示着股价的长期上涨。

当股价回抽获得支撑时,该股的第二个买入时机出现。也有特殊情况,股价回抽至均线时可能跌破均线,随后几日再次站上均线,股价上涨。这时跌破均线说明有主力在趁机洗盘,诱使投资者看空卖出股票。

如图 4-4 所示,2022 年 11 月下旬,哈空调(600202)股价向上突破 60 日均线。之后,股价冲高回落。12 月下旬,股价一度跌破均线但很快就再次向上,这是主力洗盘的表现,投资者可伺机买入。

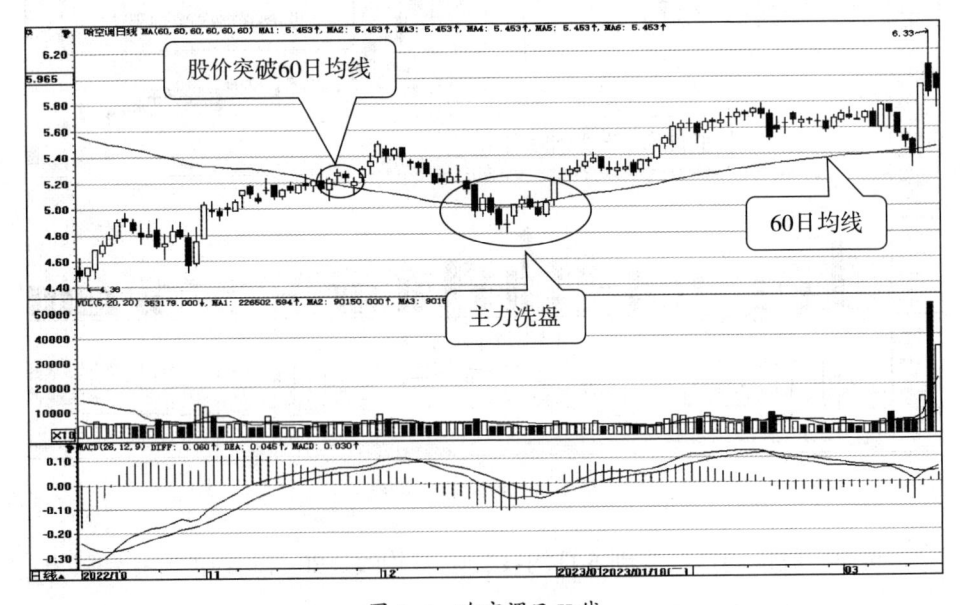

图 4-4 哈空调日 K 线

实战经验

股价向上突破均线时,如果没有成交量的配合,买点的可靠性就要打折扣。图 4-4 中股价虽然在 2022 年 11 月下旬向上突破成功,但成交量较低,可靠性不高,为了稳妥起见,可以将后面几个交易日的回抽也看作突破的一部分。

当股价突破均线后,可能会有小幅回抽,但回抽到均线位置往往会获得均线的支撑再次上涨。

如图 4-5 所示,2022 年 11 月 2 日,股价以放量涨停的方式向上突破城市传媒(600229)的 60 日均线,显示出极强的上涨动能,买点 1 形成。之后该股冲高回落。12 月 21 日,股价回调到 60 日均线附近受到支撑,同时 K 线形成看涨吞没形态,买点 2 出现,投资者要注意把握。

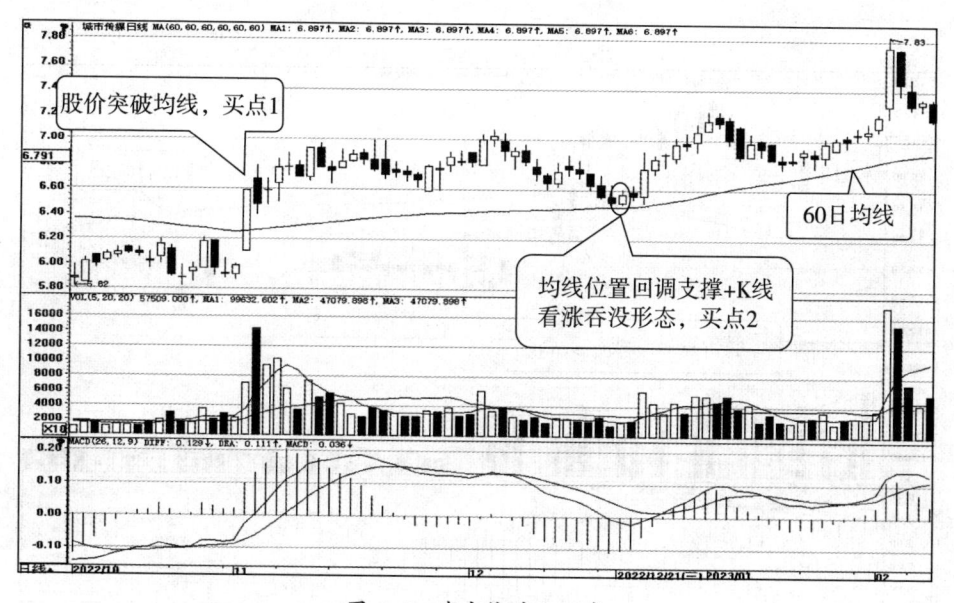

图 4-5 城市传媒日 K 线

4.1.3 股价跌破均线

当股价跌破移动均线时，说明当前的交易价格已经低于过去一段时间内的均价。过去一段时间买入股票的投资者中的多数已经处于亏损状态。这样的形态会让投资者对后市产生悲观情绪，未来股价可能会受到持续打压，此时是投资者卖出股票的时机。

当股价跌破均线后，可能会有小幅的反弹回抽。当股价反弹到均线位置时往往会再次遇到阻力下跌。这次回抽是对之前股价跌破均线的确认，此时是该形态的第二个卖出时机。

如图 4-6 所示，2023 年 4 月 27 日，有研新材（600206）的股价跌破其 60 日均线。这个形态说明经过持续下跌后，当前股价已经低于过去 60 个交易日买入股票的平均交易价格。这些买入的投资者中的多数已经处于套牢状态。他们将因此看淡后市，未来股价将受到持续打压。此时是投资者卖出股票的时机。

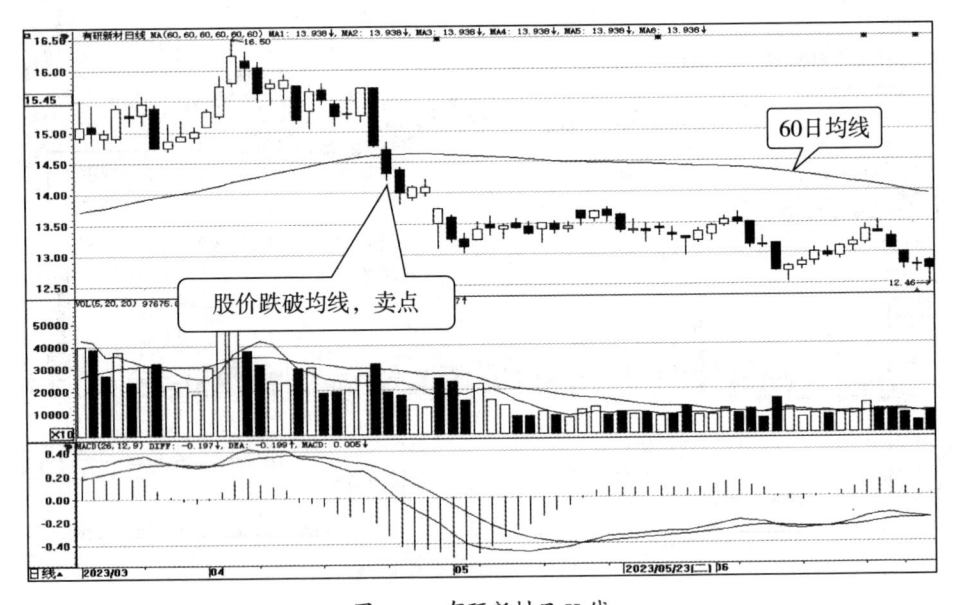

图 4-6 有研新材日 K 线

如图 4-7 所示，2023 年 4 月 6 日，紫江企业（600210）的股价跳空向下，跌破其 60 日均线。这是一个看跌卖出信号，此时形成第一个卖出时机。

2023 年 4 月 18 日，股价反弹到均线位置时遇到阻力下跌，同时 K 线形成看跌吞没形态。这次反弹是对之前看跌信号的确认。此时该形态的第二个卖出时机出现。

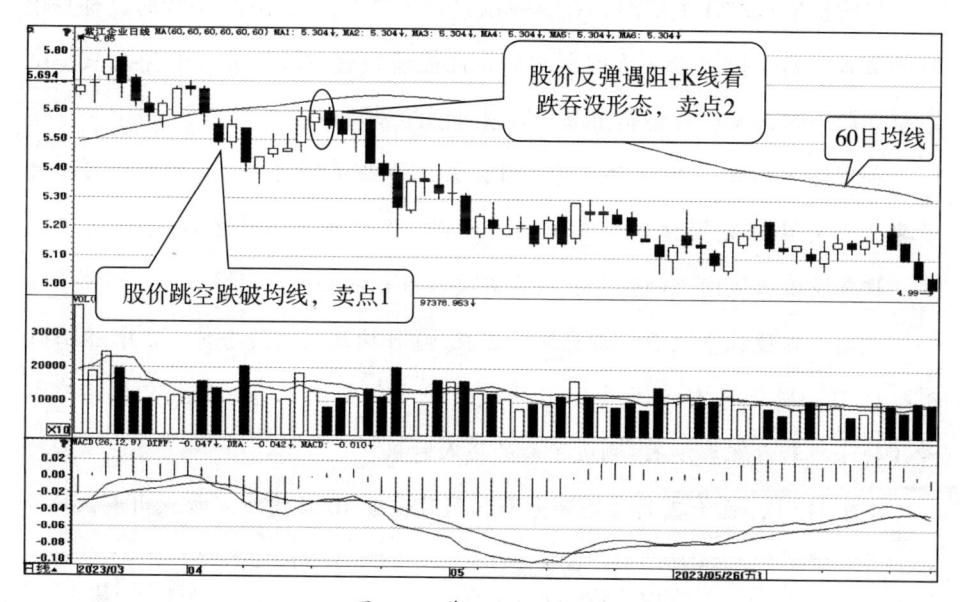

图 4-7　紫江企业日 K 线

精讲提高

1. 股价跌破均线后可能回抽也可能不会回抽。如果股价没有反弹，该形态就没有第二个卖点。

2. 投资者在实际操作时可以参照其他周期的均线，例如，22 日均线、34 日均线、55 日均线等。

4.1.4 股价依托均线

股价依托均线往往出现在极强势或极弱势的行情中，多指股价紧贴着5日均线或10日均线持续上涨或下跌。

当股价依托均线上涨时，在其每次接近5日均线或10日均线时，都是很好的买入时机。投资者买入股票之后，往往还会有一波上涨。但当K线呈横盘整理形态时，投资者要卖出部分股票，谨防风险。

如图4-8所示，2021年7月9日，紫江企业（600210）股价在经过一波长期平移走势后突然放量加速向上，且前一个交易日股价已经突破10日均线。这是股价加速向上的信号，投资者要注意短线买入。

之后，该股放量大涨，形成股价依托10日均线向上的态势。7月28日和8月11日，股价两次回调到10日均线附近受到支撑，同时形成K线看涨信号（锤子线和看涨吞没），构成了新的买入时机。

8月27日，股价在高位逐渐走平，同时跌破10日均线，卖点出现，投资

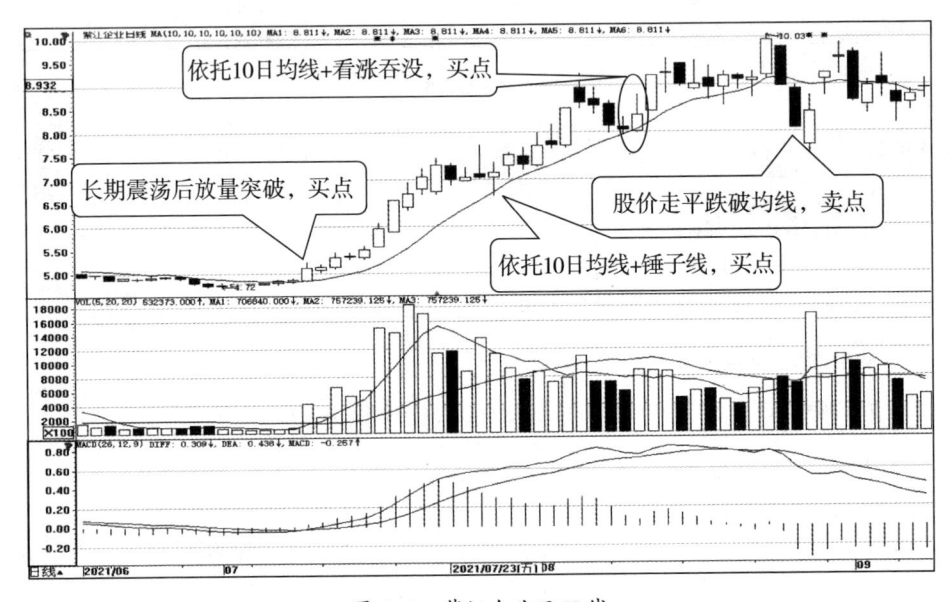

图 4-8　紫江企业日K线

者要注意及时出场。

实战经验

在实战中,投资者要注意以下两点。

第一,股价依托均线的前提是大幅上涨或下跌,通常这些走势启动之前会长期横向震荡。

第二,捕捉股价回调到均线附近的买点要注意使用 K 线形态理论。

在下跌过程中,则恰恰是相反的。股价在 5 日均线或 10 日均线的压制下向下运行,每次股价接近 5 日均线时,都是很好的卖出时机。当股价出现横向整理走势,投资者可谨慎持有股票。若出现突破均线走势,投资者应持股。否则,投资者应卖出股票。

如图 4-9 所示,2023 年 3 月 24 日和 25 日,珠海中富(000659)放量大

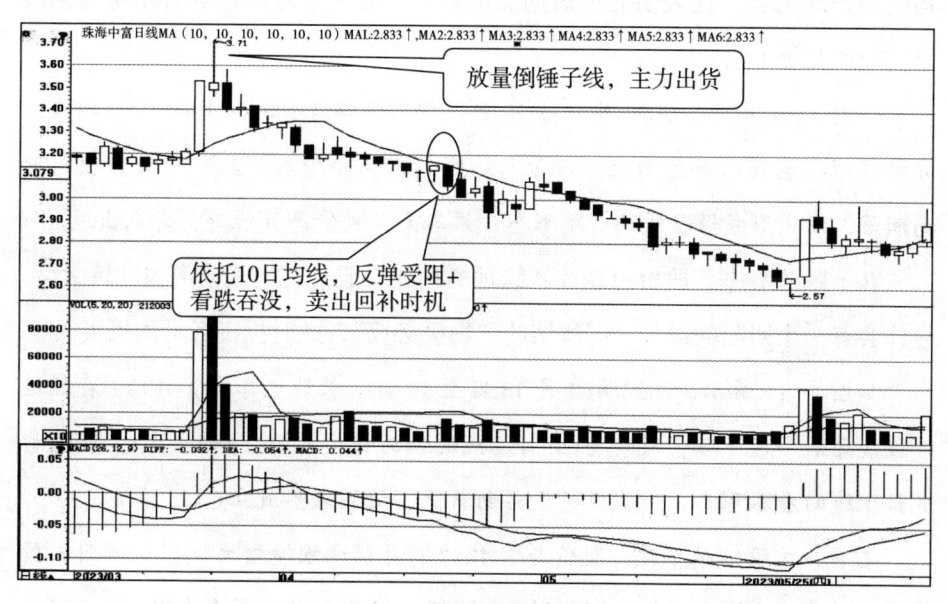

图 4-9 珠海中富日 K 线

涨后在高位形成倒锤子线形态，这是主力出货的信号。之后，股价持续下跌，跌破10日均线，由于下跌动能强劲形成股价依托均线的形态。4月20日，股价反弹到10日均线附近受阻，同时K线形成看跌吞没形态，投资者可以先卖出，等股价大跌后再伺机回补。

4.1.5 股价与均线的乖离率

乖离率是指股价偏离均线的程度。一般乖离率较大的，股价会慢慢向均线回归。其回归主要有两种方式：一是通过时间转移法，即股价呈现横向盘整，均线逐渐上移，股价与均线的乖离率缩小，从而使股价向均线回归；二是通过空间转移法，即股价下跌或上涨，均线逐渐上移，股价与均线的乖离率缩小，从而使股价向均线回归。以上两种方式，无论哪一种，都反映了均线对股价有较强的束缚作用，股价终将向均线回归。

在股价短线上涨较多时，其乖离率也较大，此时往往会出现股价下跌向均线回归的走势。这表明股价短期涨幅较大，获利丰厚的投资者纷纷卖出股票，导致股价下跌。

如图4-10所示，2023年2月20日，福田汽车（600166）在20日均线上方经过短期震荡后加速向上，股价与均线的乖离率增加。2月22日，股价冲高回落，K线形成锤子线的看跌形态。第二天，股价高开低走，卖点出现。

在下跌趋势中，股价急跌或暴跌远离均线，股价与均线偏离程度较大后，往往会有一个回归的过程，即所谓的"物极必反"，此时投资者可伺机买入。

如图4-11所示，2023年4月18日至19日，长城电工（600192）在经过一波震荡后加速下跌，股价与20日均线的偏离程度大增。4月20日，K线形成锤子线的看涨形态，但次日股价再创新低，该买点不成立。

之后，该股继续下跌，股价与K线的偏离程度继续增大。4月26日，股价止跌回升，K线形成旭日东升形态。次日，股价高开，买点出现。

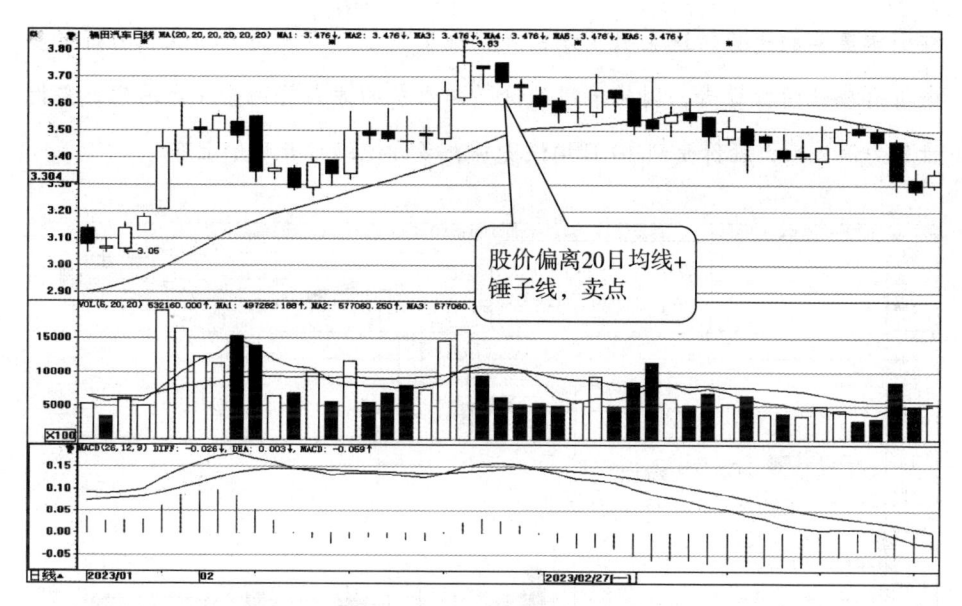

图 4-10 福田汽车日 K 线

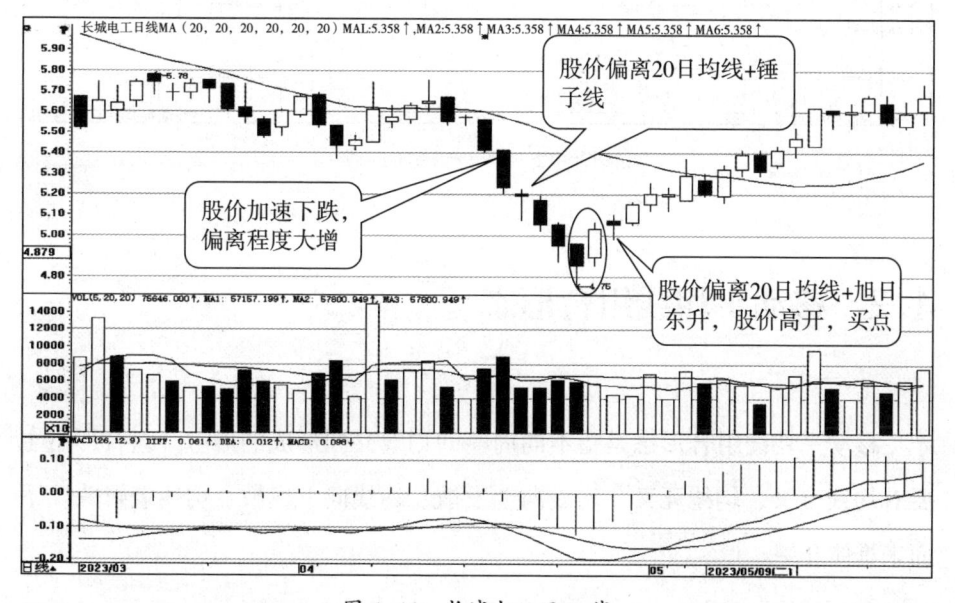

图 4-11 长城电工日 K 线

通过时间转移法来缩小乖离率时，股价会出现横向盘整，均线向上移动，当均线跟股价处于同一水平价位时，多方又来拉升股价，股价上涨。

如图 4-12 所示，徐工机械（000425）的日 K 线图上出现了股价横向调整缩小乖离率的走势。这表明多方拉升股价至高位，不想因为抛盘压力将更多廉价筹码让给投资者，因此采用股价横向盘整的方式将抛盘压力消化。当抛盘压力消失后，股价受到 10 日均线支撑，多方继续拉升股价上涨。

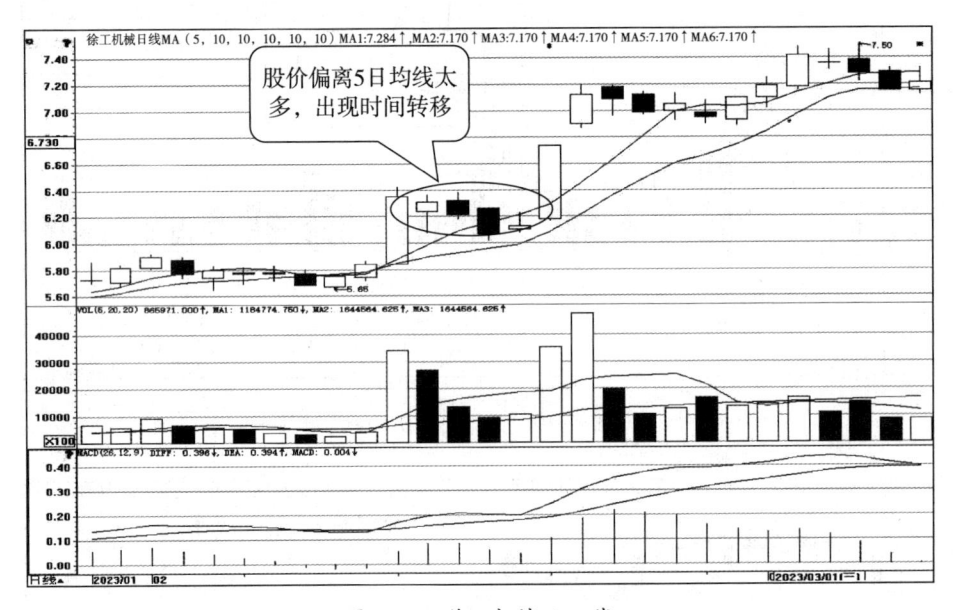

图 4-12　徐工机械日 K 线

4.2　移动平均线组合形态

　　移动平均线组合形态是指不同周期的均线共同形成的形态。组合形态主要有均线金叉、均线死叉、均线向上发散、均线向下发散、均线老鸭头。下面来具体介绍。

4.2.1　均线金叉

　　均线金叉，是指在股票 K 线图上，短期均线和长期均线都呈现上移的走势时，短期均线上穿长期均线所形成的组合形态。

均线金叉说明多方力量增强，已有效突破空方的阻力线，后市上涨的可能性很大。

如图 4-13 所示，2023 年 1 月 30 日，华塑控股（000509）的日 K 线图上出现了均线金叉形态。5 日均线与 20 日均线形成金叉，这表明股价触底后开始强劲反弹，多方重新占据主导地位，后市涨势可期，投资者可积极买入。

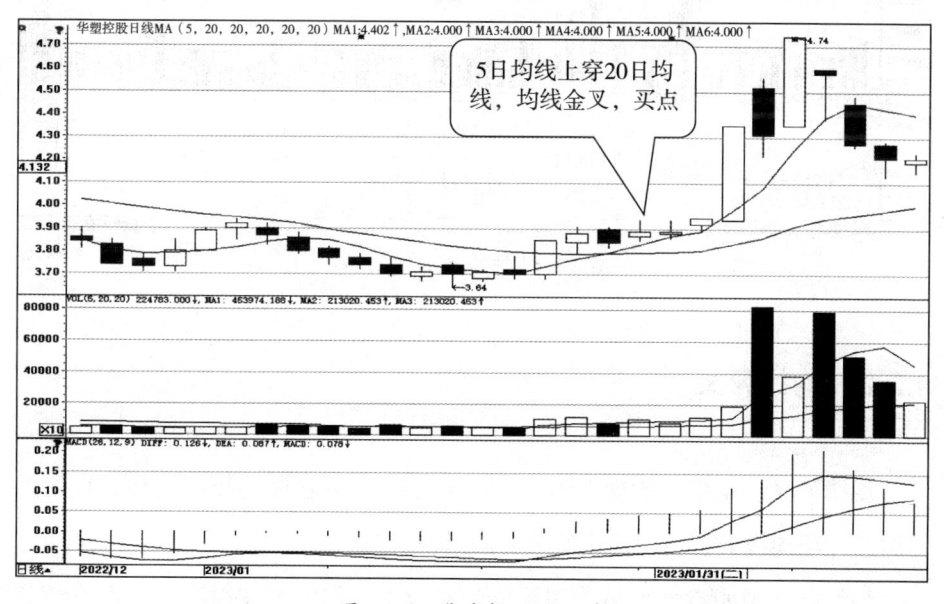

图 4-13　华塑控股日 K 线

二次金叉往往出现在上涨行情中期，是指在上涨行情中，股价回调时出现的第二个金叉。二次金叉是很稳健的进场信号，但前提是市场处于上涨趋势中。

如图 4-14 所示，2022 年 11 月至 12 月，粤电力 A（000539）的日 K 线图上出现了均线二次金叉的走势。这表明起初股价受多方力量强力拉升，加速上涨至高位。随后的抛盘压力并没有使该股彻底转势。投资者可在二次金叉出现时买入股票。

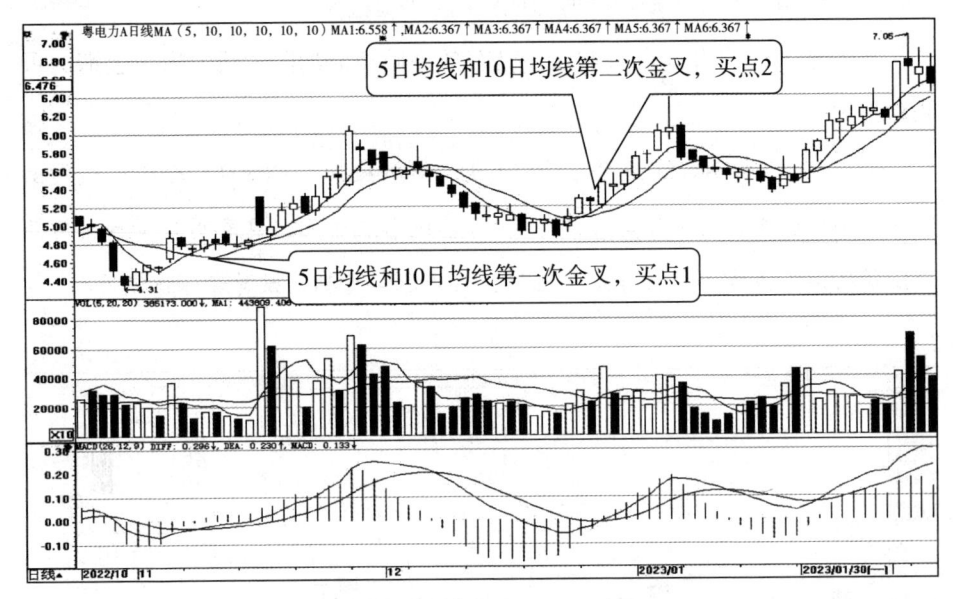

图 4-14 粤电力 A 日 K 线

4.2.2 均线死叉

均线死叉，是指在股票 K 线图上，短期均线和长期均线都呈现下跌的走势时，短期均线下穿长期均线所形成的组合形态。

均线死叉说明空方力量增强，已经有效击破多方的支撑线，后市下跌的可能性很大。若其长期均线也形成死叉，那么这次死叉预示着股价的顶部区域已经形成，后市短时间内难以突破该高点。

如图 4-15 所示，2022 年 8 月 30 日，佛山照明（000541）的日 K 线图上出现了 5 日均线和 20 日均线的死叉。这说明该股短期走势已经走坏，投资者应该离场休息。

在股价上涨过程中，若短期均线死叉，而长期均线的上涨趋势没有发生变化，则该短期均线的死叉就仅仅是股价上涨过程中的一次回调。待多方主力认为散户市场多空充分换手后，会再次拉升股价进入新的上涨行情。

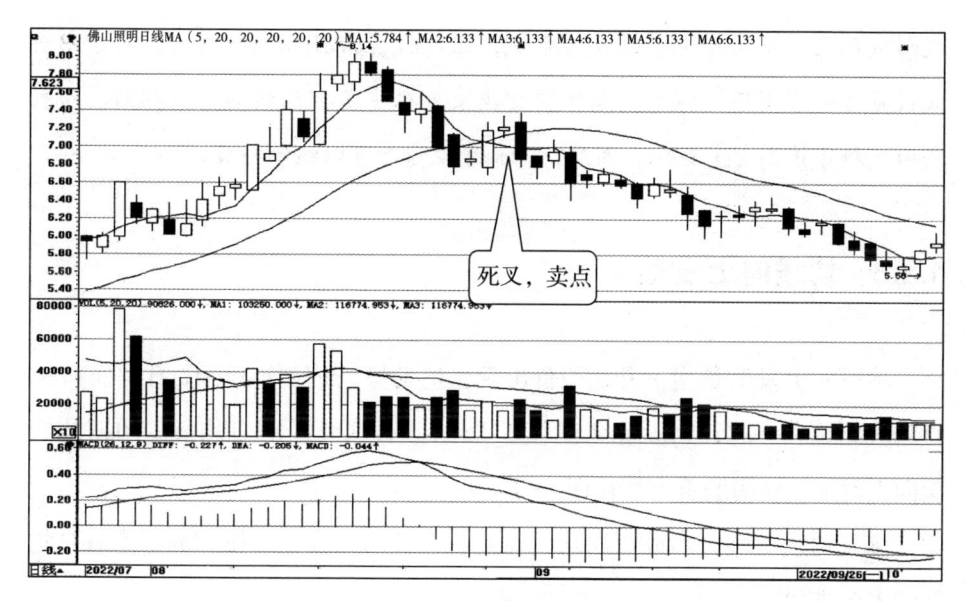

图 4-15 佛山照明日 K 线

如图 4-16 所示，2023 年 3 月底至 6 月中旬，皖能电力（000543）的日 K 线图上出现了长期均线趋势未变、短期均线死叉的走势。5 日均线与 10 日均

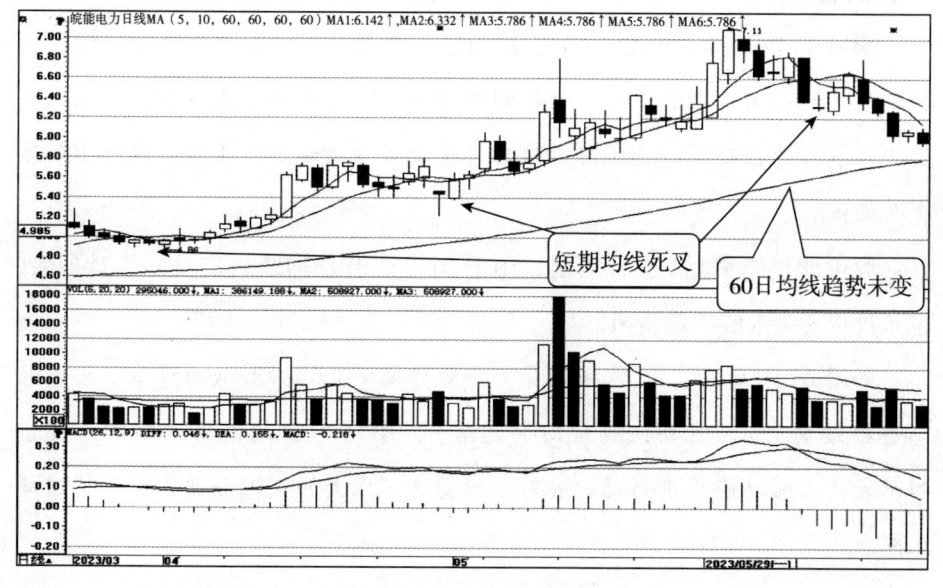

图 4-16 皖能电力日 K 线

线形成死叉,说明短期下跌走势形成,短线投资者可以选择离场。对于中长线投资者而言则不必惊慌,后市操作决策要根据长期均线趋势来判断。而长期均线趋势并未发生变化,因此,中长线投资者可以继续持股。

4.2.3 均线向上发散

均线向上发散是指一开始股价出现盘整走势,5日均线、10日均线和30日均线纠缠在一起,当股价突破盘整区时,5日均线、10日均线、30日均线次向上发散,说明股价上涨在即。

多条均线发散,形成短期均线在上、中长期均线在下排列的形态就是均线的多头排列。

均线向上发散形态一旦完成,就表示市场处于上涨行情中。投资者不断以更高的价格买入股票,而股票价格也不断被推高。这种推动股价上涨的多方力量一旦凝聚起来,往往能够持续很长时间,未来股价通常将会有一波较大幅度的上涨。

如图4-17所示,2022年3月17日,天保基建(000965)的日K线图上出现了均线向上发散的走势。这说明市场进入多方强势的上涨行情,未来股价将在多方的推动下持续上涨。随后股价被多方力量强势上拉,连续出现多个涨停板。

股价调整结束后,5日均线、10日均线、30日均线再次呈多头排列时,也是投资者买入股票的良机。

如图4-18所示,2022年6月,安泰科技(000969)以均线多头排列的形态持续向上。7月初,股价回调震荡。7月19日,均线再次形成多头排列,表明上涨动能再次启动。此时,投资者可以大胆买入股票,股价将继续上涨。

第4章 看均线了解涨跌趋势

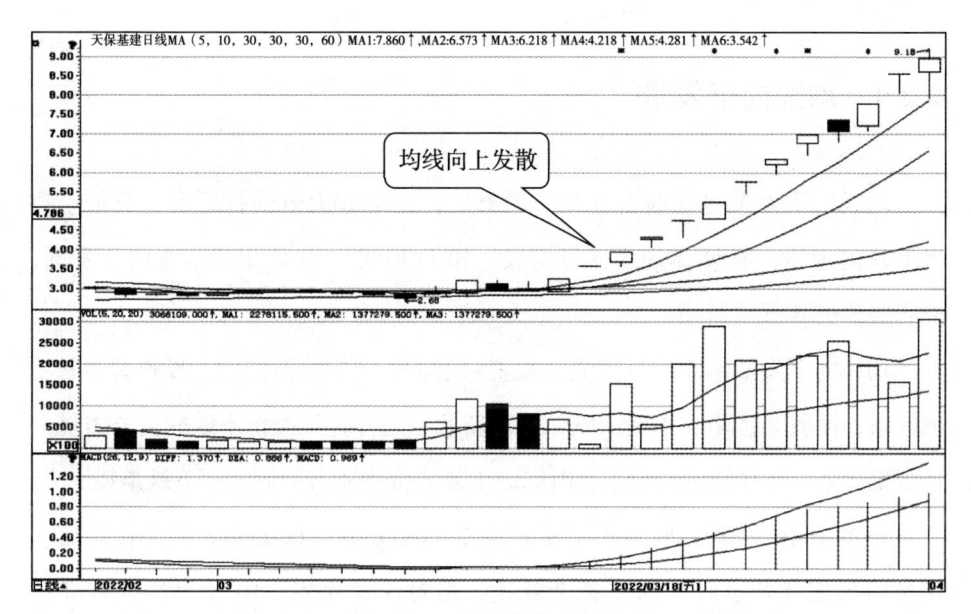

图 4-17 天保基建日 K 线

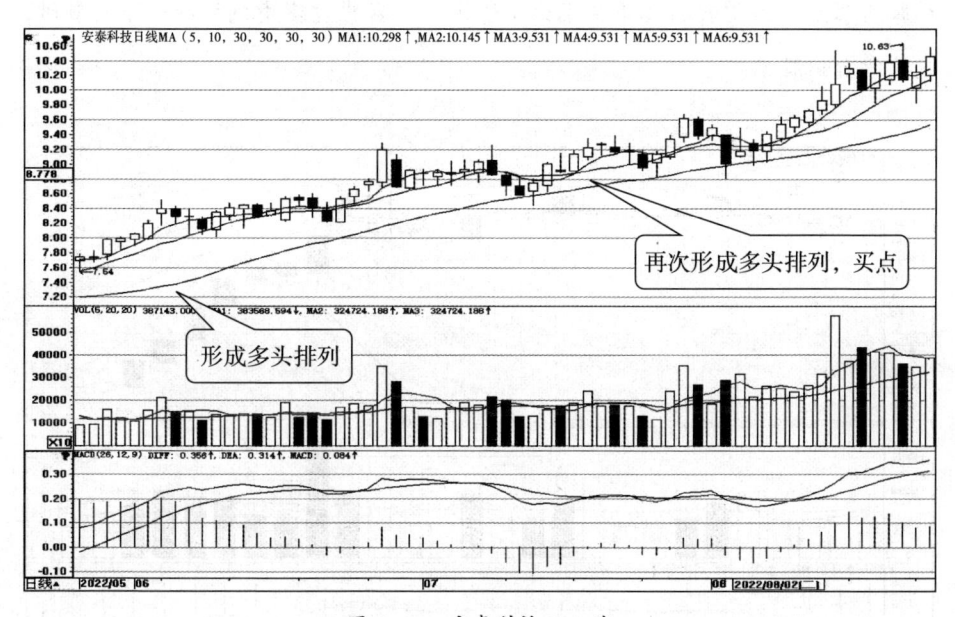

图 4-18 安泰科技日 K 线

4.2.4 均线向下发散

均线向下发散是指股价在高位调整后,在空方力量的打压下,股价呈现出下跌的走势。具体体现为 5 日均线、10 日均线、30 日均线依次向下发散,说明股价进入下跌行情。

均线向下发散形态一旦完成,就表示市场处于下跌行情中。投资者不断卖出股票,而股票价格也不断下跌,创出新低。这种打压股价下跌的空方力量一旦凝聚起来,往往能够持续很长时间。未来股价将要有一波大幅下跌走势。

如图 4-19 所示,2023 年 4 月 17 日,诚志股份(000990)股价在经过一段时间的震荡后,跳空向下低开低走,同时 5 日均线、10 日均线、30 日均线、60 日均线向下发散。这说明股价在高位调整后遇到强大的空方力量,之后股价在空方力量的打压下呈现出下跌走势。当投资者看到均线向下发散时,应及时卖出股票。

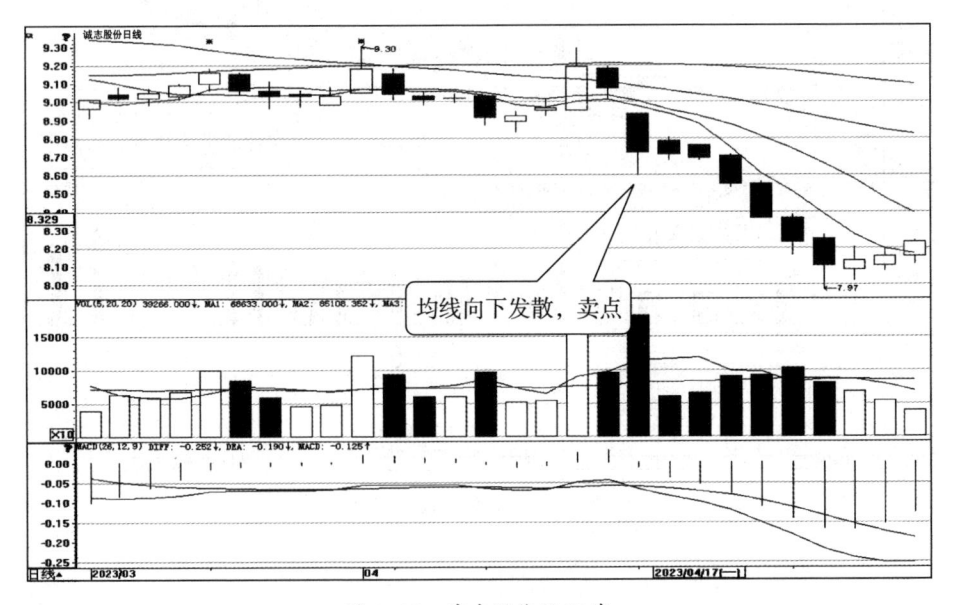

图 4-19 诚志股份日 K 线

4.2.5 均线老鸭头

1. 均线老鸭头

老鸭头形态是由三根均线共同形成的技术形态。老鸭头的形成要依次经过鸭脖颈、鸭头顶、鸭鼻孔和鸭嘴巴几个过程。

鸭脖颈：5日均线、10日均线相继突破30日均线。随后5日均线和10日均线在30日均线上方持续上涨。在上涨过程中成交量不断放大。

鸭头顶：5日均线、10日均线持续上涨一段时间后，5日均线开始见顶回落，随后10日均线也逐渐见顶走平。

鸭鼻孔：5日均线快速回落后略微跌破10日均线，但跌破的幅度很小，并很快就被再次向上拉升。在这个过程中，成交量极度萎缩，且5日均线和10日均线都没有跌回到30日均线附近。

鸭嘴巴：5日均线突破10日均线后再次稳健上涨，二者之间的距离被再次拉开。

老鸭头形态说明市场上经过了从上涨动能逐渐积累，到上涨一段后稍做调整，再到继续上涨的过程。在鸭脖颈阶段，股价刚刚突破30日均线，并且逐渐上涨，这是市场信心恢复、上涨动能逐渐积累的过程。在鸭头顶阶段，股价上涨受阻、略微回调。之后鸭鼻孔很小就说明上方的压力十分有限。此时多数投资者仍然看好后市。等到鸭嘴巴打开时，显示新的上涨行情已经展开。老鸭头形态是一个看涨买入信号。

如图4-20所示，2022年11月，惠发食品（603536）的5日均线和10日均线先后突破了其30日均线。随后5日均线和10日均线在30日均线上方持续上涨。此时老鸭头形态的鸭脖颈出现。

11月下旬，5日均线见顶下跌，在K线图上表现为一个上吊线形态。同时其10日均线也逐渐走平，此时鸭头顶形态完成。

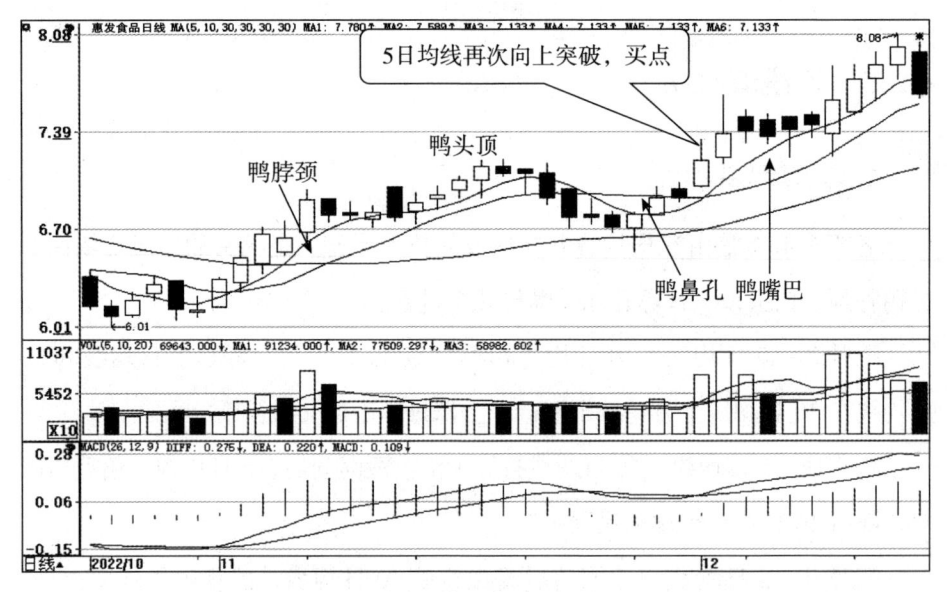

图 4-20　惠发食品日 K 线

随后，5 日均线跌破 10 日均线，但跌破的幅度并不深。而且 5 日均线很快就被再度拉升回 10 日均线上方，此时鸭鼻孔出现。

12 月 1 日，5 日均线回到 10 日均线上后开始持续上涨，二者之间的距离被再次拉大。此时鸭嘴巴形成，投资者可以积极买入。

如图 4-21 所示，2022 年 11 月，中国联通（600050）的 5 日均线、10 日均线和 30 日均线共同组成了老鸭头形态。从图中可以明显看出，11 月 18 日当这个老鸭头形态的鸭嘴巴张开时，买点出现。

实战经验

1. 老鸭头形态中的鸭头顶最好能与 30 日均线有一定距离，鸭脖颈足够长。这是上涨趋势已经基本确定的信号。

2. 老鸭头形态中的鸭鼻孔越小，说明股价上涨动能越强，该形态看涨信号也就越强。

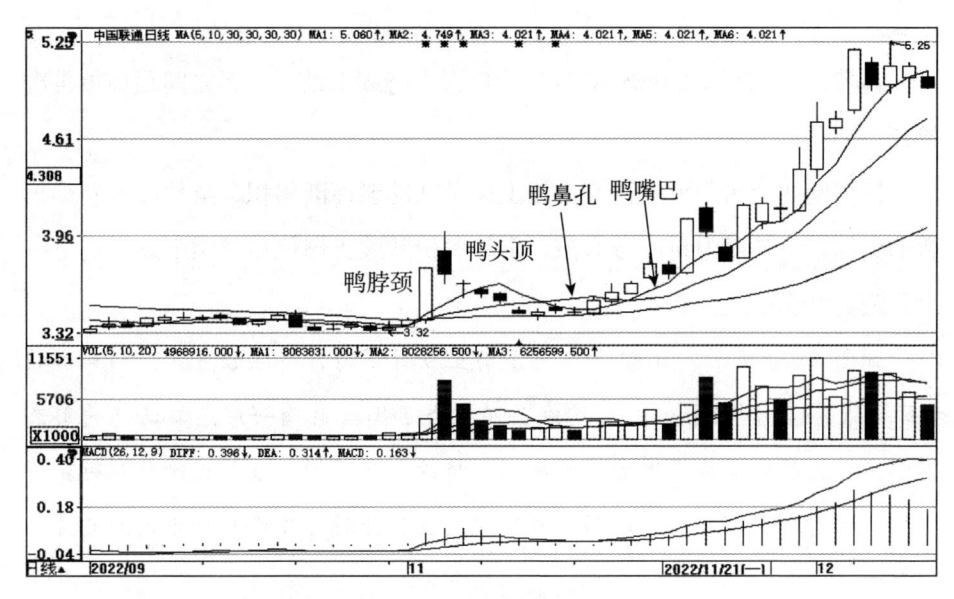

图 4-21 中国联通日 K 线

3. 整个老鸭头形态从出现到结束可能需要经过较长一段时间。该形态形成过程持续的时间越长，未来股价的上涨空间也就越大。

4. 如果在鸭鼻孔完成、5 日均线突破 10 日均线的同时，均量线和 MACD 指标也完成了金叉，则该形态的看涨信号会更加强烈。

2. 倒挂老鸭头

倒挂老鸭头是与老鸭头形态完全相反的一个顶部看跌形态。该形态也由鸭脖颈、鸭头顶、鸭鼻孔和鸭嘴巴四个过程组成。

鸭脖颈：5 日均线、10 日均线相继跌破 30 日均线。随后 5 日均线和 10 日均线在 30 日均线下方持续下跌。

鸭头顶：5 日均线、10 日均线持续下跌一段时间后，5 日均线开始见底反弹，随后 10 日均线也逐渐见底走平。

鸭鼻孔：5 日均线反弹后略微突破 10 日均线，但突破的幅度很小，并很快就被继续打压。在这个过程中，5 日线和 10 日线都未能靠近 30 日均线的区域。

鸭嘴巴：5日均线跌破10日均线后再次持续下跌，二者之间距离被再次拉开。

顶部倒挂老鸭头形态说明市场上的下跌动能逐渐累积，虽然股价获得短暂的支撑，但支撑力量十分有限，最终股价跌破支撑位后继续下跌。这是一个看跌卖出信号。

如图4-22所示，2022年8月下旬至9月下旬，博威合金（601137）的5日均线、10日均线和30日均线共同完成了倒挂老鸭头形态。这样的形态说明市场上的空方力量逐渐凝聚起来，持续打压股价。虽然股价下跌时获得支撑，但这种支撑的力量很弱。最终鸭嘴巴打开时，股价持续下跌的趋势已经形成。

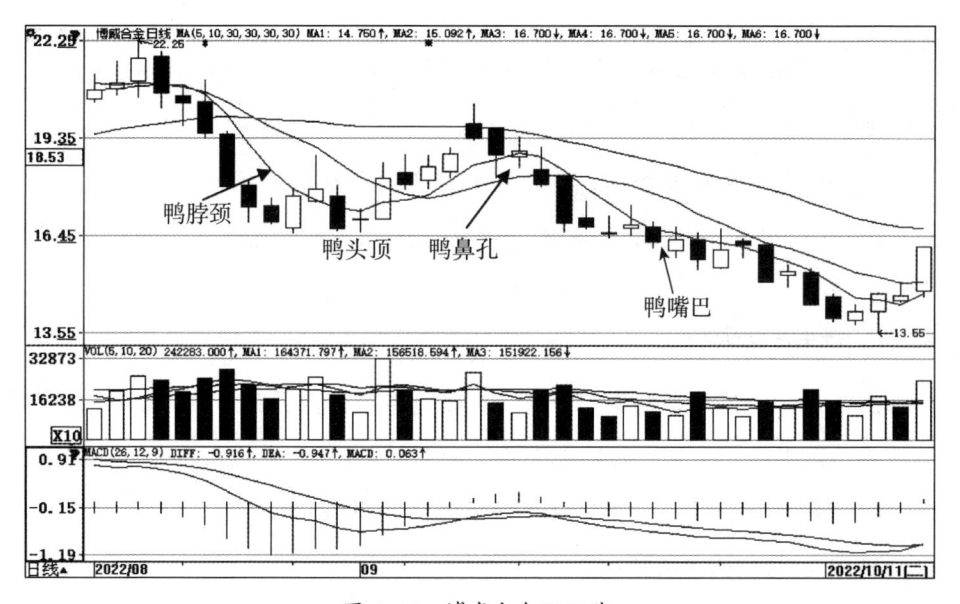

图4-22　博威合金日K线

实战经验

1. 在倒挂老鸭头形态中的鸭鼻孔越小，说明股价下跌的动能越强，该形态的看跌信号也就越强烈。

2. 从出现鸭脖颈到鸭嘴巴完成之间可能要经过较长一段时间。这段时间持续越久，未来股价的下跌空间也就越大。

3. 如果在鸭鼻孔完成、5日均线跌破10日均线的同时，均量线和MACD指标也完成了死叉，则该形态的看跌信号会更加强烈。

第 5 章

看量价关系了解市场能量

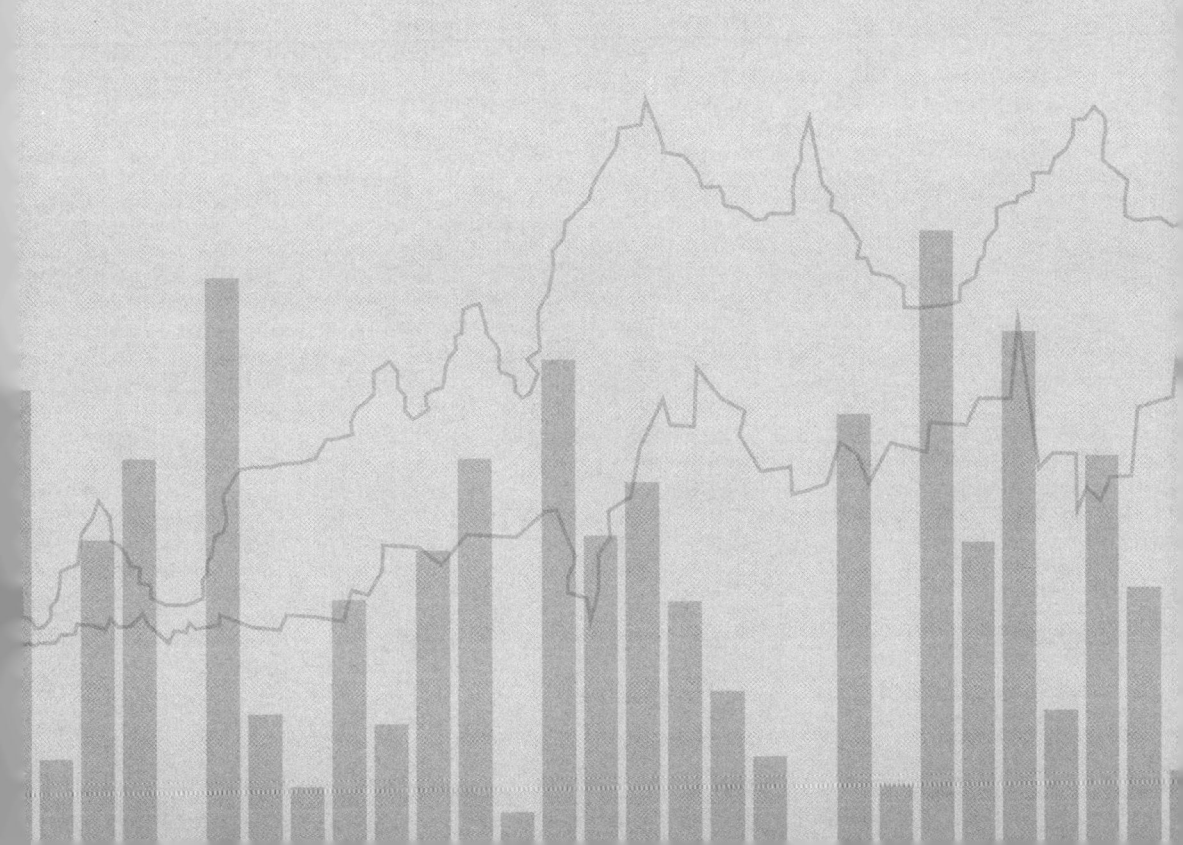

成交量与估价的关系，就像油门与车速的关系。油门的大小，决定了汽车前进速度的快慢。相应地，成交量代表了股价变动的内在动力，因此会有"量是因，价是果""量在价先"等股市俗语。

5.1 量价关系

在分析股票时，投资者如果单独看成交量，那么其本身的放大与缩小对趋势方向并没有太多的指示意义。对成交量的分析，必须和价格分析结合起来，也就是我们常说的"量价关系"。

一般来说，股价上涨成交量同步放大，股价下跌成交量同步缩减，称为"价量同向"，或者是"价量配合"。股价上涨，成交量出现缩减，股价下跌，成交量反而放大，称为"价量背离"。各种不同的价量关系，预示着后市趋势的不同，这是投资者需要注意的。

5.1.1 价升量增

价升量增是指随着股价的不断上升，成交量同步放大的走势。价升量增是最理想的价量关系，表明随着股价的上升，上升动力也在不断增强，预示着股价仍将继续走高。

价升量增可分为股价见底后的价升量增和股价上涨过程中的价升量增。

1. 股价见底后的价升量增

当股价经过大幅度下跌之后出现短期的价升量增走势，这表明股价短期见底，随着多方力量开始介入市场，后市有望进入一轮强劲的上涨行情。因此，投资者在看到股价见底后的价升量增时，应注意把握抄底买入时机。

如图 5-1 所示，2023 年 4 月下旬，闽东电力（000993）的股价创下了新低。之后，该股市场人气逐步积聚，换手逐渐活跃，出现了价升量增的走势，表明资金开始持续入场。投资者要注意逢低买入。

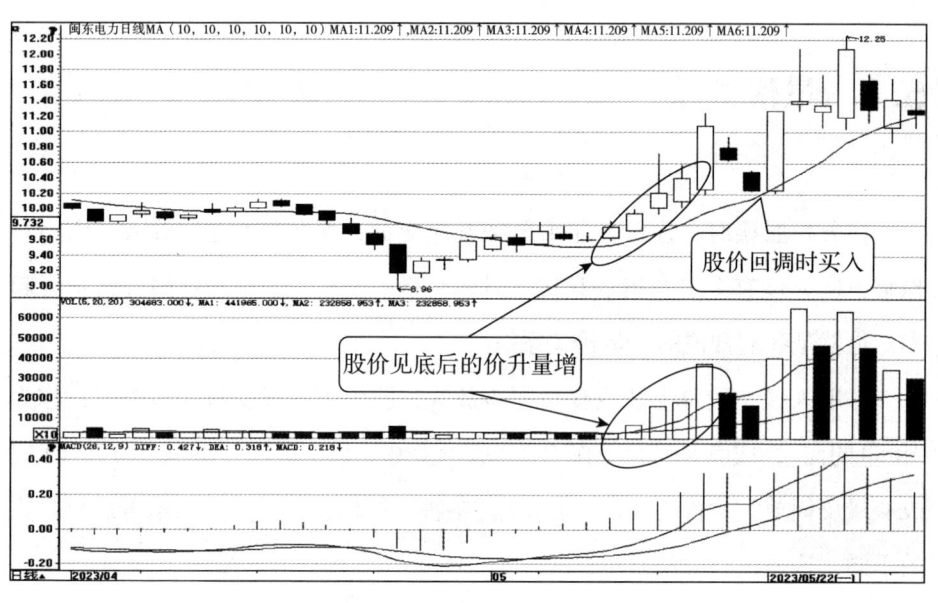

图 5-1　闽东电力日 K 线

实战经验

股价见底后的价升量增，往往是一波上涨趋势的开端。但投资者仍然要耐心等待最好的买入时机。这是因为有时候这种价升量增只是下跌趋势中的一段暂时的反弹走势，之后股价仍将延续原来的下跌趋势。因此投资者一旦看到股价见底后的价升量增，最好结合其他技术分析工具，综合研判上涨趋势是否真正形成。

2. 股价上涨过程中的价升量增

在一轮中长期上涨行情中，随着股价一浪接一浪地走高，很多时候成交量也会呈现逐步增加的态势，预示着中期上涨行情仍将持续。在这个过程中，股价每次缩量回调时，都构成了投资者的入场时机。

如图 5-2 所示，2023 年 1 月到 3 月，国芯科技（688262）的股价持续上涨，出现了一波较大的上涨趋势。在这波上涨趋势中，随着股价一浪接一浪地走高，成交量也呈现出逐步增加的态势。投资者可以在股价缩量回调时积极买入。

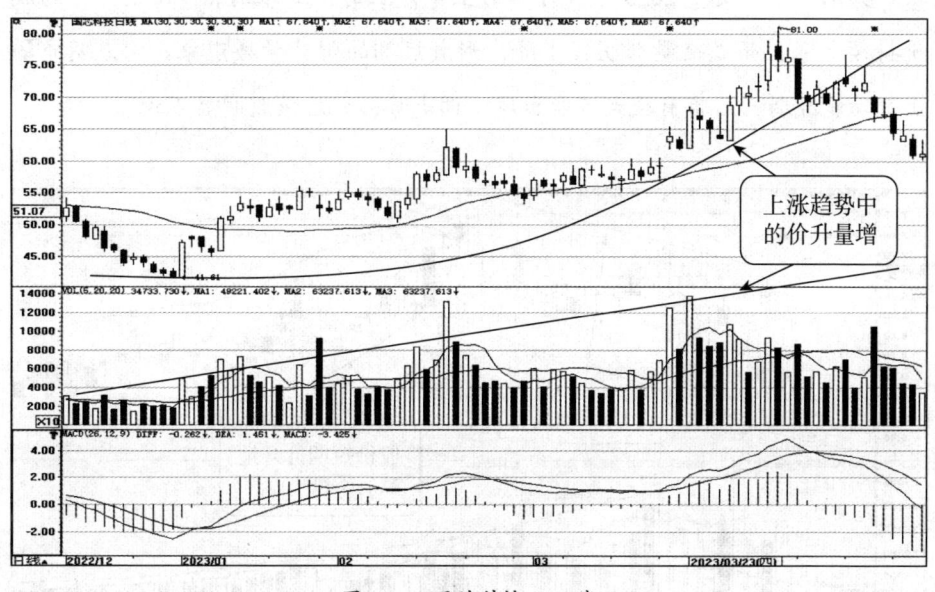

图 5-2　国芯科技日 K 线

5.1.2　价升量减

价升量减是指，随着股票价格的上涨，成交量不断缩减，是最主要的

"价量背离"表现形式。

当出现这种走势时,往往预示着股价即将见顶下跌。由于股价仍有上涨的惯性,投资者不用急于卖出,而是要保持高度警惕,当发现股价出现明显的见顶迹象后,再及时进行卖出操作。

价升量减分为两类:短期的价升量减和中长期的价升量减。

1. 短期的价升量减

有时股价在上升过程中,在短期内会出现价升量减的情形,此时往往预示着短期内股价上涨动能衰竭,很可能要进入一个调整周期。投资者可以保持密切关注,待明确的短线反转信号出现后,可以进行减仓操作。

如图5-3所示,2023年3月中旬至4月上旬,三维通信(002115)的股价持续上涨,而成交量则明显下降,形成短期的价升量减现象。它表明市场上涨动能减弱,后市有较大可能出现回调走势,之后该股明显下跌。

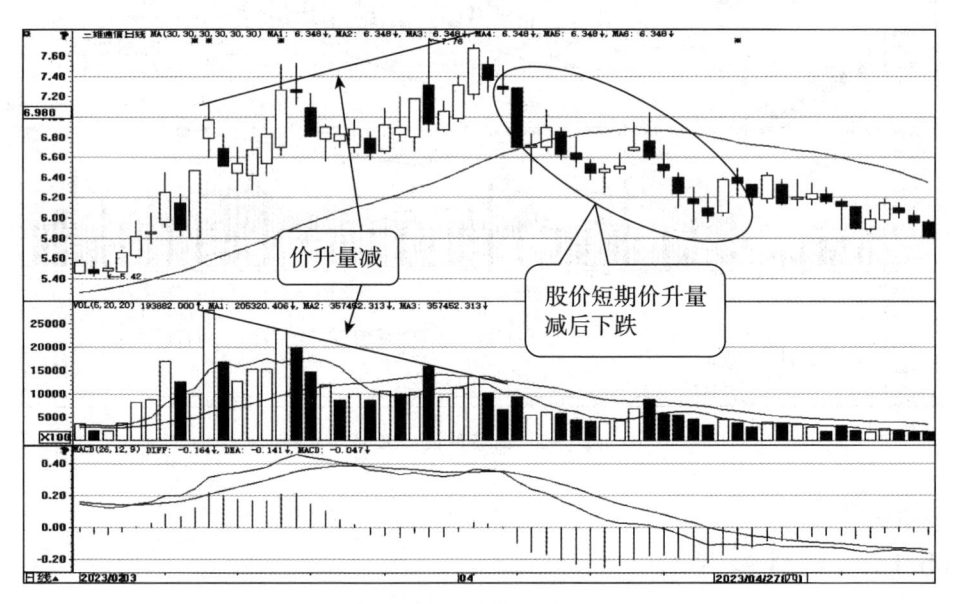

图5-3 三维通信日K线

2. 中长期的价升量减

如果出现了长时间、大范围的价升量减情形,那么往往预示着股价正在构筑中长期顶部。针对这种情况,投资者要保持高度警惕,一旦发现中长期见顶信号后,应清仓离场。

如图 5-4 所示,2022 年 6 月到 2023 年 3 月,百合花(603823)的股价整体上持续上涨,但成交量整体却呈现出不断缩减的态势,形成中长期的价升量减态势。它预示着股价正在构筑中长期顶部,投资者要保持警惕,注意及时出场。

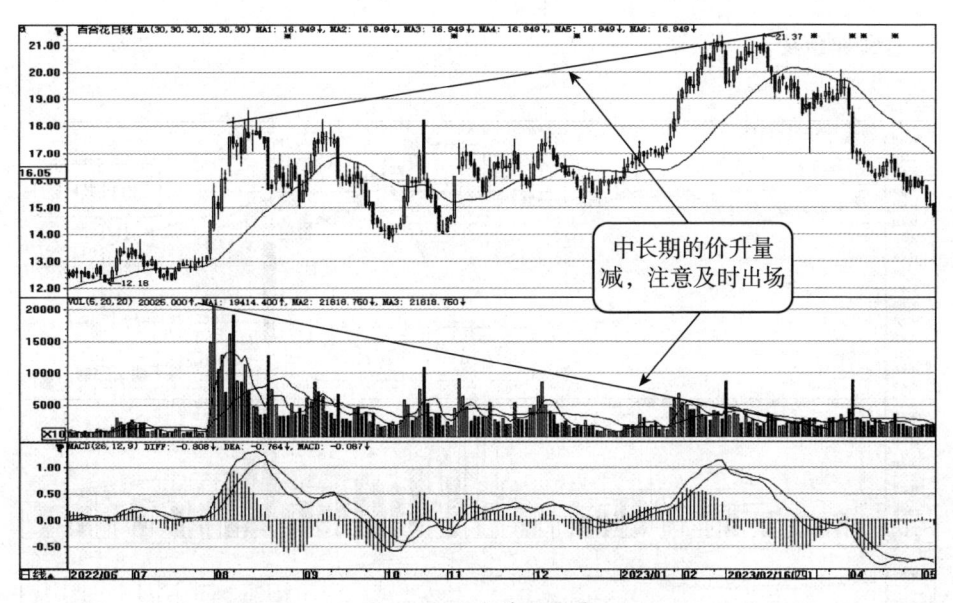

图 5-4 百合花日 K 线

5.1.3 价跌量增

价跌量增是指随着股价的不断下跌,成交量反而出现持续放大的情形。这种走势反映出随着股价的下跌,在买方力量不断增加的同时,卖方力量增加的幅度更大，股价会持续下跌。

价跌量增可以分为股价高位时的价跌量增和股价低位时的价跌量增。

1. 股价高位时的价跌量增

当股价处于高位区域时，尤其是当股价处于明显的滞涨状态后，一旦走势出现价跌量增的情形，往往是强烈的看跌信号。它表明获利筹码开始疯狂杀跌出局，仍然持股的投资者要注意及时出场。

如图5-5所示，从2023年4月14日开始，创世纪（300083）的股价在高位滞涨一段时间后下跌，而成交量却不断增加，形成了高位价跌量增的情形，同时股价顺利跌破30日均线。这表明获利筹码开始杀跌出局，投资者要注意立即出场。

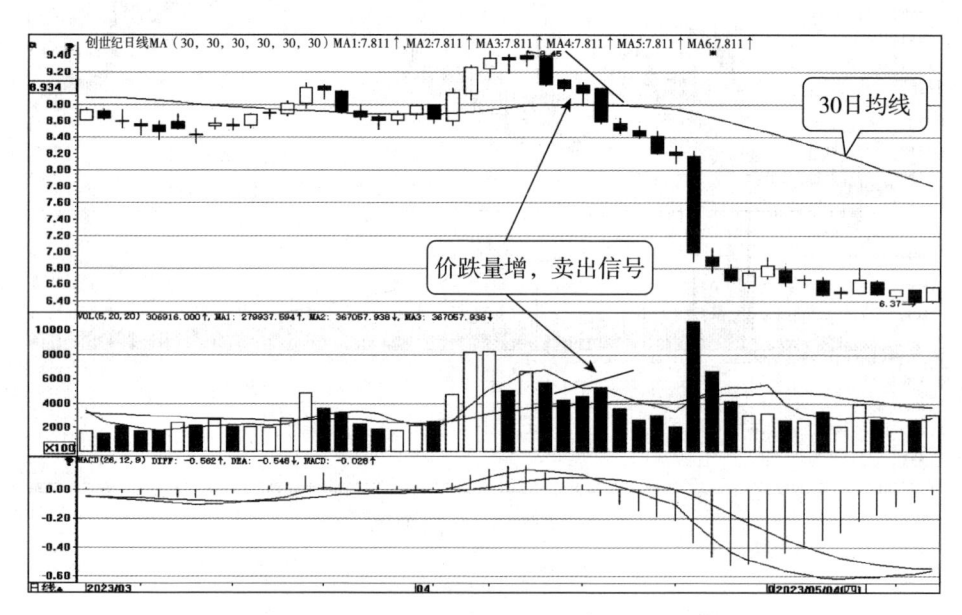

图5-5 创世纪日K线

2. 股价低位时的价跌量增

当股价处于低位时，尤其是经过了长期大幅度的下跌之后，出现价跌量增的走势，说明虽然此时空方实力仍然强大，但是已经有资金开始在下跌中逢低买入，多方已经开始准备反击。此时的价跌量增可能是空方力量的最后释放，这是股价见底的信号之一。投资者可以保持密切关注，如果后市股价出现明显的企稳走势，可以择机入场。

如图 5-6 所示，2022 年 10 月，广汇物流（现 ST 广物，600603）的股价持续下跌，成交量持续放大，形成价跌量增的态势。这表明市场此时空方实力仍然强大，但是已经有资金开始在这种下跌中逢低买入，多方开始准备反击。之后的一个月里，股价在底部逐渐企稳，投资者可以伺机买入。

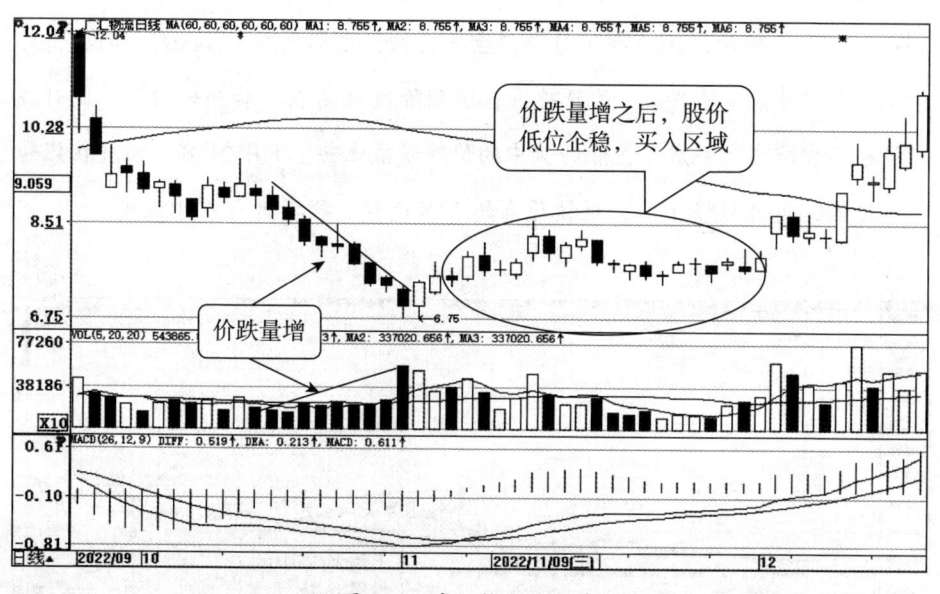

图 5-6　广汇物流日 K 线

5.1.4　价跌量减

价跌量减是指随着股价的不断下跌，成交量不断缩减，也称价量齐跌，是除了量升价增之外的另外一种价量同向的表现形式。这种走势表示随着股价的不断下跌，筹码的锁定性越来越高。

价跌量减可分为上涨趋势中的价跌量减和下跌趋势中的价跌量减。

1. 上涨趋势中的价跌量减

在一波上涨趋势中,如果股价在到达一个阶段性高点后开始下跌,同时伴随着股价的下跌,成交量不断缩减,那么往往预示着这是一次正常的回调。调整结束后,股价仍将延续原来的上涨趋势。这种上涨趋势中的回调,为踏空投资者提供了良好的介入时机。

看到这种上涨趋势中的价量齐跌时,出于安全考虑,投资者应该等待股价真正调整到位并已经开始回升时,再开始介入。

如图5-7所示,2023年1月中旬至5月初,中船科技(600072)的股价处于上涨趋势中。3月7日,该股股价在达到阶段性高点之后开始回调,同时成交量也逐步缩减,形成了上涨趋势中的价跌量减走势。4月21日,该股在短暂回调之后,再次放量上涨,延续原来的上涨走势。投资者可以积极买入。

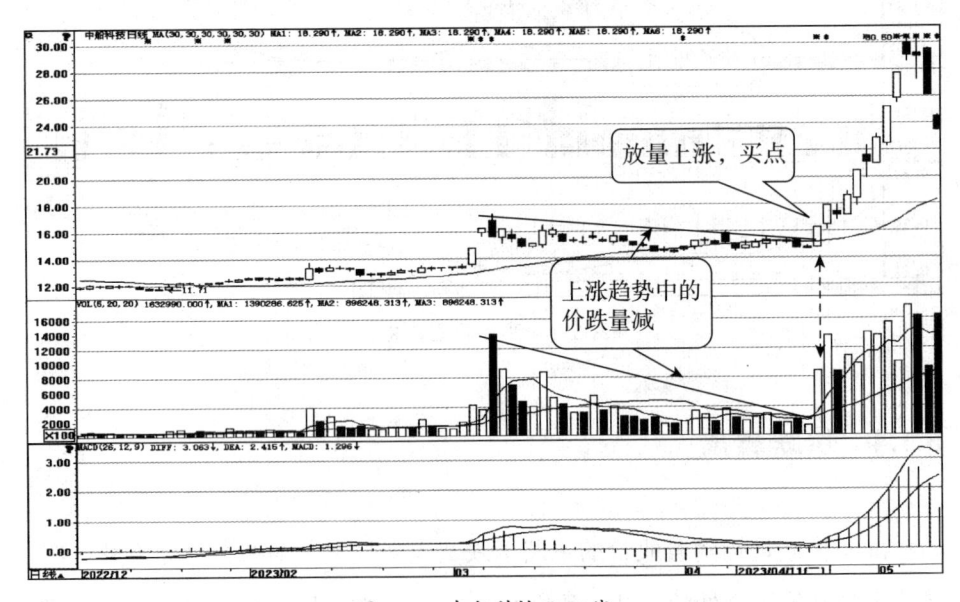

图5-7 中船科技日K线

2. 下跌趋势中的价跌量减

在下跌趋势已经彻底确定的时候，投资者普遍看空，市场人气急剧下降，形成价跌量减的走势。这表明市场筹码虽然逐步锁定，但买盘稀少，投资者要注意保持观望，不要急于入场。

如图 5-8 所示，从 2022 年 8 月至 10 月初，东风科技（600081）的股价持续下跌，同时成交量也不断缩减，形成了下跌趋势中的价跌量减。这表明市场人气低迷，买盘稀少，投资者要注意保持观望，不要急于入场。

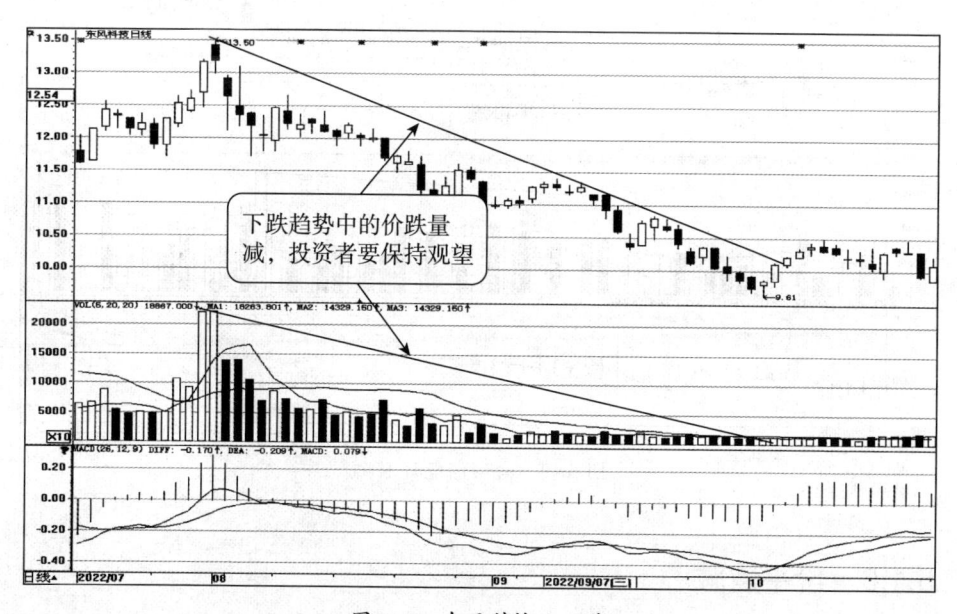

图 5-8 东风科技日 K 线

5.1.5 价平量增

价平量增是指价格在一个区间范围内震荡，成交量持续增加的情形。这表明市场上的多空双方正在激烈争夺，双方力量达到均衡。一旦一方胜出，股价将打破这种均衡的行情，开始一波较大的上涨或下跌走势。投资者可以耐心等待股价选择方向后再进行操作。

如图5-9所示，2022年5月下旬至6月下旬，南网储能（600995）在一个狭窄的区间内上下震荡，同时成交量逐步增加，形成了价平量增的走势。这说明多空双方在激烈争夺市场，股市行情方向不明确。6月28日，股价向上放量突破震荡区间，买入信号出现。

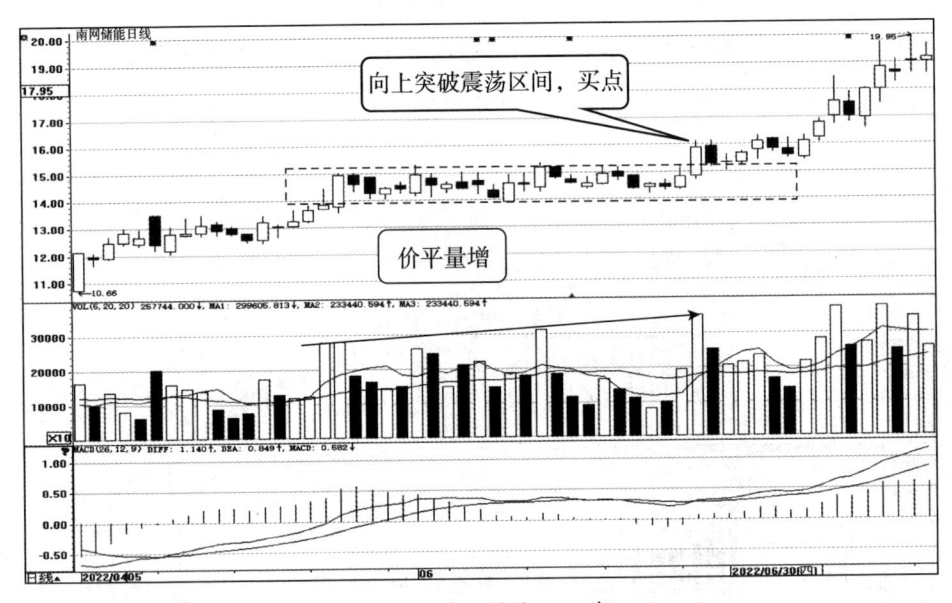

图5-9 南网储能日K线

5.1.6 价平量减

价平量减是指股价在一个区间范围内上下震荡，成交量出现缩减的情形。这表明股价在横盘整理过程中，市场的观望情绪浓厚。与价平量增一样，为控制风险，投资者应等市场出现明确的趋势方向后，再采取相应的操盘策略。

如图5-10所示，2022年6月至7月下旬，原本处于上涨趋势中的中国天楹（000035）开始冲高回落，形成了一波震荡平移走势，同时成交量不断缩减，形成价平量减的态势。这表明市场处于观望气氛中，投资者要耐心等待突破信号出现。2022年7月27日,股价放量向上突破前期震荡高点,发出买入信号,投资者可以果断买入。

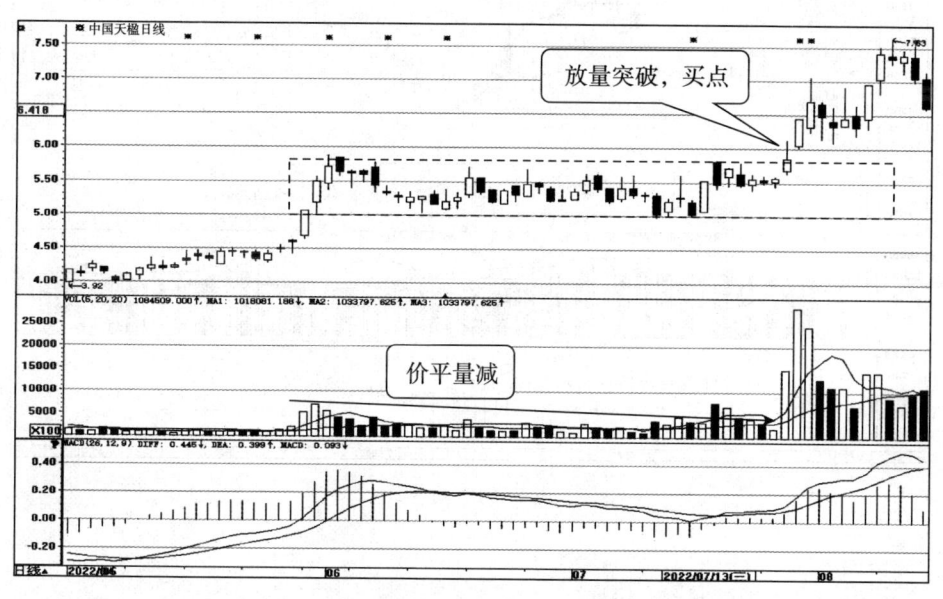

图 5-10 中国天楹日 K 线

5.2 均量线指标(MAVOL)

均量线指标是对成交量进行统计处理而得到的一种技术指标,也是应用较为广泛的一种技术指标。均量线是将一定时期内的成交量进行移动平均后,连接众多的移动平均数得到的平滑曲线。

均量线指标是对股票成交量的移动平均,它由若干条不同时间周期的均量线组成。投资者可以通过这几条均量线的交叉、背离等方式来对股价的走势进行预测、判断。通常情况下,均量线指标由3条不同时间周期的均量线组成,时间周期一般设为5日、10日和20日,如图5-11所示。

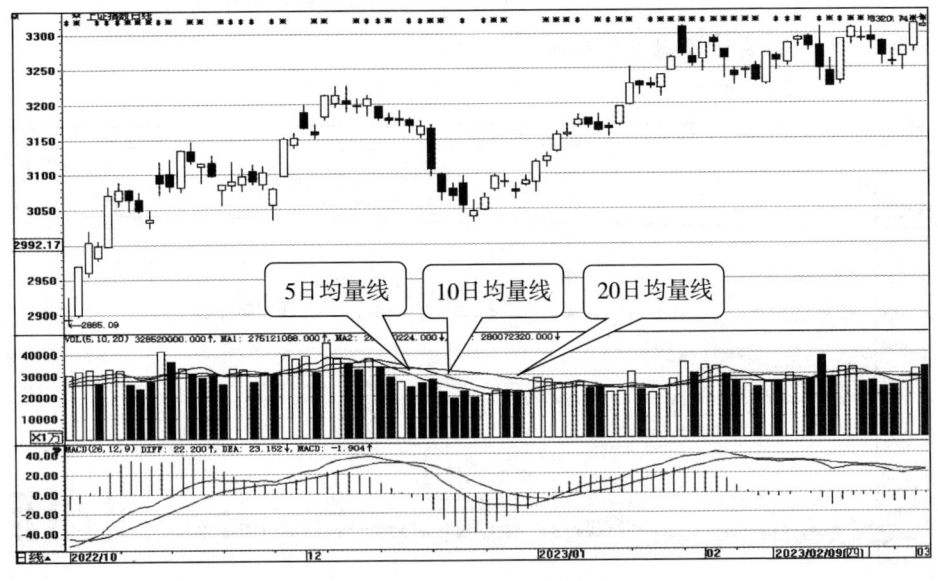

图 5-11 均量线

5.2.1 均量线的金叉和死叉

均量线指标在实战过程中，最常用的参数为（5，20），即 5 日均量线和 20 日均量线。

均量线金叉是指 5 日均量线向上击穿 20 日均量线形成的交叉。这说明市场成交量开始增大，买盘开始活跃，股价上涨的动能正在逐步增强。股价形成上涨趋势的可能性很大，为买入时机。

如图 5-12 所示，万东医疗（600055）见底震荡调整后，于 2023 年 1 月 9 日出现均量线金叉走势。这表明市场上的多方买盘动能开始增强，股价形成上涨趋势的概率较大，买点出现。此时，投资者可以买入股票。

均量线死叉是指 5 日均量线下穿 20 日均量线形成的交叉。这说明股价的运行失去了成交量的配合，预示着股价形成下跌趋势的可能性较大，为卖出时机。

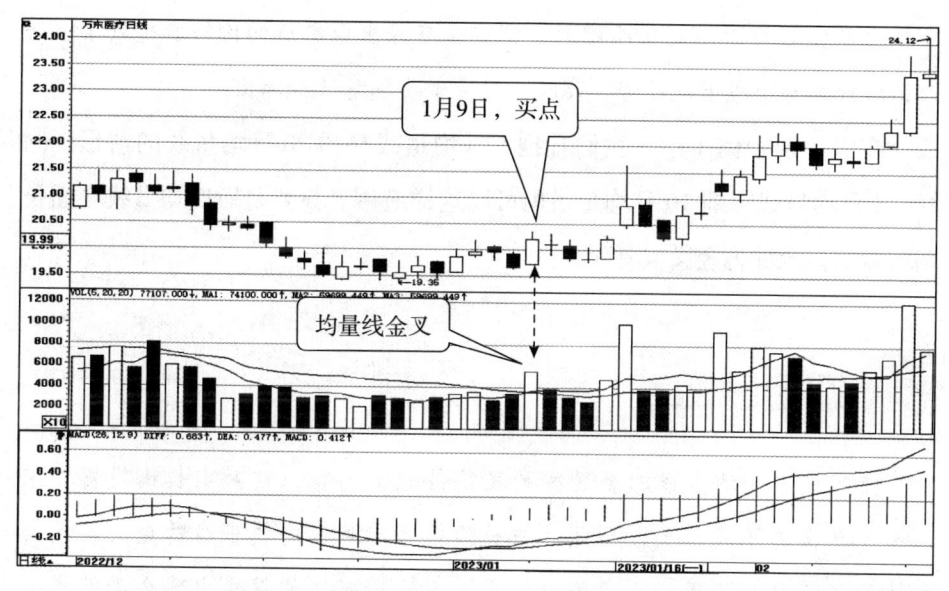

图 5-12 万东医疗日 K 线

如图 5-13 所示，2022 年 12 月 30 日，中国医药（600056）经过一波上涨后回调，出现均量线死叉的走势。这表明市场上的多方买盘动能开始减少，

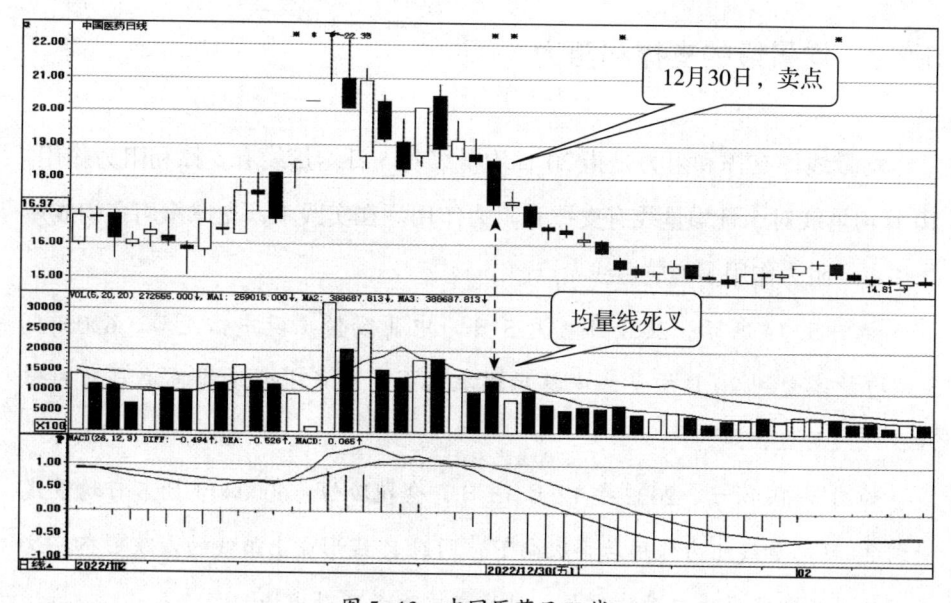

图 5-13 中国医药日 K 线

市场上的空方卖盘动能反而增加，空方正在寻求以更低的价格卖出股票。因此，股价容易形成下跌趋势。此时，投资者要注意及时卖出。

在以上两个例子中，我们看到 5 日均量线穿插 20 日均量线的情形。同样，5 日均量线穿插 10 日均量线也可以这样应用。只要是短期均量线穿插长期均量线，统称为金叉或者死叉。

实战经验

在实战中，均量线的金叉和死叉往往频繁出现，这对中长线投资者来说参考意义并不是很大。因此，中长线投资者可以将均量线的金叉、死叉与均线指标结合使用。当股价在均线上方运行时，均量线出现金叉就意味着股价即将加速上涨，出现死叉只是上涨趋势中的短暂回调；当股价在均线下方运行时，均量线每一次出现死叉就意味着股价即将加速下跌，出现金叉往往只是短暂的反弹走势。

5.2.2　均量线的支撑和阻力

均量线的支撑和阻力是指 20 日均量线对 5 日均量线有支撑和阻力作用，10 日均量线对 5 日均量线有支撑和阻力作用。在实践中，支撑作用多构成短线买点，阻力作用多构成短线卖点。

如图 5-14 所示，2022 年 8 月 5 日，中葡股份（现中信尼雅，600084）5 日均量线受到 20 日均量线支撑后再次向上。这是上涨动能再次启动的信号，短线买点出现。

如图 5-15 所示，2022 年 12 月 13 日，金花股份（600080）的 5 日均量线受到 20 日均量线阻力作用后再次向下，同时 K 线形成上吊线的看跌形态。这是下跌动能即将再次启动的信号，投资者要注意及时出场。

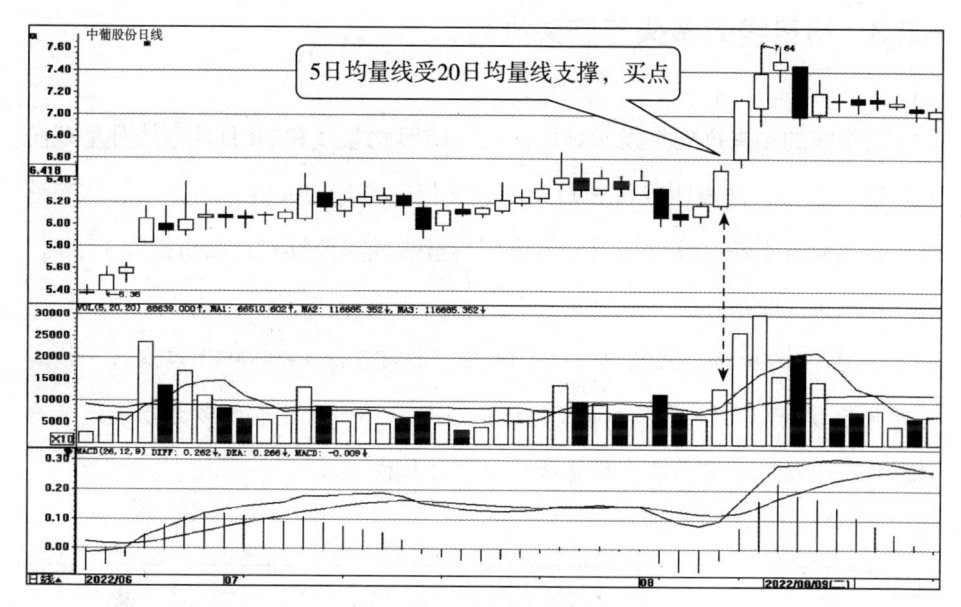

图 5-14 中葡股份日 K 线

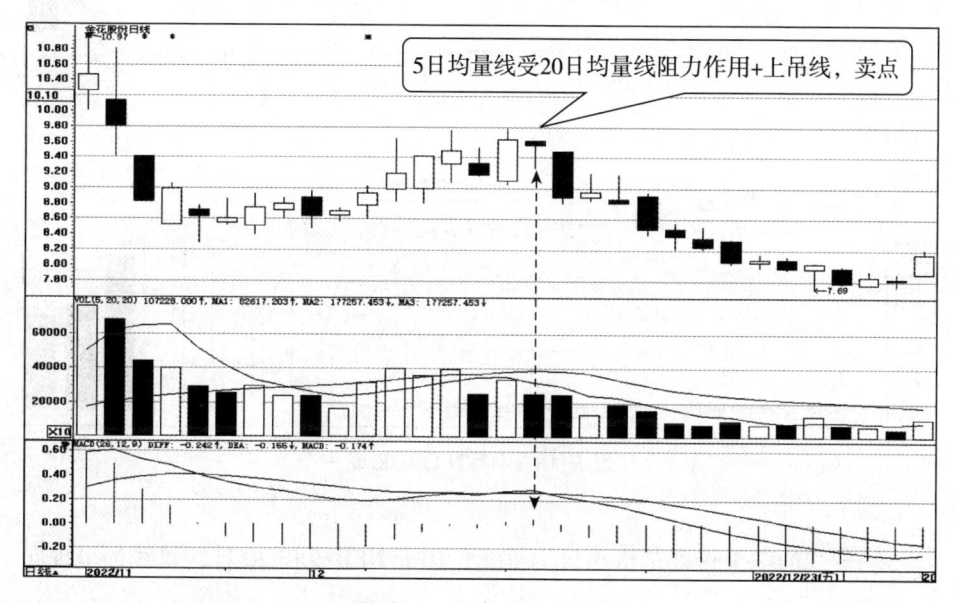

图 5-15 金花股份日 K 线

5.2.3　均量线的多头与空头排列

均量线的多头排列是指 5 日均量线、10 日均量线和 20 日均量线都呈现向上发散的走势。这表明股价中短期的成交量一直是放大的，买方动能越来越强，推动股价不断上涨。当投资者看到均量线成多头排列且股价持续上涨时，可以积极买入股票。

如图 5-16 所示，2022 年 11 月 11 日，湘财股份（600095）在经过一波震荡走势后放量向上，同时均量线指标形成多头排列。这表明多方动能迅速启动，将空方动能吞噬殆尽，投资者可以短线积极买入。

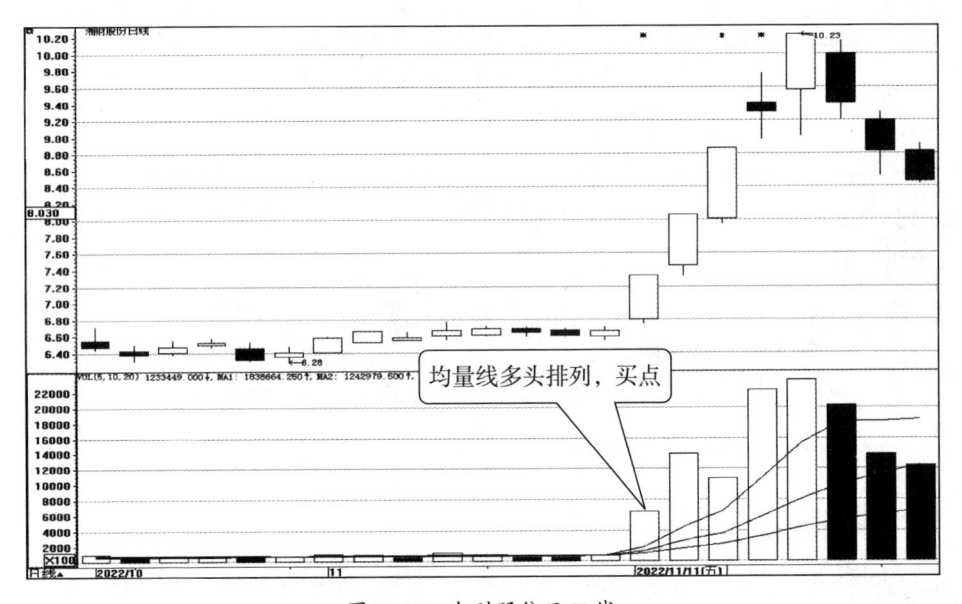

图 5-16　湘财股份日 K 线

均量线的空头排列是指 5 日均量线、10 日均量线和 20 日均量线都呈现向下发散的走势。这表明股价中短期的成交量是相对缩小的，多方动能越来越小，空方动能没有减小，推动股价不断下跌。一般情况下，当均量线形成空头排列时，说明股价进入长期下跌行情。因此，投资者在看到均量线空头排列时，应坚决卖出股票。

如图 5-17 所示，2023 年 2 月底至 3 月上旬，云天化（600096）的均量线连续出现 5 日均量线跌破 10 日均量线、5 日均量线跌破 20 日均量线以及 10 日均量线跌破 20 日均量线三个死叉，形成空头排列。这表明股价高位多方动能逐渐减小，空方动能逐渐增大，空方打压股价进入下跌行情。此时，投资者注意卖出股票。

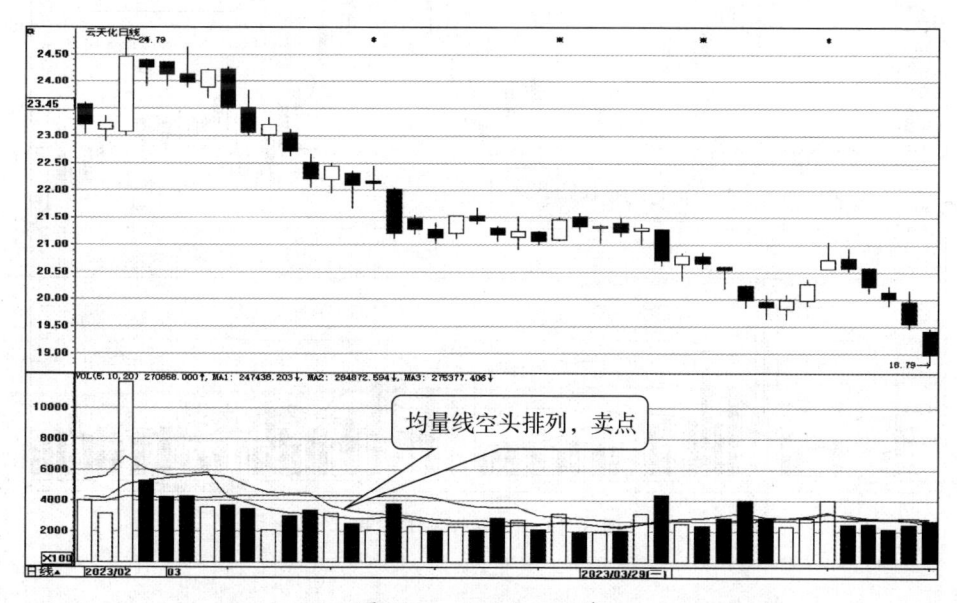

图 5-17　云天化日 K 线

5.2.4　均量线的背离

均量线的顶背离是指当股价创出新高时，均量线指标没有随之创出新高。顶背离预示着股价的上涨动能开始减弱，接下来很可能发生反转，是投资者卖出的时机。当均量线出现顶背离时，投资者可以通过观察 K 线的反转形态把握具体的卖点。

如图 5-18 所示，2023 年 3 月，三峡水利（600116）的股价再次创出新高时，其 5 日均量线反而呈现下跌走势，这就是典型的均量线顶背离形态。这说明市场可能要发生反转，投资者应谨慎持有股票。3 月 22 日，股价与均量线顶背离后，K 线形成看跌吞没形态，这表明股价将要下跌。此时，投资者应及时卖出股票。

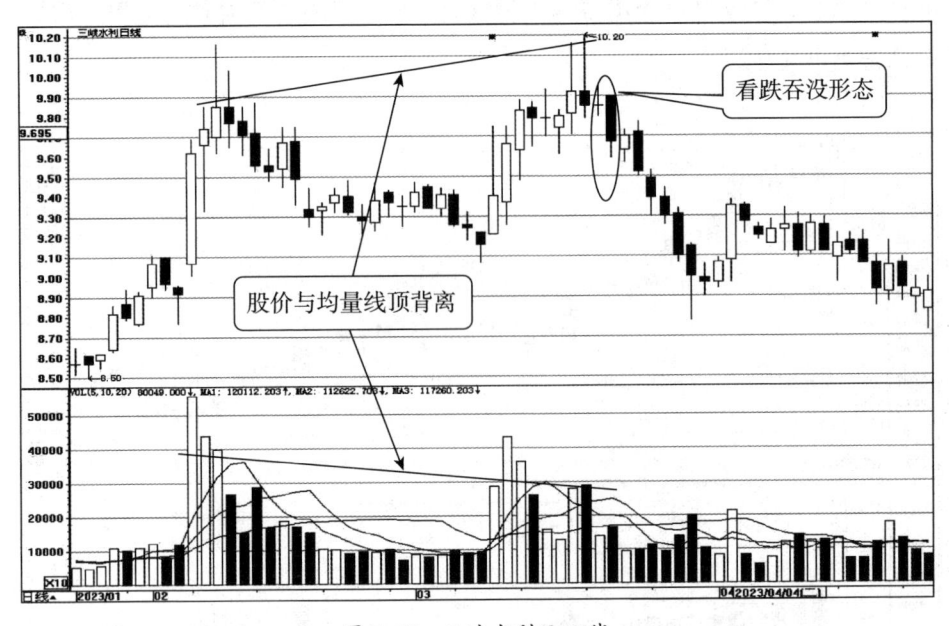

图 5-18 三峡水利日 K 线

均量线的底背离是指当股价创出新低时，均量线指标没有随之创出新低。底背离预示着股价的下跌动能开始减弱，接下来很可能发生反转，是投资者买入的时机。

如图 5-19 所示，2022 年 4 月底，海信视像（600060）的股价再次创出新低时，其均量线反而呈现上涨走势，形成了均量线指标的底背离形态。此时投资者仔细观察 K 线形态，可以发现其与前一根 K 线组合成曙光初现形态，买点出现，投资者可以买入股票。

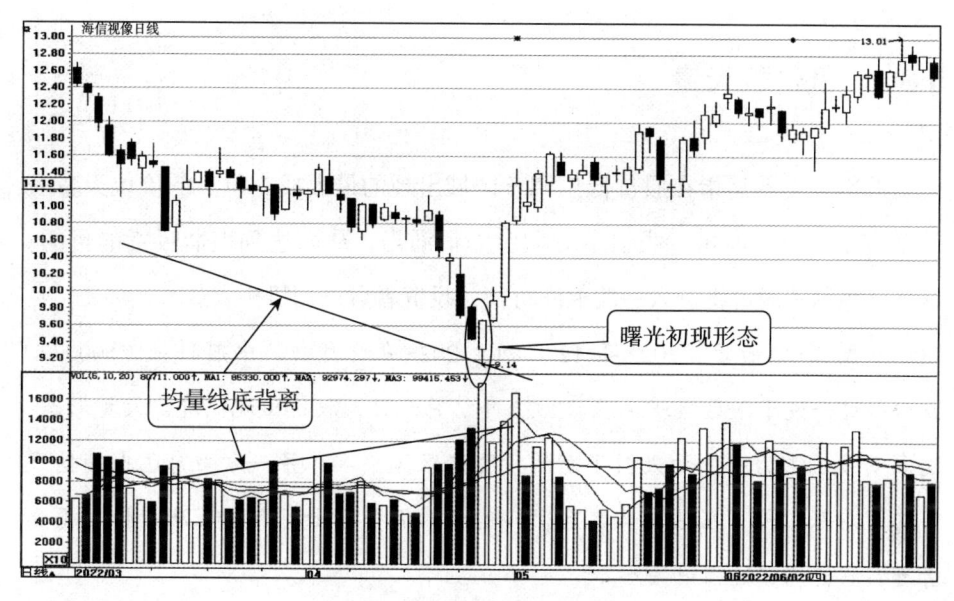

图 5-19 海信视像日 K 线

5.3 天量和地量

天量是指大盘或个股在人气高涨时所形成的最大日成交量。在实际操作中，对于是否放出天量，有以下两个判断标准，仅供投资者参考。

第一，绝对量。如果某个交易日创下了历史上的最大成交量，那么就可称之为天量。

第二，相对量。如果某个交易日创下了这轮行情或者较长时间以来的最大成交量，同时在短期内不大可能再次出现更大的成交量，这个成交量就可以称为天量。

地量则是指大盘或个股在人气低迷时形成的极低的成交量，通常指在一段时间内的成交量。如果某段时间内的成交量水平明显低于本轮行情中其他时段的成交量，那我们就可以将这段时间的成交量称为地量。

5.3.1 低价位天量

低价位天量是指在股价低位调整区域出现的最大成交量。低价位天量表明多方主力拉升股价，吸引空方抛盘力量涌出，从而达到悄悄吸货的目的。这往往预示着股价将进入一波上涨行情，投资者可以伺机买入。

如图 5-20 所示，2022 年 12 月初至 2023 年 2 月初，中船科技（600072）股价经过一波下跌后缓缓上涨。2023 年 2 月 9 日，股价出现低价位天量形态。这表明多方主力一方面吸引了新的投资者跟风买入，另一方面自己也悄悄吸货，为看涨信号。在该走势之后，股价略微调整后出现大幅上涨行情。投资者可在股价调整过程中买入。

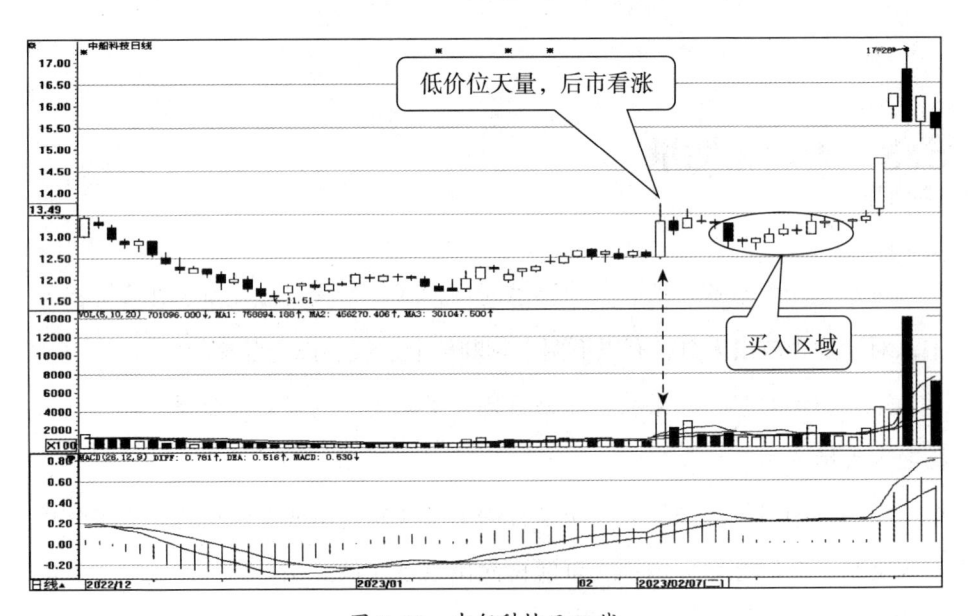

图 5-20 中船科技日 K 线

5.3.2　高价位天量

高价位天量是指在股价高位出现的最大成交量，也是我们通常所说的"天量见天价"中的"天量"。高价位天量表明多方主力获利丰厚，拉升股价吸引更多投资者跟风买入，从而达到借机出货的目的。这往往预示着股价将进入一波下跌行情。

如图5-21所示，2023年5月9日，铁龙物流（600125）股价经过一波大幅上涨后，在高价位放天量，同时K线形成乌云盖顶形态。这表明多方主力借拉升吸引投资者跟风买入，从而达到高价出货目的。次日，股价低开进入加速下跌行情。投资者可在5月9日或10日卖出股票。

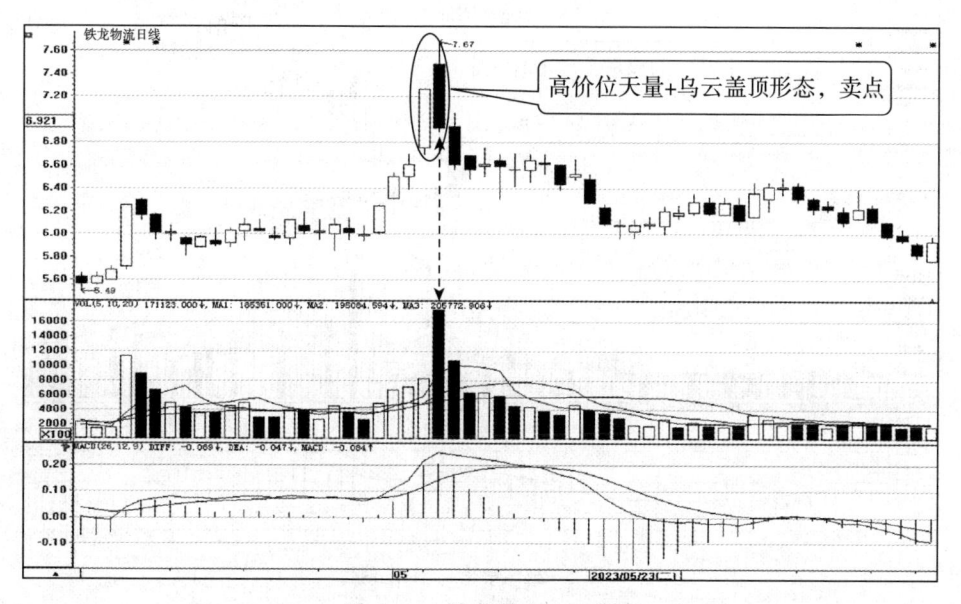

图 5-21　铁龙物流日K线

5.3.3 上升时的地量

上升时的地量是指在股价上涨过程中，成交量呈现萎缩的情形。一方面，这表明股价虽然上涨，但筹码锁定良好，主力已经基本控盘。另一方面，投资者的惜售心理强烈。上升时的地量出现后，主力往往对股价进行震荡洗盘，以此将前期低位买入的投资者震仓出局。之后，主力拉升股价，推动进入一波上涨行情。

如图 5-22 所示，从 2022 年 11 月中旬开始，中青旅（600138）的股价经过前期的上涨，开始回调。11 月底，该股出现地量见地价的走势，投资者要注意。11 月 28 日，股价在 60 日均线附近放量大涨，回调过程结束，新一轮上涨即将开始，投资者可以积极买入。

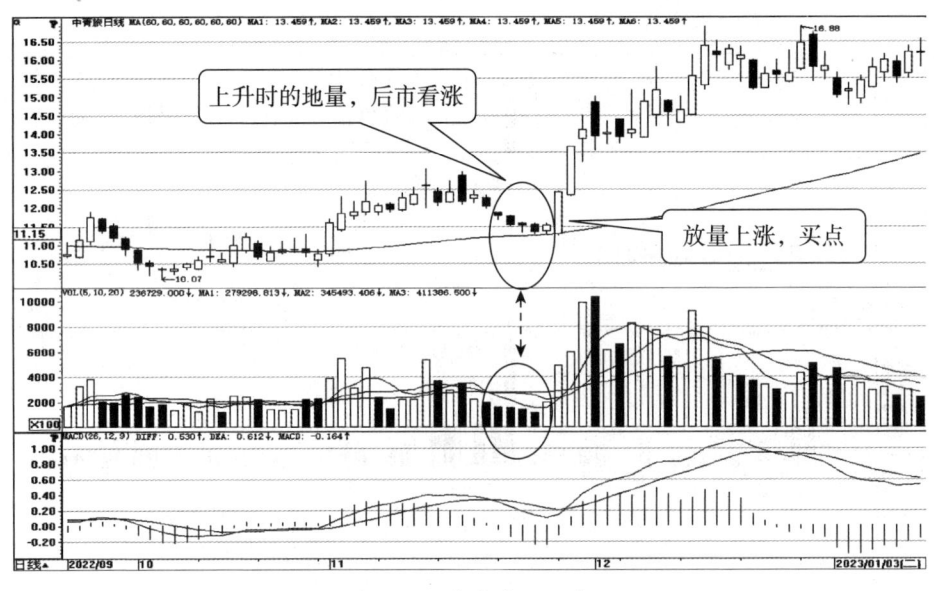

图 5-22　中青旅日 K 线

5.3.4 下跌时的地量

下跌时的地量是指在股价下跌时期，出现成交量极低的情形。这表明市场人气低迷，股价跌势趋缓，是股价即将反弹的信号。

在分析地量时，投资者要注意股价下跌所处的阶段性位置。一般而言，在下跌初期出现地量，说明风险没得到有效释放，此时缩量或者无量下跌，预示着小幅反弹之后，股价还将继续下跌。在下跌中期出现地量，预示着即将出现反弹，反弹结束后，还将下跌。在下跌末期出现地量，则是跌势将停止，是即将见底的信号。在底部区域出现地量，则是主力慢慢吸筹的结果。针对不同的位置，投资者可做合理分析后再做操盘计划。

如图5-23所示，2023年4月中旬，廊坊发展（600149）进入一波下跌走势的末期时出现地量，这表明股价短期跌幅较大，市场可能存在短期反弹，但是这并不是反转的征兆。因此，短线投资者可以买入股票，但要快进快出，而中长线投资者则应持币观望。

图5-23 廊坊发展日K线

第 6 章

看技术指标了解走势奥妙

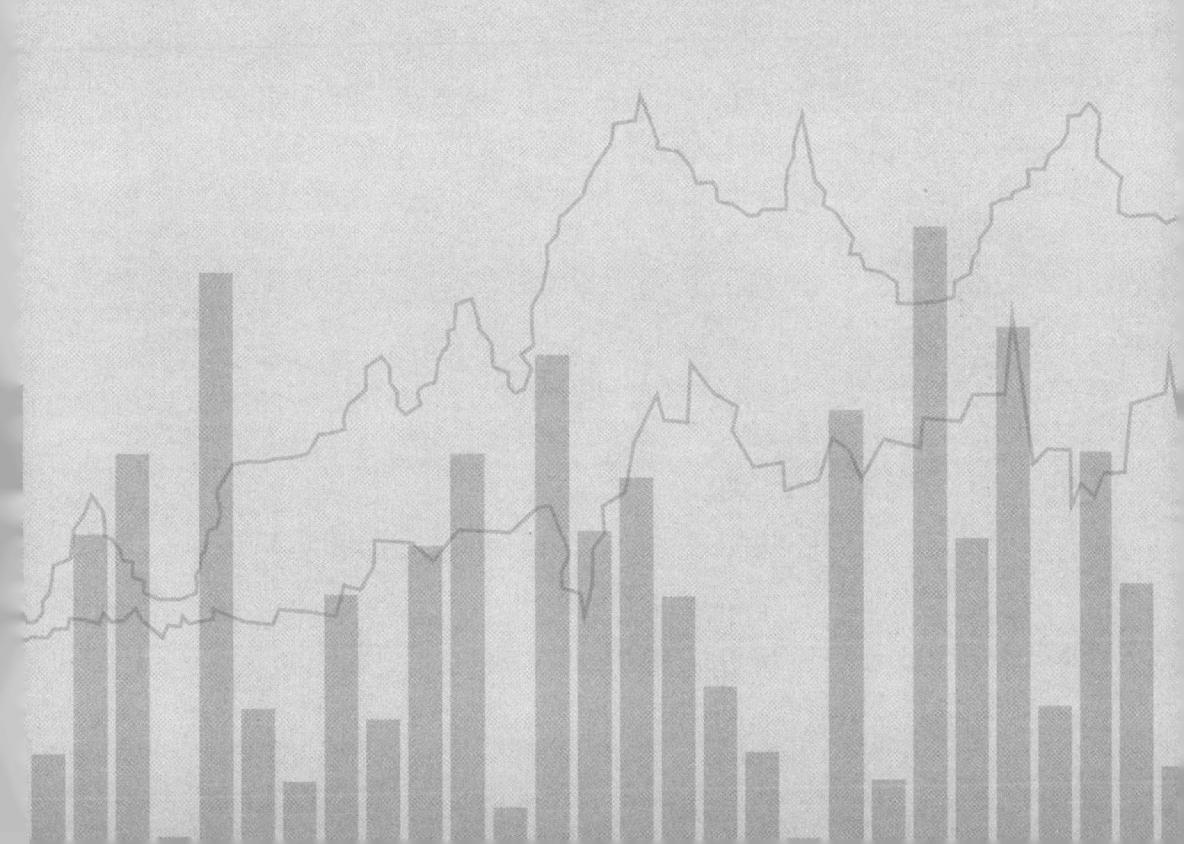

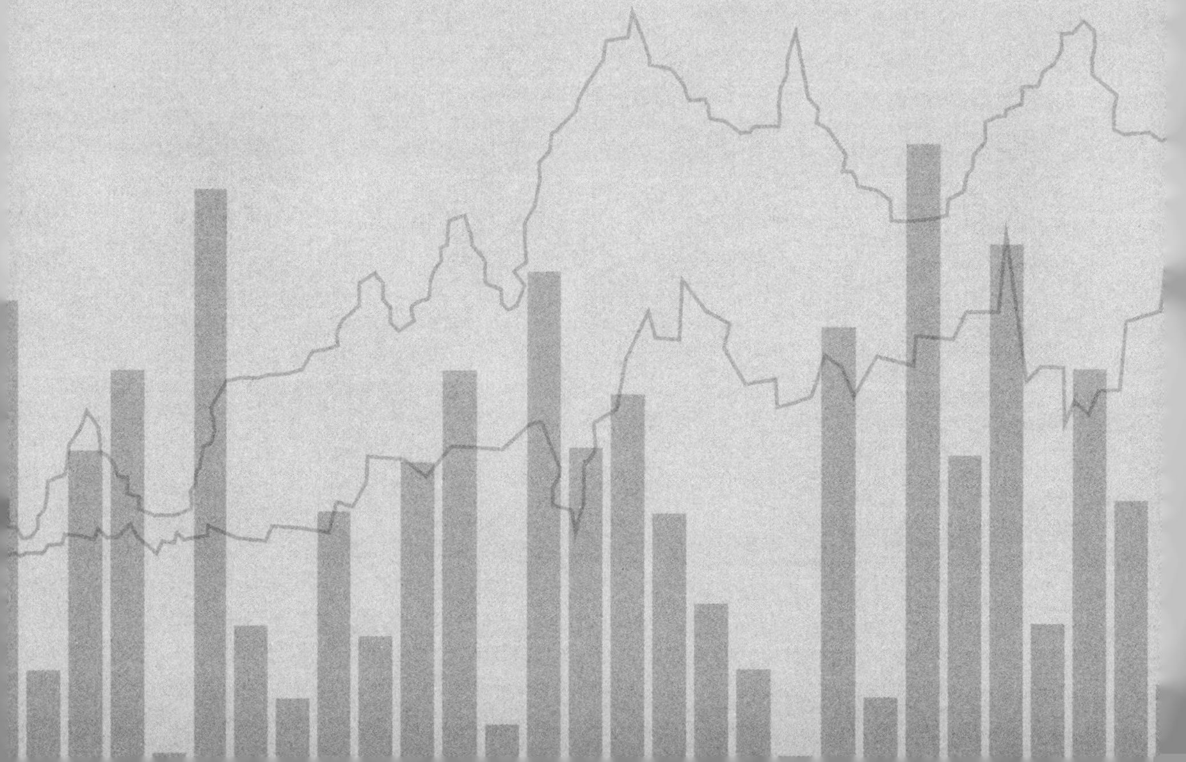

技术指标，是指运用一定的统计方法以及特定的运算公式，来判断市场趋势的一种量化的分析工具。不同的技术指标有着不同的应用法则。下面我们介绍一些比较常用的技术指标。

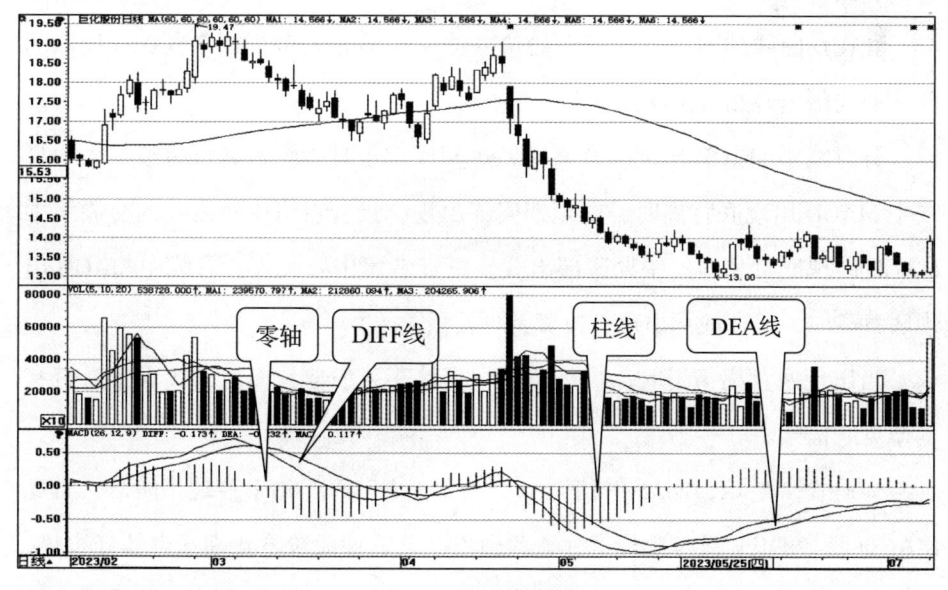

6.1 MACD 指标

MACD 指标又称平滑异同移动平均线，是一个常用的中长期技术指标，由 DIFF 线和 DEA 线以及 MACD 柱线构成，如图 6-1 所示。

图 6-1　MACD 指标

DIFF 线是快速平均线，较为灵敏；DEA 线是慢速平均线，较为平缓；中间的横线是零轴。DIFF 线、DEA 线指标在零轴以上时为正值，在零轴以下时为负值。

围绕零轴上下波动的柱状线是 MACD 柱线，其计算公式为 DIFF 值与 DEA 值之差的两倍。当 DIFF 线位于 DEA 线上方时，MACD 柱线位于零轴上方，显示为红色；当 DIFF 线位于 DEA 线下方时，MACD 柱线位于零轴下方，显示为绿色。MACD 柱线越长，说明 DIFF 线距离 DEA 线的距离越远。

MACD 指标的趋势判断主要依据以下几个方面：MACD 曲线背离、MACD 柱线背离，MACD 的金叉与死叉和 MACD 的喇叭口形态。

6.1.1　MACD 曲线背离

MACD 曲线背离是指 DIFF 线、DEA 线与股价走势之间的背离，包括顶背离和底背离两种形态。

MACD 曲线的底背离是指在股价一波又一波走低的同时，MACD 指标的两条曲线却出现逐波走高的情形。

分时线中 MACD 出现底背离时，短期底部出现，投资者可短线买入。日线中 MACD 出现底背离时，中短期底部出现，投资者可中短线买入。周线中 MACD 出现底背离时，中期底部出线，投资者可中线买入。月线中 MACD 出现底背离时，长期底部出现，投资者可长线买入。

当出现底背离情形时，投资者不宜直接买入股票，而应继续观察是否有其他见底信号。

如图 6-2 所示，2022 年 11 月初，中储股份（600787）经过下跌后，出现 MACD 指标 DIFF 线与股价底背离的形态。这表明股价中短期底部已经出现，股价将随时发起反攻。2022 年 11 月 10 日，看涨吞没形态出现，表明股价见

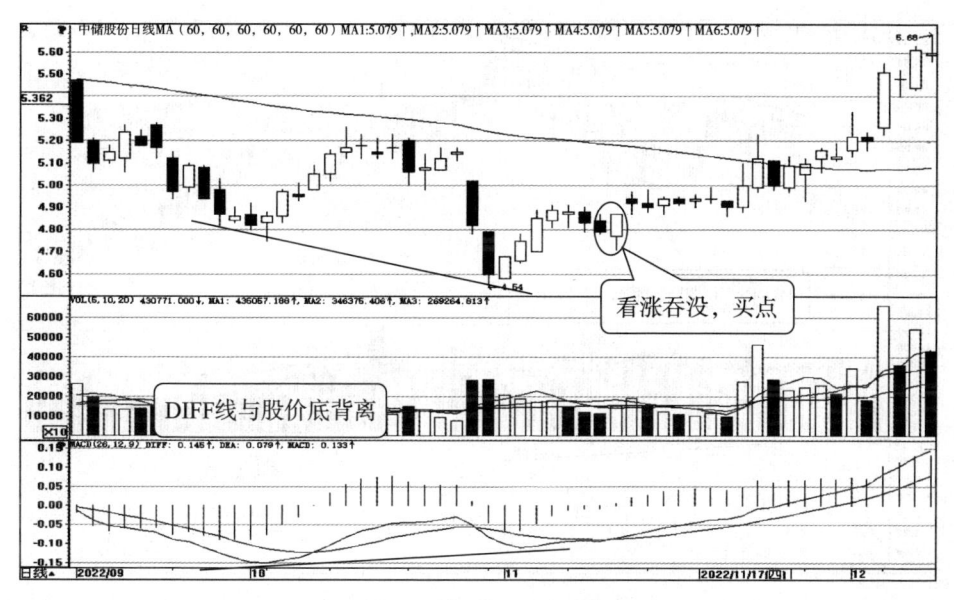

图 6-2 中储股份日 K 线

底,是投资者买入股票的信号。

MACD 曲线的顶背离是指在股价一波又一波走高的同时,MACD 指标的两条曲线却出现逐波走低的情形。当出现顶背离情形时,投资者应卖出股票。

如图 6-3 所示,2022 年 8 月初,华阳集团(002906)股价与 MACD 指标 DIFF 线顶背离,表明该股的中短期顶部已经出现,股价将下跌。2022 年 8 月 3 日,股价在高位形成看跌吞没形态,表明股价见顶,后市将要下跌。此时,投资者应将股票卖出。

6.1.2 MACD 柱线背离

MACD 柱线的底背离,是指在股价逐波下跌的同时,绿色柱线的高度反而逐渐变短。这说明在下跌过程中,空方力量衰竭,多方力量增强,股价呈现弱势下跌。此时指标发出买入信号。

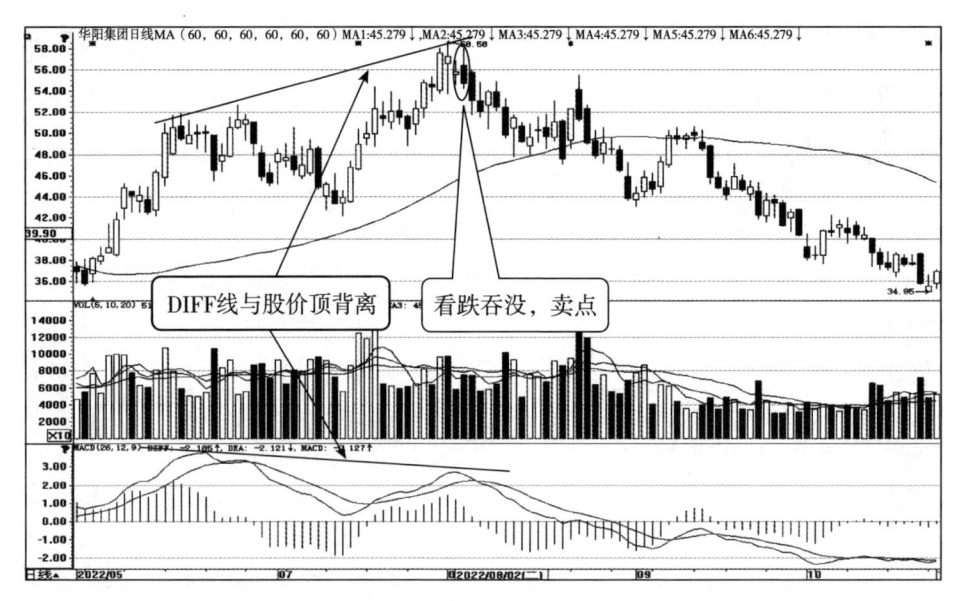

图 6-3　华阳集团日 K 线

如图 6-4 所示，2022 年 10 月下旬，庄园牧场（002910）在一波下跌过程中出现 MACD 柱线与股价的底背离形态。这表明股价短期下跌动能已经减

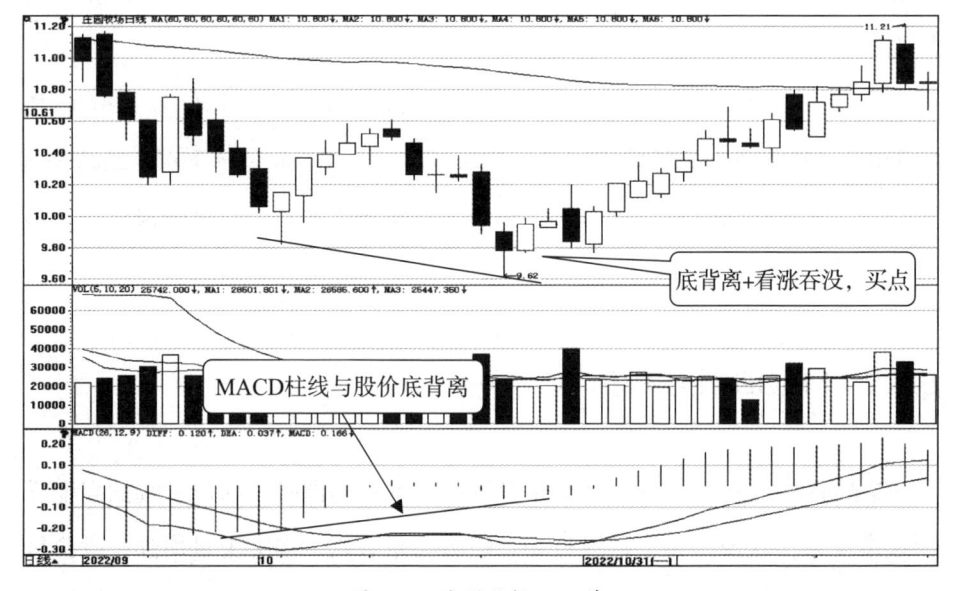

图 6-4　庄园牧场日 K 线

弱，后市可能会有一波反弹行情。10月26日，底背离后K线形成看涨吞没形态。此时，短线投资者可以买入股票。买入股票后，投资者需要设定严格的止损规则。一旦股价反弹失败，再次掉头下跌，投资者就应坚决卖出股票。

MACD柱线顶背离是指在股价逐步上涨的同时，红色柱线反而逐渐变短，此时指标发出卖出信号。顶背离与底背离的道理类似。当股价持续上涨时，推动其上涨的多方力量却逐渐减弱，上涨动能不足，此时形成了看跌卖出信号。

当出现顶背离情形，股价涨幅较大时，投资者应及时卖出股票。当出现顶背离情形，股价涨幅较小时，投资者可分批卖出股票。

如图6-5所示，2023年6月13日，奥士康（002913）K线形成高位看跌孕线形态。与此同时，MACD柱线与股价形成顶背离形态，这是短期见顶的信号，预示着多方力量的衰竭。这两个信号叠加在一起，说明股价即将进入下跌行情，卖点出现。

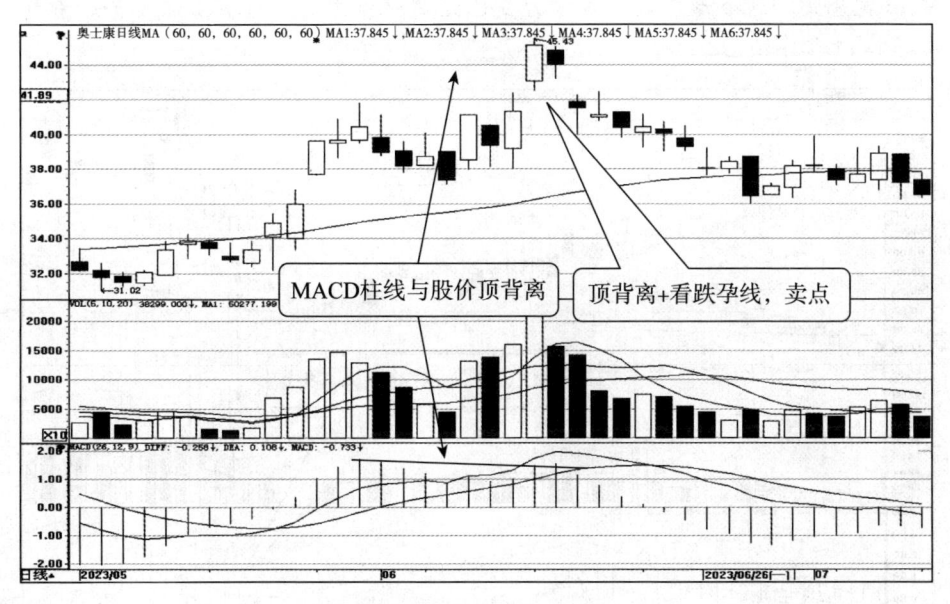

图6-5　奥士康日K线

6.1.3 MACD 的金叉与死叉

MACD 金叉是指波动较快的 DIFF 线自下而上穿越波动较慢的 DEA 线；MACD 死叉是指波动较快的 DIFF 线自上而下穿越波动较慢的 DEA 线。金叉是看涨买入信号，而死叉是看跌卖出信号。

金叉发生的位置不同，其所代表的信号强弱也有区别。通常而言，信号由强到弱依次为：零轴附近金叉 > 零轴上方金叉 > 零轴下方金叉。

当金叉发生在零轴附近时，预示着指标金叉的同时股价刚刚开始上涨，未来股价会有更大的上涨空间，这时投资者买入的风险是最小的。因此，在零轴附近的金叉是最佳的买入时机。

如图 6-6 所示，2023 年 3 月中旬，深南电路（002916）经过一波下跌后开始筑底反弹。2023 年 3 月 20 日，随着股价的上涨，MACD 指标在零轴附近出现金叉。这个形态表示多方力量已经超过空方，股价有上涨趋势。看到

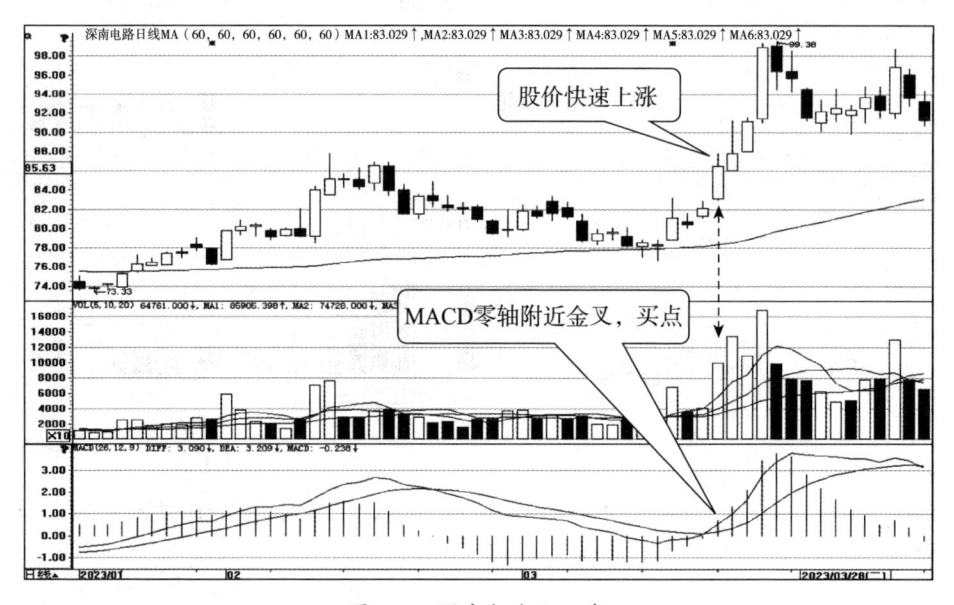

图 6-6　深南电路日 K 线

这个信号后，投资者可以积极买入股票。

当金叉发生在零轴上方时，预示着股价将进入加速上涨行情，未来股价短时间内的涨幅较大。这时投资者买入的风险在于指标的滞后性影响了买入时机的选择。

如图6-7所示，从2022年4月底开始，德赛西威（002920）的股价进入上涨行情。2022年7月14日，随着股价的上涨，MACD指标在零轴上方出现金叉。这个形态表示多方力量较空方力量强势，股价仍有上涨空间。看到这个信号后，短线投资者可以积极买入股票，中长线投资者要结合其他基本面进行综合分析后，再考虑是否要介入。

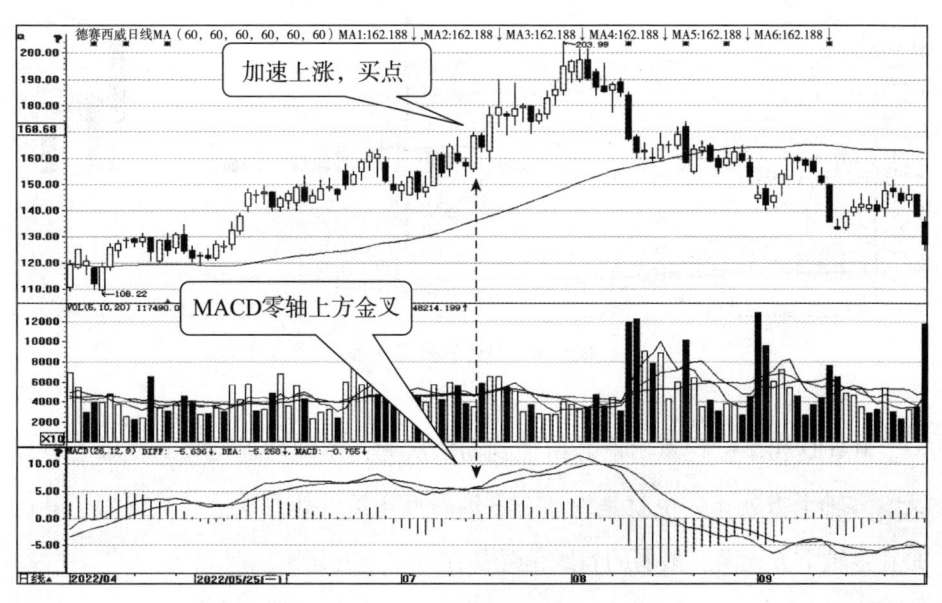

图6-7　德赛西威日K线

当金叉发生在零轴下方时，预示着股价将进入缓慢上涨行情，未来股价将要有一波上涨行情。这时投资者买入的风险是较大的，因为股价随时都有可能调转方向，向下砸去。

如图6-8所示，2023年4月17日，郑州银行（002936）经过一波下跌后缓缓上涨，MACD 指标在零轴下方出现金叉。这表明股价跌幅较大，市场做空动能减弱，做多动能增强，后市可能出现一波上涨走势。即使如此，投资者仍要谨慎买入，因为上涨动能较弱，之后该股虽然明显上涨，但上涨之前出现一波回调，4 月 17 日买入的投资者可能被打掉止损。

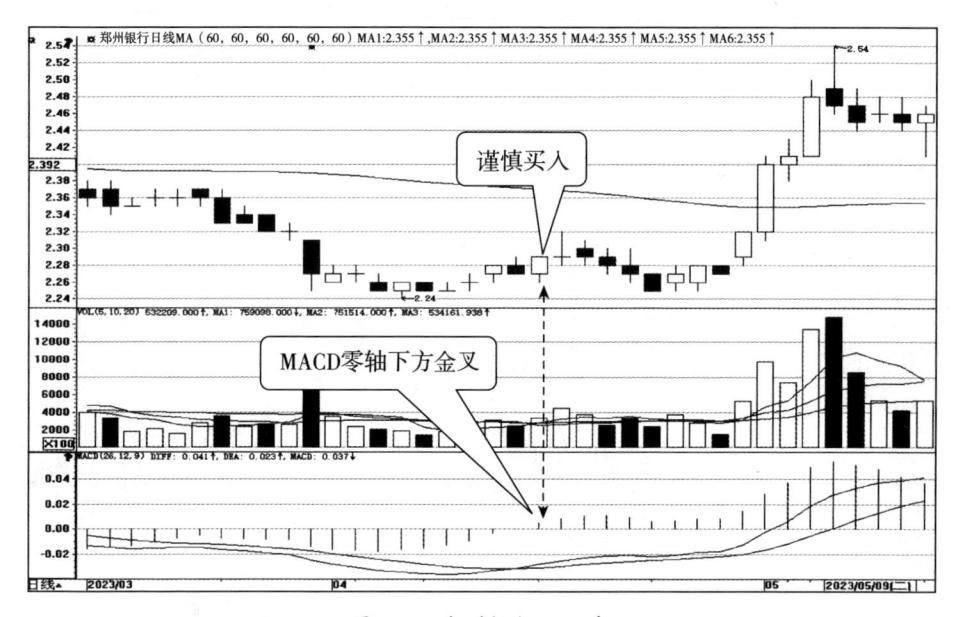

图 6-8　郑州银行日 K 线

MACD 死叉位置发出信号由强到弱依次为：零轴附近死叉＞零轴下方死叉＞零轴上方死叉。也就是说，在零轴附近死叉，其看跌信号最强烈；其次是在零轴下方死叉；最弱的看跌信号是在零轴上方死叉。

当死叉发生在零轴附近时，预示着空方力量刚刚强过多方力量，市场行情由升势转为跌势，未来股价会有更大的下跌空间，这时投资者卖出股票也是最有利的。因此，在零轴附近的死叉是最佳的卖出时机。

如图 6-9 所示，2022 年 7 月 27 日，新疆交建（002941）的股价经过前期多空双方激烈争夺后，最终在零轴附近出现 MACD 死叉。这表明空方力量已经胜过多方，股价将在空方打压下进入持续的下跌行情。看到这个信号后，投资者应尽快卖出手中的股票。

图 6-9 新疆交建日 K 线

当死叉发生在零轴下方时，股价处于空方主导的下跌行情，多方短暂的反弹行情已经结束，股价将迎来一波新的下跌。此时，短线投资者应及时卖出股票。

如图 6-10 所示，2022 年 4 月 18 日，华阳国际（002949）的股价经过一波下跌后，在零轴下方出现 MACD 死叉。这表明多方反弹行情已经结束，股价再次进入下跌行情。因此，投资者看到这个信号后，应尽快卖出手中的股票。

当死叉发生在零轴上方时，预示着股价进入一个短期下跌调整过程，发出短线卖出信号。但是，此时投资者不能断定中线也已经见顶，是否进行中线卖出，还需要结合其他指标进一步判断。

如图 6-11 所示，2023 年 2 月 23 日，金时科技（现 *ST 金时，002951）MACD 指标在零轴上方出现死叉。这表明股价短期见顶，进入回调走势。在

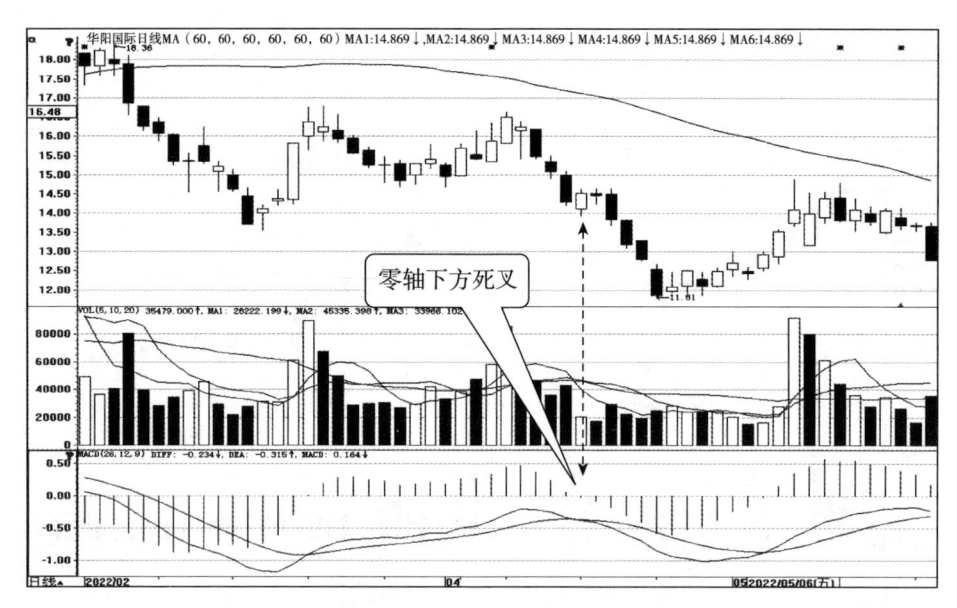

图 6-10　华阳国际日 K 线

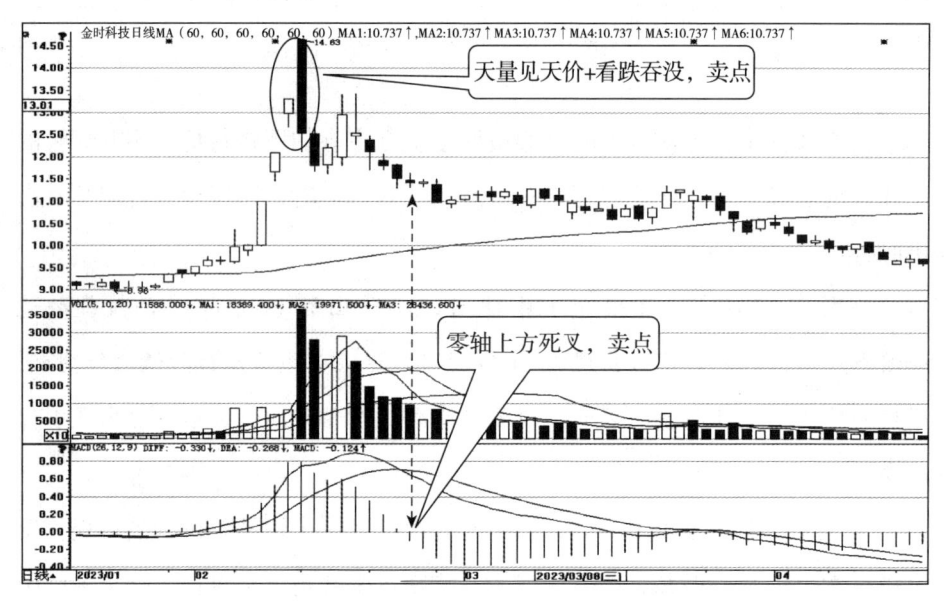

图 6-11　金时科技日 K 线

此之前，该股出现"天量见天价 +K 线看跌吞没"的卖出信号，说明市场下跌动能很强，股价很可能直接跌破 60 日均线形成下跌趋势。因此，零轴上方死叉出现时还没出场的投资者要注意及时卖出。

如图 6-12 所示，2022 年 8 月 1 日，祥鑫科技（002965）的股价冲高回落，在零轴上方出现 MACD 死叉。这表明股价短期见顶，进入回调走势，但从当日的分时图可以看出，该股上涨动能较强，随时可能再次向上延续原来的上涨趋势。投资者可以部分卖出或持股待涨。8 月 8 日，股价止跌回升，K 线形成旭日东升的看涨形态，短线投资者可以买入股票。

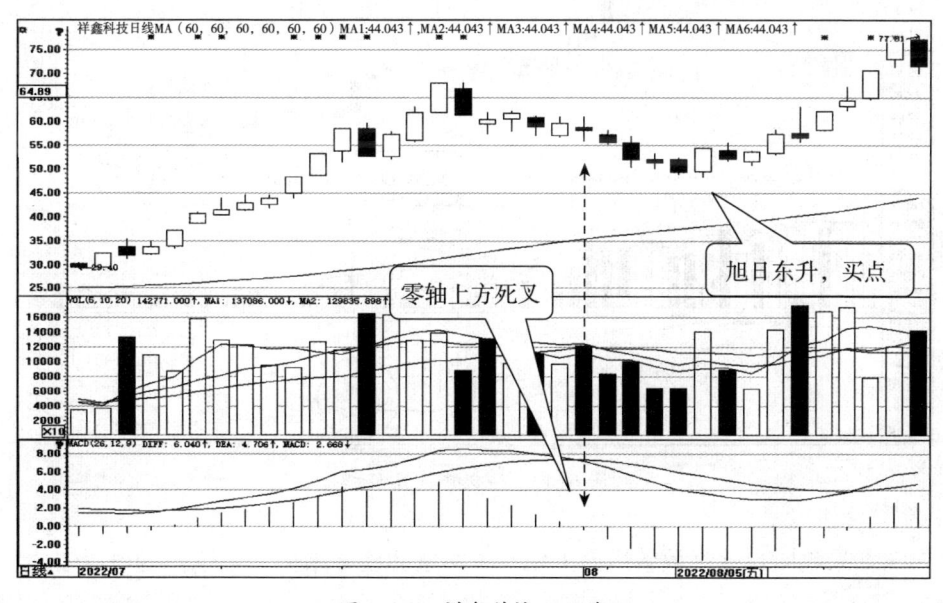

图 6-12　祥鑫科技日 K 线

6.1.4　MACD 的喇叭口形态

MACD 的喇叭口形态是指 DIFF 线与 DEA 线形成的喇叭口形态。如果喇叭口收敛后向下张开（两条曲线并未交叉），说明空方力量经过调整后再次占据主动，股价将要有一波下跌行情。实战中，这种形态又被称为拒绝金叉形态。此时，投资者应及时卖出股票。

如图 6-13 所示，2022 年 9 月 15 日，盛视科技（002990）的股价加速向下，在股价下跌趋势中出现MACD喇叭口形态。这表明在股价下跌过程中，多方力量慢慢积累，意欲打一波小反弹。此时，空方力量再次涌来，打压股价进入新的下跌行情。因此，在形成MACD喇叭口形态后，投资者要及时卖出股票。

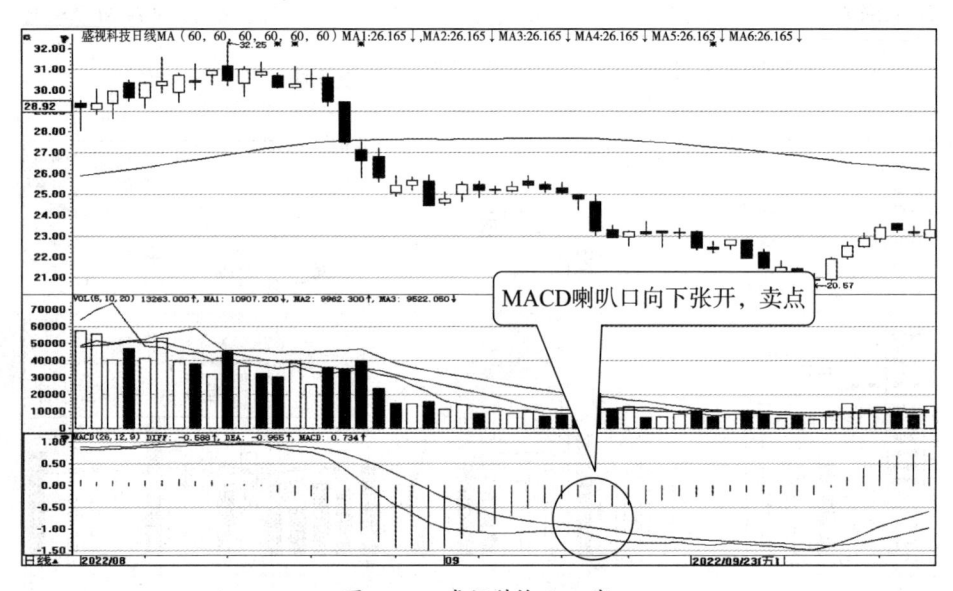

图6-13　盛视科技日K线

如果喇叭口逐渐收敛后向上张开（两条曲线并未交叉），则说明多方力量再次占据主动，股价将要有一波上升行情。实战中，这种形态又被称为拒绝死叉形态。此时，投资者应及时买入股票。

如图6-14所示，2022年5月30日，森麒麟（002984）的股价在弱势反弹中出现回调走势，在此过程中，其MACD呈现喇叭口向上张开形态。这表明股价见底，多方力量开始拉升股价上涨，在上涨过程中遭到空方力量的打压，股价出现回调。最终多方强势胜出，股价再次被多方力量拉起。因此，投资者在看到MACD喇叭口向上张开后，可选择有利时机买入股票。

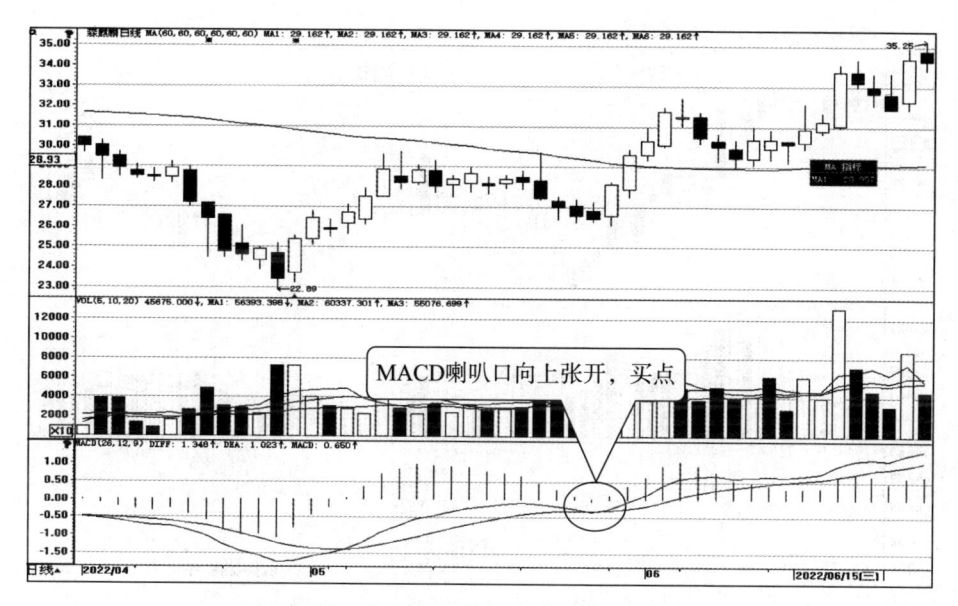

图 6-14 森麒麟日 K 线

6.2 KDJ 指标

KDJ 指标，又称随即摆动指标，一般用于股市的中短期趋势分析，是根据统计学原理，将一个特定周期（常为 9 日、9 周等）内出现过的最高价、最低价及最后一个计算周期的收盘价，经过一系列计算后得出 K 值、D 值与 J 值，并绘成相应的曲线图来研判股票走势。

KDJ 指标由三条指标线构成，分别是指标线 J、指标线 K 和指标线 D。其中，指标线 J 最为灵敏，其次是指标线 K，最后是指标线 D，如图 6-15 所示。

6.2.1 K 值的超买与超卖

由于指标线 J 过于灵敏，常常在超买超卖区间出现高位钝化现象，而指

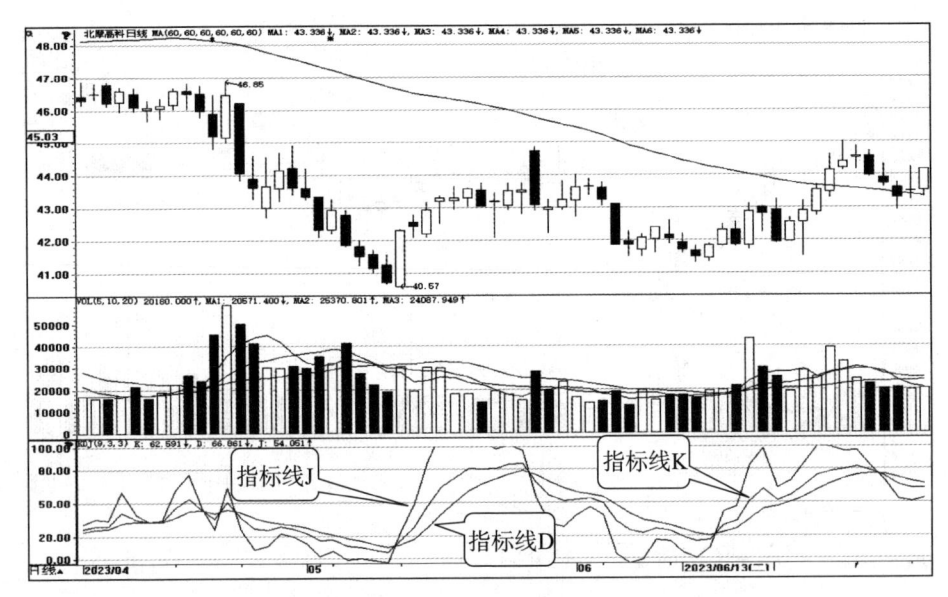

图 6-15　KDJ 指标

标线 D 过于迟缓，发出的信号虽然可靠性较高，但是信号数量少，容易错过合适的交易机会。从实际使用来看，在超买超卖的判断方面使用指标线 K 会更加顺手。

KDJ 超买是指股价的上涨已经超出了买方的实力，买方已经开始疲惫，所以股价随时可能开始下跌。当 K 值大于 80 时，一般称为 KDJ 指标超买。此时的 KDJ 超买多指一个区域，而不是具体的买卖点。对具体的买卖点的判断，还需要投资者结合其他指标进行综合分析，如均线、K 线形态等。

如图 6-16 所示，2022 年 11 月初，宇新股份（002986）经过一波上涨后出现 KDJ 指标超买区，这预示着股价随时可能下跌。11 月 18 日，股价在高位收出射击之星形态，这是高位看跌信号，说明股价即将进入下跌行情。此时，投资者可以将手中的股票卖出。

KDJ 超卖是指股价的下跌已经超出了卖方的实力，卖方已经开始疲惫，

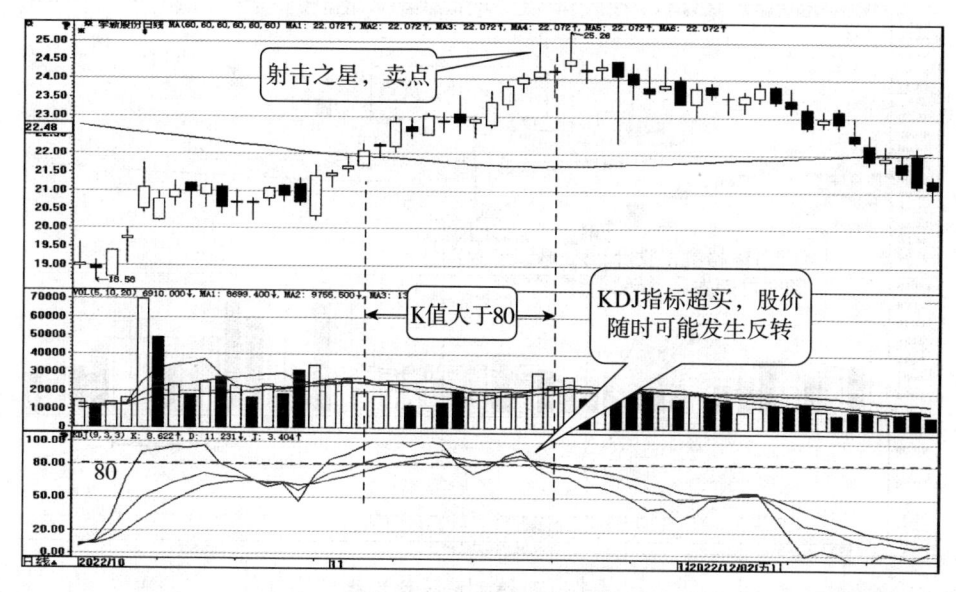

图 6-16 宇新股份日 K 线

那么股价随时可能开始上涨。当 K 值小于 20 时，一般称为 KDJ 指标超卖。此时的 KDJ 超卖也是指一个区域，而不是具体的买点。判断具体的买点，也需要投资者结合其他指标进行综合分析，如均线、K 线形态等。

如图 6-17 所示，2023 年 4 月下旬，宝明科技（002992）经过一波下跌后出现 KDJ 指标超卖区，这预示着股价随时可能上涨。随后股价在低位收出旭日东升形态，这是低位看涨信号，说明股价即将进入上涨行情。此时，投资者可以买入股票。

对于过度活跃的指标线 J，投资者可以将其作为一个提醒信号，当该指标达到 100 时，就是在提醒投资者注意观察其他指标，把握卖出机会。当该指标到达 0 时，就是在提醒投资者把握买入机会。相对迟缓的指标线 D 一旦到达超买超卖区，应引起投资者的高度警惕。另外，KDJ 指标中的 K 值处于 20 至 80 时，为处于徘徊区，投资者宜保持观望。

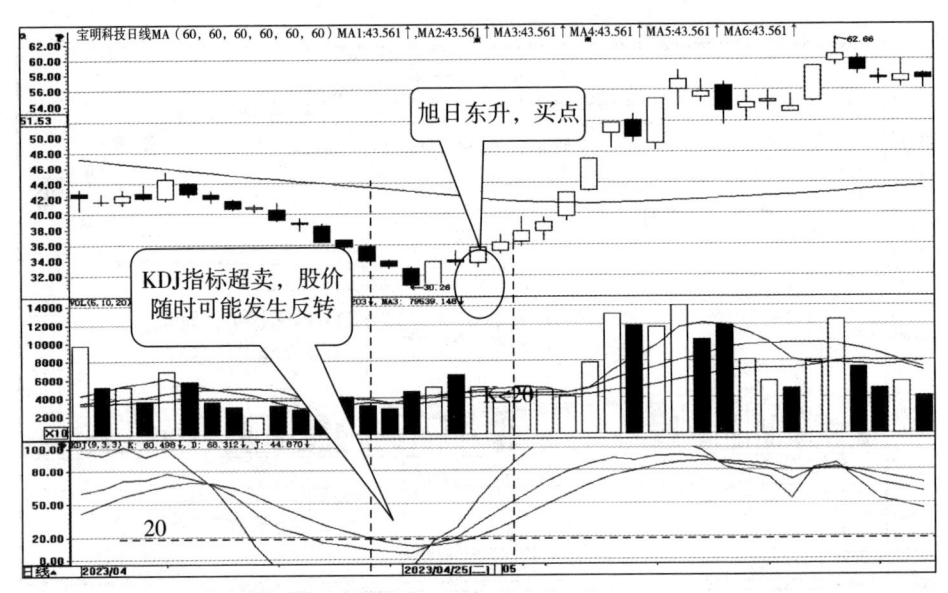

图 6-17 宝明科技日 K 线

6.2.2 KDJ 金叉与死叉

KDJ 指标金叉是指 D 值到达超卖区后，K 值在 20 附近位置向上穿越 D 值，由此形成的交叉状。这表明多方力量开始拉升股价，股价即将上涨。此时，投资者可以买入股票。

如图 6-18 所示，2023 年 5 月 9 日，奥海科技（002993）KDJ 指标中的指标线 K，从超卖区下方回升并上穿指标线 D，形成 KDJ 金叉，发出买入信号，这表明多方开始拉升股价上涨。此时，投资者可以积极进行短线买入。

KDJ 指标死叉是指 D 值到达超买区后，K 值在 80 附近位置处下穿 D 值，由此形成的交叉状。这表明空方力量开始打压股价，股价即将下跌。此时，投资者可以卖出股票。

如图 6-19 所示，2022 年 8 月 2 日，顺博合金（002996）KDJ 指标中的指标线 K 从超买区上方下穿指标线 D，形成 KDJ 死叉，发出卖出信号。这表明

第6章 看技术指标了解走势奥妙

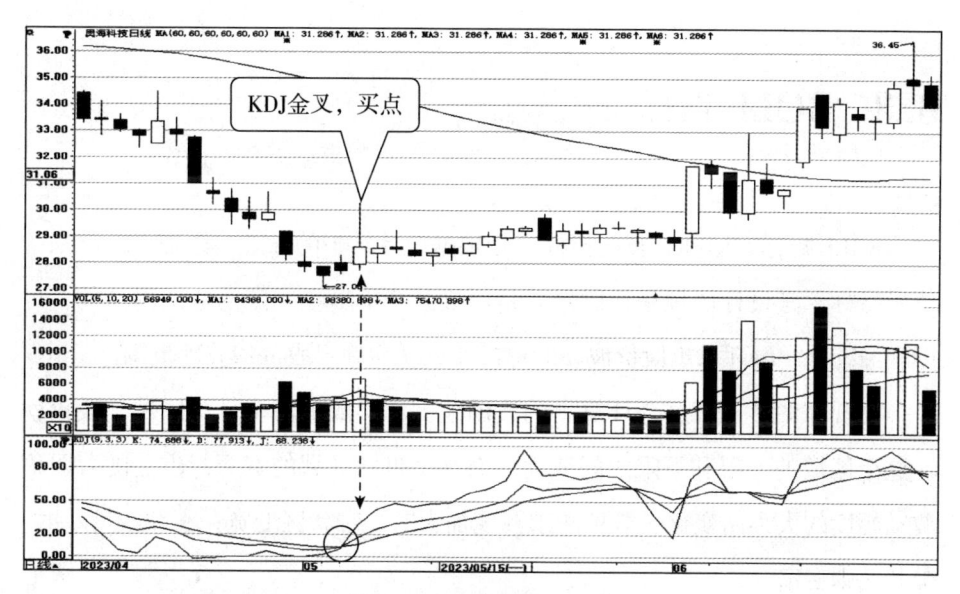

图 6-18 奥海科技日 K 线

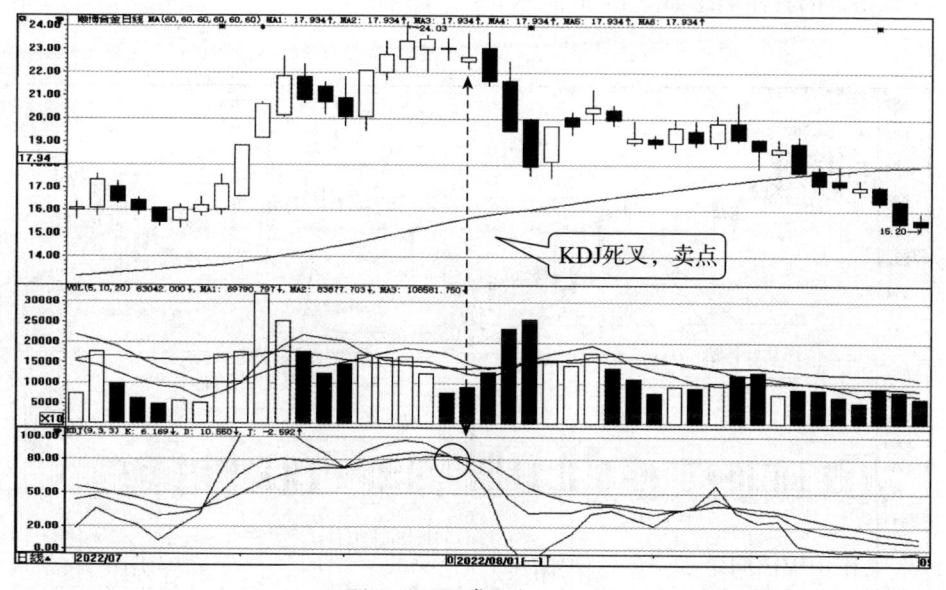

图 6-19 顺博合金日 K 线

空方开始打压股价。此时，投资者应及时卖出股票。

6.3 BOLL 指标

BOLL 指标，通称布林线指标，是根据统计学中的标准差原理设计出来的技术指标。其设计原理是，股价总是围绕某个中轴在一定的范围内波动，可以利用统计学原理求出股价波动的标准差，从而确定股价的波动范围。

体现在图形上，这个计算出的波动范围就形成了一个带状区域，股价就在这个区域的上限和下限之间波动。而这个带状区域的宽窄，也会随着股价波动幅度的大小而变化。股价涨跌幅度加大时，带状区变宽；涨跌幅度小时，带状区则变窄。

BOLL 指标由三条曲线组成，分别是 BOLL 上轨、BOLL 中轨和 BOLL 下轨，指标的具体形态如图 6-20 所示。

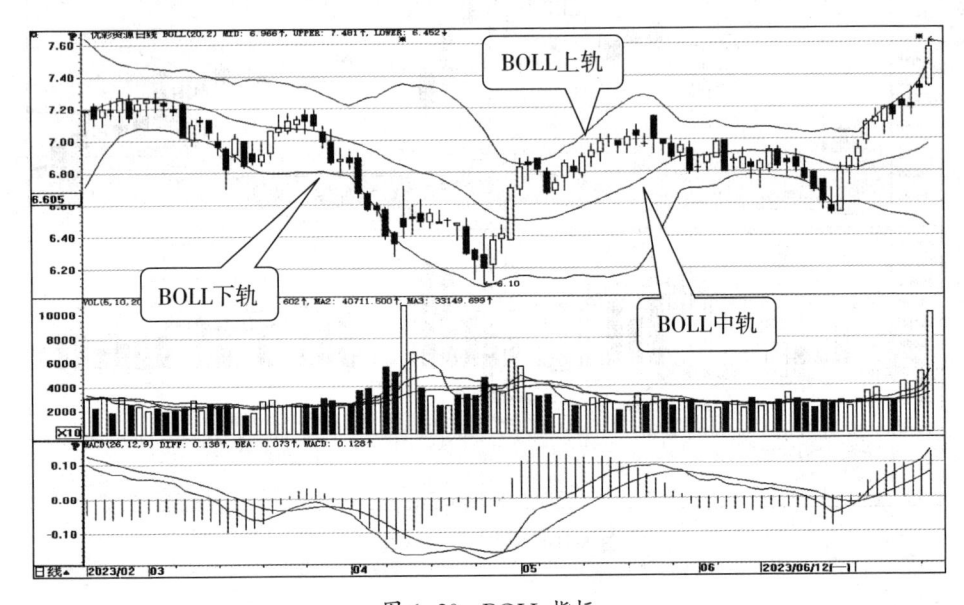

图 6-20　BOLL 指标

6.3.1 BOLL 上轨阻力与 BOLL 下轨支撑

BOLL 上轨的阻力往往出现在震荡行情中，具体表现为当股价上涨至 BOLL 线上轨时，会受到阻力，继而掉头向下。这表明上轨对股价有强阻力，此时，短线投资者应卖出股票。

如图 6-21 所示，2023 年 2 月中旬至 4 月初，安科生物（300009）进入震荡行情，其间多次出现股价受到 BOLL 上轨阻力的走势。这表明 BOLL 上轨对股价有强阻力，投资者在股价进入震荡市后，可采取逢上轨高抛的卖出策略。

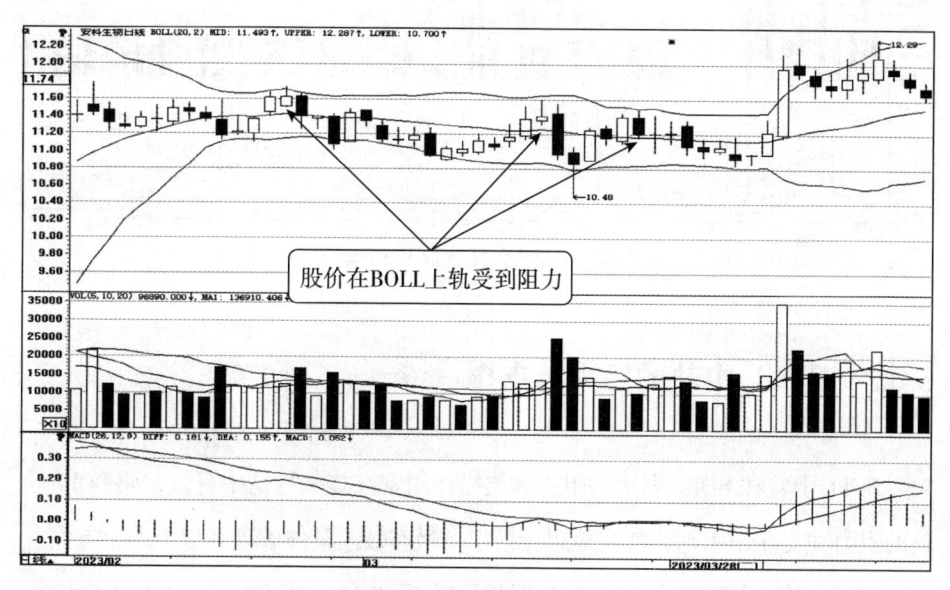

图 6-21 安科生物日 K 线

BOLL 下轨的支撑在震荡行情中最为有效，具体表现为当股价下跌至 BOLL 线下轨时，会受到支撑，继而掉头向上。这表明下轨对股价有强支撑，此时，投资者可以买入股票。

如图 6-22 所示，2022 年 9 月中旬至 12 月初，亿纬锂能（300014）经过一波下跌后进入震荡行情，其间多次出现股价受到 BOLL 下轨支撑的走势。这表明 BOLL 下轨对股价有强支撑，投资者在股价进入震荡市后，可采取逢下轨买入股票的操作。

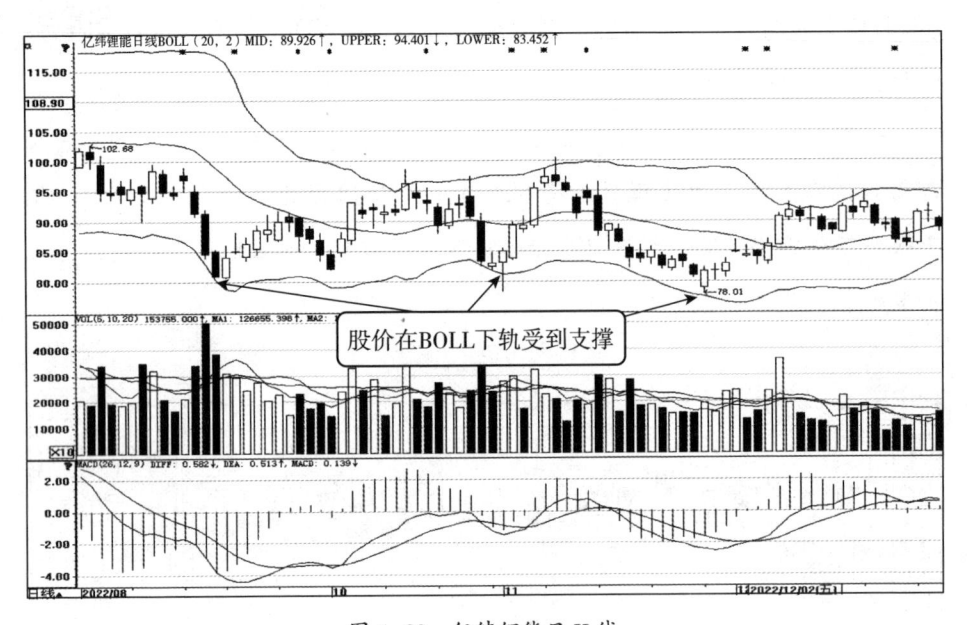

图 6-22　亿纬锂能日 K 线

6.3.2　BOLL 中轨的阻力与支撑

BOLL 上轨和 BOLL 下轨的阻力和支撑作用常在震荡行情中有效，而 BOLL 中轨的阻力和支撑作用则通常在单边行情市场最有效。具体表现在以下两个方面。

第一，在一波上涨行情中，当股价下跌至 BOLL 中轨时，股价会获得支撑，继而掉头向上。这表明中轨对股价有强支撑，此时，投资者可以买入股票。

如图 6-23 所示，2023 年 4 月，凤凰传媒（601928）正处于上涨行情中。股价在上涨中受到 BOLL 中轨支撑，这表明 BOLL 中轨对股价有强支撑作用，投资者在股价进入强势上涨行情后，可采取逢中轨买入股票的策略。

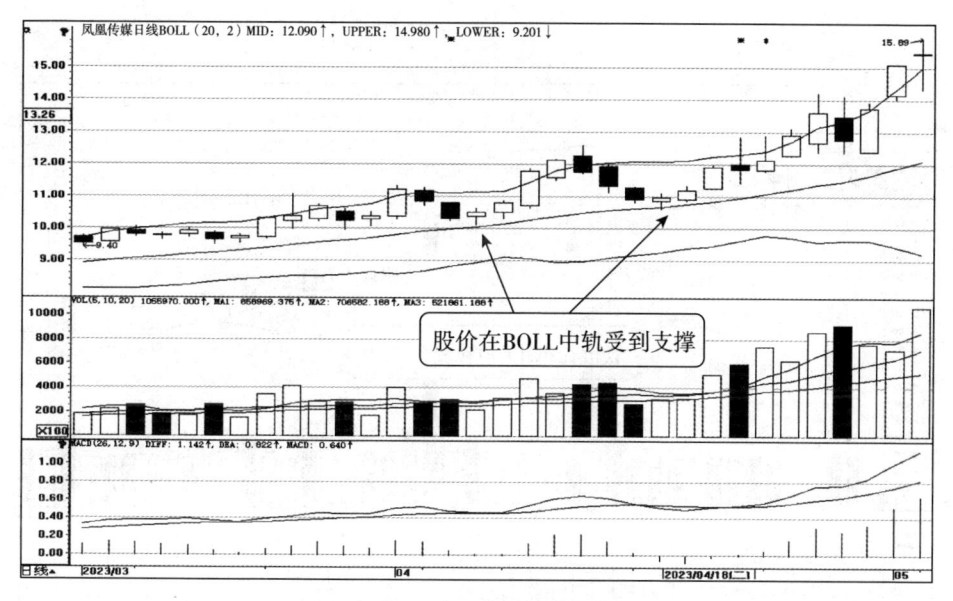

图 6-23 凤凰传媒日 K 线

第二，在一波下跌行情中，当股价上涨至 BOLL 中轨时会受到阻力，继而掉头向下。这表明中轨对股价有强阻力，此时是投资者逢高卖出股票的机会。

如图 6-24 所示，2023 年 3 月至 4 月，东贝集团（601956）正处于下跌行情中，股价在下跌中受到 BOLL 中轨较强的阻力。当股价反弹到 BOLL 中轨位置时，是投资者逢高卖出股票的机会。

6.3.3 BOLL 喇叭口

当 BOLL 指标上轨向上移动、下轨向下移动时，就形成 BOLL 喇叭口打开的形态。如果此时 BOLL 中轨逐渐上涨，就是看涨买入信号。相反，如果此时 BOLL 中轨逐渐下跌，就是看跌卖出信号。

如图 6-25 所示，2021 年 4 月 16 日，出版传媒（601999）股价在经过一段震荡之后放量向上，BOLL 指标喇叭口打开，中轨也向上。这表明多方占据优势，推动股价进入上涨通道。此时，投资者可以积极买入股票。

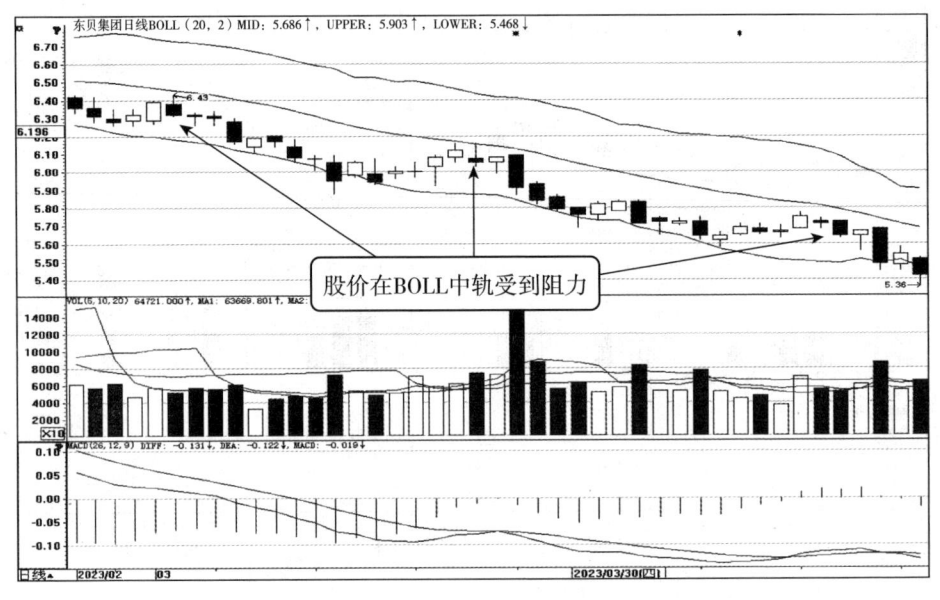

图 6-24　东贝集团日 K 线

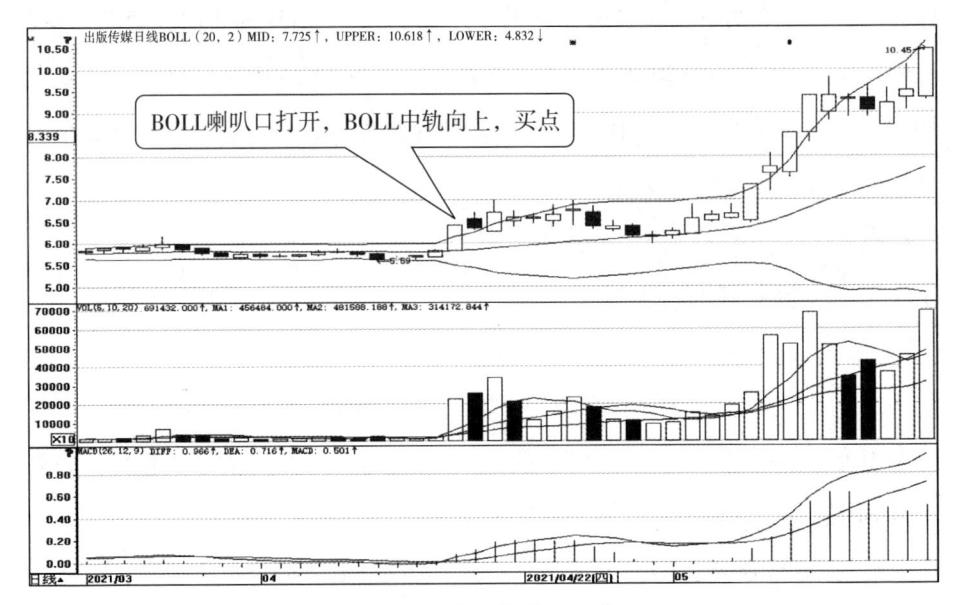

图 6-25　出版传媒日 K 线

6.4 OBV 指标

OBV 指标又称平衡交易量指标,它通过一条曲线来对市场的动能强弱进行评估,进而预测接下来的市场走势。这条曲线是连接无数个成交量的统计值而得到的。

OBV 指标只有一条曲线。其计算方法:当日 OBV= 前一交易日 OBV ± 当日成交量(当日股价上涨时"+",当日股价下跌时"−")。指标的具体形态如图 6-26 所示。

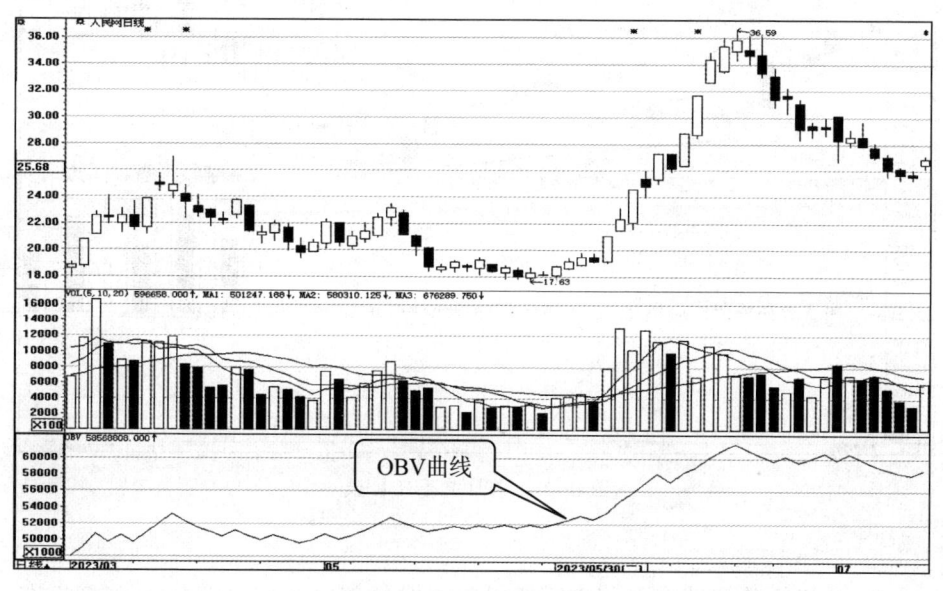

图 6-26 OBV 指标

6.4.1 OBV 指标背离

OBV 指标的底背离是指在下跌走势中股价创出新低,而 OBV 指标没有创出新低的情形。这表明市场做空动能正在减弱，接下来可能出现一波上涨走势。

投资者可以综合其他的技术分析方法判断，使得买入信号更为精准。最常用的仍是K线形态。

如图6-27所示，2022年8月中旬至9月中旬，长虹美菱（000521）经过一波下跌后，出现了OBV与股价底背离的形态。这表明空方力量衰减，多方力量聚集，股价将要上涨。之后，底部出现看涨孕线形态，这更加夯实了后市看涨的信号。此时，投资者可以买入股票。

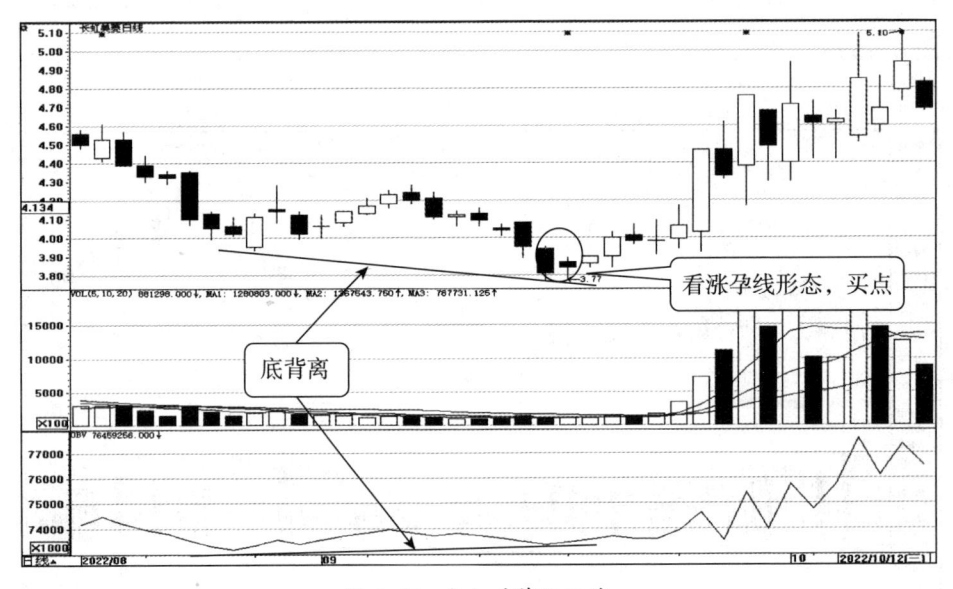

图6-27　长虹美菱日K线

OBV指标的顶背离是指在下跌走势中股价创出新高，而OBV指标没有创出新高的情形。这表明市场做多动能正在减弱，接下来可能出现一波下跌走势。

与底背离一样，投资者可以综合其他的技术分析方法判断，使得卖出信号更为精准。

如图 6-28 所示，2022 年 10 月至 12 月中旬，金海高科（603311）经过一波上涨后，出现了股价与 OBV 顶背离形态。这表明多方力量衰减，空方力量聚集，股价将要下跌。之后，顶部出现射击之星形态，这更加夯实了后市下跌的信号。此时，投资者应卖出所持有股票。

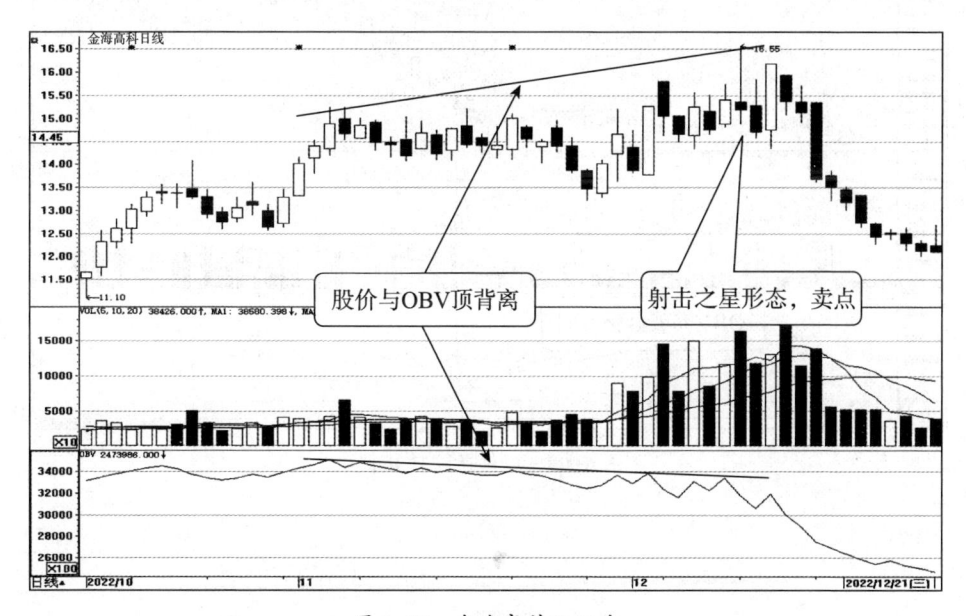

图 6-28　金海高科日 K 线

6.4.2　OBV 与股价同步

在 OBV 指标缓慢上升的同时，如果股价上涨，说明买盘渐强，是上涨行情将会持续的信号。一旦 OBV 指标向上突破爬升区间，则说明买盘力量加速凝聚，股价即将大幅上涨，是买入信号。通常，OBV 线用于观察股价何时脱离盘整及突破后的走势。

如图 6-29 所示，2023 年 2 月下旬至 4 月中旬，超讯通信（603322）进入缓慢爬升阶段，OBV 指标在上升区间缓慢爬升。4 月 19 日，OBV 指标突破缓慢爬升区间，进入加速上升时期。这表明买方力量增强，股价即将进入加速上涨行情。此时，投资者可以买入股票。

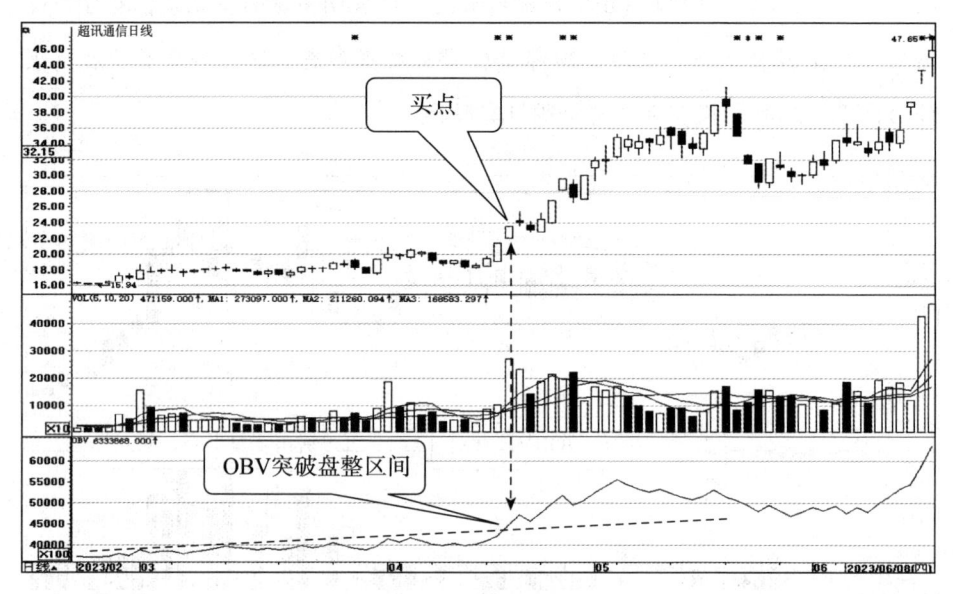

图 6-29　超讯通信日 K 线

6.5　筹码分布指标

筹码分布指标，简称 CYQ。筹码分布指标是将市场交易的筹码画成一条条横线，其数量共 100 条，横线在价格空间内所处的位置代表指数或股价的高低，其长短代表该价位筹码数量的多少。

6.5.1　筹码的低位锁定

筹码的低位锁定是指伴随股价的持续上涨，筹码仍然在低位堆积，继续保持低位密集形态的现象。它是主力已经入驻该股的重要标志。

一般来说，随着股价的持续上涨，前期低位筹码将有获利了结的巨大冲动。对散户投资者来说，这种获利了结的冲动很难克服，他们往往随股价的上涨迅速卖掉获利筹码。能够克服这种冲动的，只能是持有众多筹码的主力机构。因此，筹码的低位锁定，往往是主力机构已经入场的标志，并且这些主力机构往往选择中长线操作方式。

投资者在操作过程中，一旦判定有主力机构在低位锁定筹码，一定要注意持股待涨，不要快进快出，防止踏空后市。

如图6-30、图6-31所示，从2022年2月到7月，比亚迪（002594）的股价先是在低位震荡，然后出现一波上涨走势。在这波走势中，股价从230元附近涨到350元附近，涨幅达到50%，但筹码分布却呈现明显的低位锁定形态。

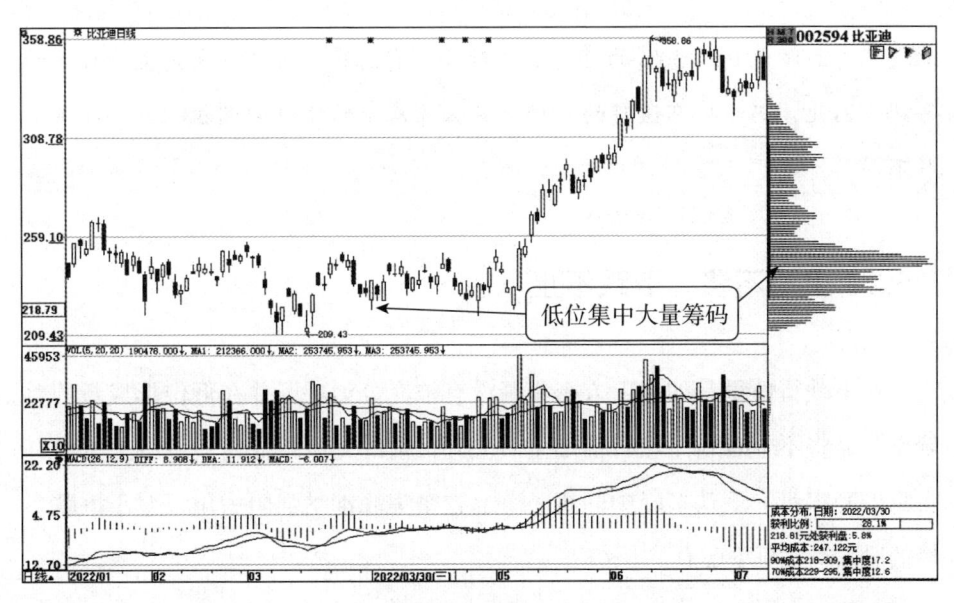

图6-30　比亚迪日K线1

2022年3月30日，该股股价仍处于低位震荡阶段，此时在230元附近分布着大量的筹码。6月6日，股价经过一波大幅上涨走势，低位筹码没有显著

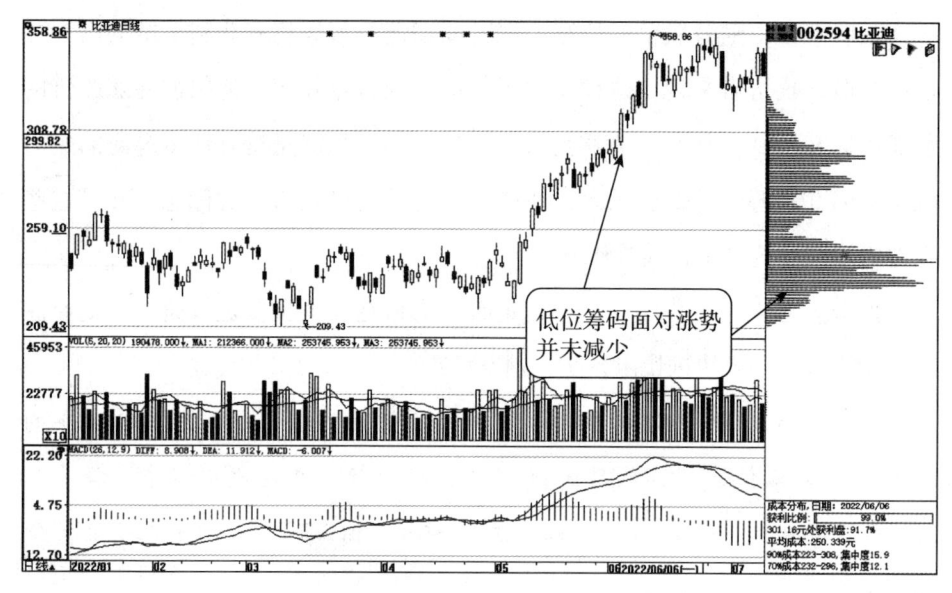

图 6-31　比亚迪日 K 线 2

的变化。面对着超过 30% 的涨势毫不动摇，有这种定力的肯定是主力机构的筹码。因此，仍然持有该股的投资者不必为后市的暂时回调担心，要注意持股不动。

6.5.2　上峰不移，下跌不止

在下跌行情里，如果上方密集峰没有被充分消耗，并在低位形成新的单峰密集，将不会有新一轮行情产生。上升行情的充分条件是股价的上方没有大量的套牢盘，下跌多峰中的每一个上方密集峰都是强阻力位，对于下跌多峰的股票不宜草率建仓。

如图 6-32 所示，从 2022 年 3 月 16 日开始，建霖家居（603408）股价在经过一波急剧下跌走势后开始持续震荡。4 月 12 日，股价仍处于震荡行情中，从当日的筹码分布图可以看出，上方密集峰还没有被充分消耗，仍有大量筹码，这是下跌趋势还没有结束的信号，投资者要注意不要草率入场。

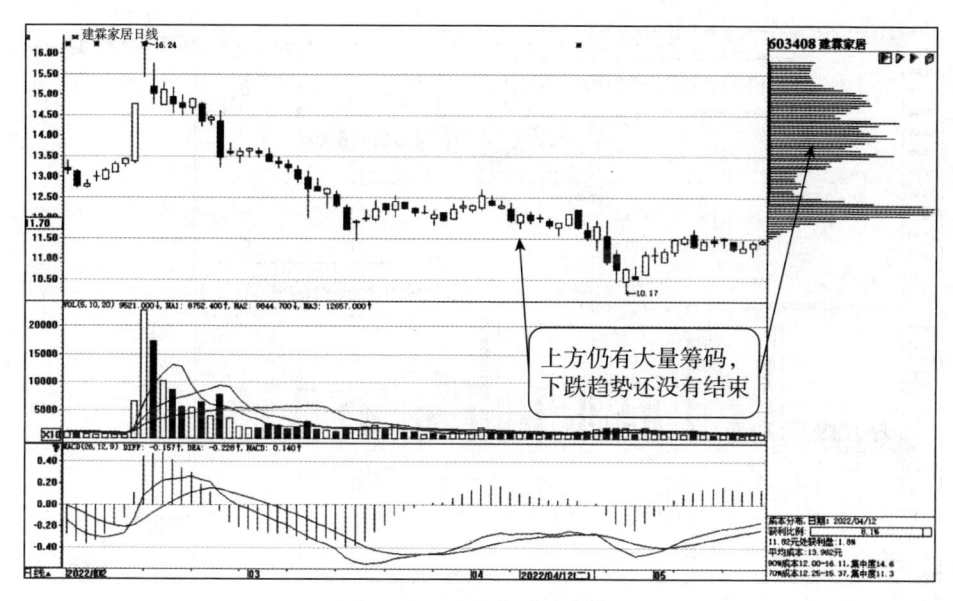

图 6-32 建霖家居日 K 线

6.5.3 放量突破高位单峰密集

放量突破高位单峰密集是指股价经过一波上涨后，在高位调整震荡形成单峰密集。此时股价再次突破高位单峰密集，并创出近期历史新高。这说明多方力量重新聚集，拉升股价进入新一波上涨行情。

股价再次突破高位密集峰将是新一轮升势的开始，投资者可结合其他信号适当介入，快进快出，在股价回落击穿高位密集峰时止损。

如图 6-33 所示，2022 年 4 月底，振江股份（603507）开始持续上涨，5 月下旬冲高回落，进入一波震荡走势。从振江股份 2022 年 6 月 16 日的筹码分布图可以看出，经过震荡走势后，原来的筹码绝大部分集中到 26.4 元附近，表明上涨阻力较小，股价有较大可能再次上涨。

从 2022 年 6 月 17 日开始，股价加速上涨，次日股价跳空高开，顺利突破高位密集峰和前期高点，预示着新一轮涨势即将展开，投资者要注意及时买入跟进。

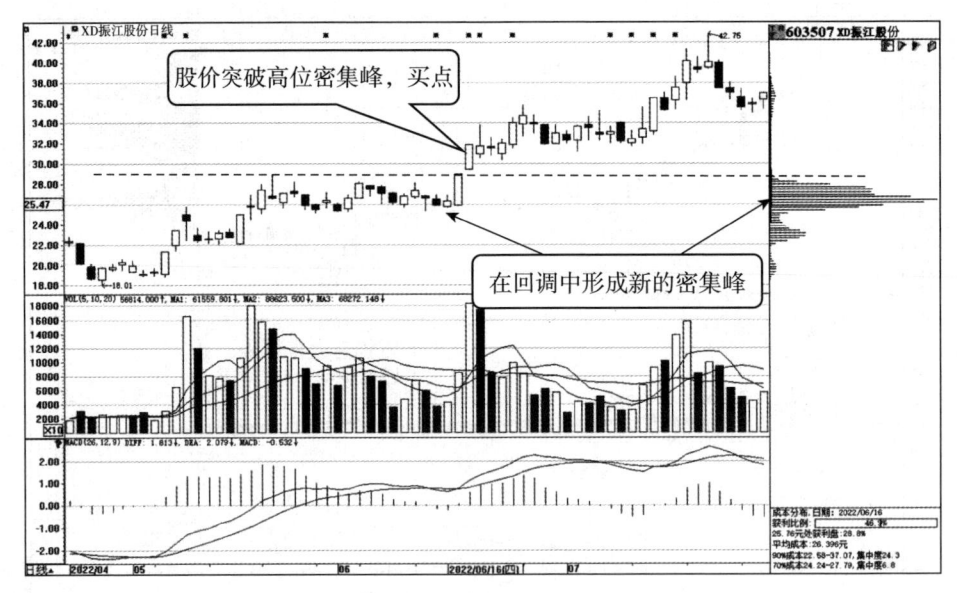

图 6-33 振江股份日 K 线

第 7 章

新手短线看盘实战技巧

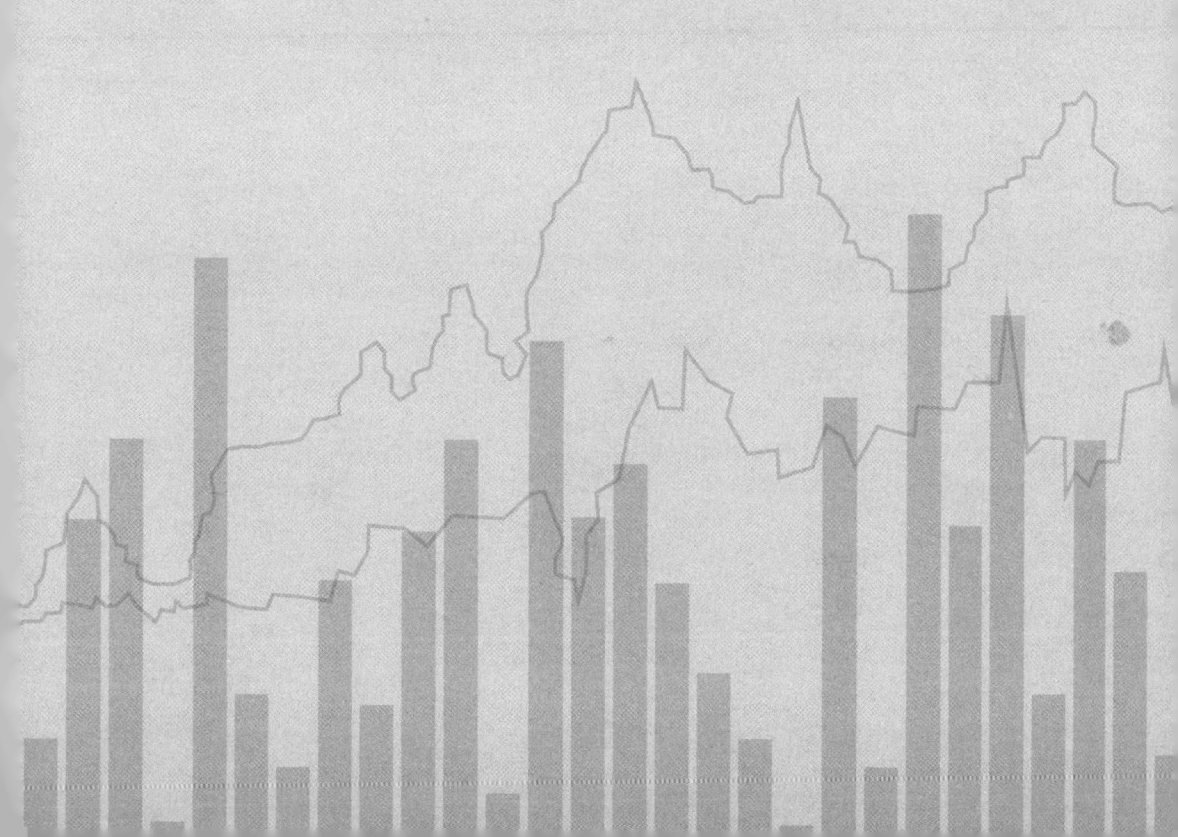

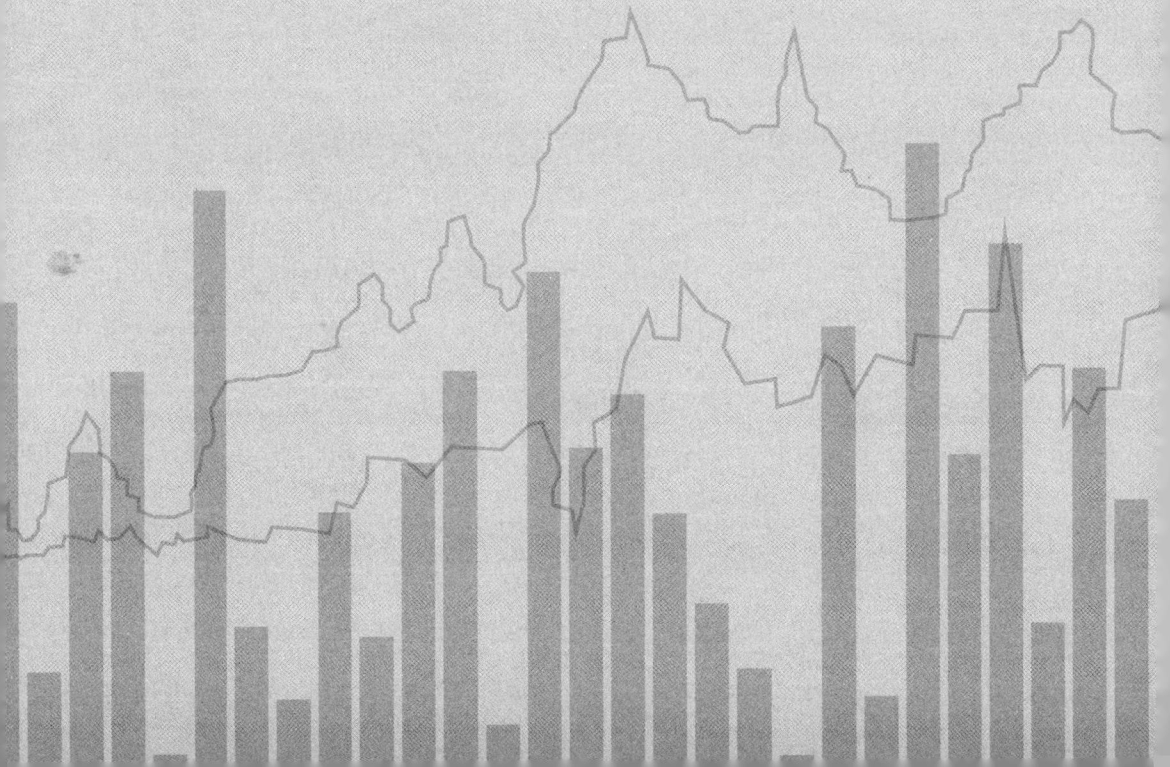

7.1 看盘选择股票技巧

新入市的投资者,对市场上的股票了解不多,可能在选股时会感觉无从下手。通过看盘,投资者可以观察到市场上近期内最热的股票都有哪些。这些股票也是投资者在选股操作时应该重点观察的品种。

7.1.1 看涨幅榜选择强势股票

在炒股软件中,投资者可以按照当日涨幅对市场上的股票进行排名。查看全部 A 股涨幅排名的快捷键为"60+【Enter】",查看上证 A 股涨幅排名的快捷键为"61+【Enter】",查看深证 A 股涨幅排名的快捷键为"63+【Enter】"。

通过涨幅榜,投资者可以了解以下三个方面的信息。

第一,当日大盘整体情况。如果涨幅榜中有大量股票涨停,说明投资者热情高涨,当日大盘整体十分强势。如果涨幅榜中只有少量股票涨停,且其他股票的涨幅也都较小,则说明当日成交比较冷淡,大盘走势不强。如果涨幅榜中上涨的股票数量很少,则说明当日卖盘大量涌出,市场整体行情极度弱势。

第二,当前市场上的热门股票。通过涨幅榜,投资者可以清楚地看到当日股价大幅上涨的股票都有哪些,这些股票也是短期内的热点品种。

第三,当前市场上的热门板块。通过分析涨幅靠前的股票所属的板块,投资者可以知道当前市场上的热点概念都有哪些。这些热点概念和热点股票,可能是投资者短线操作很好的选择。

图 7-1 为 2023 年 7 月 12 日收盘后，沪深京股市所有 A 股的涨幅排行榜。投资者从中可以看出，当日涨幅排名前 18 位的股票并未全部涨停。这说明大盘行情较弱。此外，在涨幅排名靠前的股票中，有一多半都属于创业板个股。之所以如此，一方面是因为创业板涨跌停范围比普通 A 股大一倍，另一方面也说明创业板相关概念是市场上炒作的热点品种。短线投资者可以重点关注该板块的这些强势股票。

序号	代码	名称	最新	涨跌	涨幅	换手率	量比	涨速	总额	总手	现手
1	301381	N赛维	43.99	+23.54	115.11%	87.43%		-0.02%	9.51亿	27.46万	274613
2	301370	N国科恒	26.08	+12.69	94.77%	74.69%		0.31%	10.22亿	49.48万	494804
3	301393	N昊帆	103.09	+35.41	52.32%	76.06%		-0.01%	18.67亿	17.79万	177944
4	300926	博俊科技	28.14	+4.69	20.00%	54.42%				38.24万	382354
5	301226	祥明智能	31.08	+5.18	20.00%	19.87%				97515	97515
6	301386	未来电器	32.76	+5.46	20.00%					16.16万	161633
7	300936	中英科技	40.93	+6.82	19.99%	23.81%	5.14		2.49亿	63236	63236
8	300807	天迈科技	44.56	+6.44	16.89%	41.32%	1.79	0.18%	8.30亿	20.10万	2052
9	301307	美利信	39.80	+4.41	12.46%	36.35%	3.13	-0.20%	6.64亿	17.07万	170658
10	300343	联创股份	9.11	+0.97	11.92%	14.20%	2.90	0.11%	13.31亿	170658	1513584
11	300128	锦富技术	5.91	+0.61	11.51%	16.90%	1.09	0.17%	10.45亿	184.76万	1847601
12	301016	雷尔伟	28.62	+2.85	11.06%	56.98%	2.02	-0.14%	4.72亿	17.09万	1866
13	002877	智能自控	10.40	+0.95	10.05%	4.62%	1.42		9933万	96299	96299
14	002616	长青集团	6.57	+0.60	10.05%	16.63%	2.75		4.80亿	78.18万	1442
15	002265	西仪股份	16.34	+1.49	10.03%	9.39%	4.71		4.81亿	29.90万	299017
16	002708	光洋股份	8.34	+0.76	10.03%	10.10%	0.88		3.35亿	40.94万	409432
17	002026	山东威达	11.09	+1.01	10.02%	1.92%	1.11		9103万	82079	82079
18	002490	山东墨龙	4.95	+0.45	10.00%	12.82%	4.20		3.38亿	69.45万	694512

（涨幅榜靠前的股票未全部涨停）

图 7-1 沪深京 A 股涨幅榜（2023 年 7 月 12 日）

7.1.2 看综合排名选择强势股票

在炒股软件中，投资者可以查看股票的综合排名信息。除了股票的涨幅排名，还包括股票 5 分钟涨速排名、量比排名等信息。在软件中，查看全部 A 股综合排名的快捷键为 "80+【Enter】"，查看上证 A 股综合排名的快捷键为 "81+【Enter】"，查看深证 A 股综合排名的快捷键为 "83+【Enter】"。

在综合排名信息中，投资者应该特别注意以下两组数据。

第一，股票 5 分钟涨速排名。通过这个排名，投资者可以了解过去 5 分钟内大幅上涨的股票品种。这是对短线投资者非常重要的信息。

第二，股票量比排名。量比排名统计的是当日个股成交量与过去的对比情况排名。通过量比排名与股票涨幅榜对比，投资者可以看出当日哪些股票在大幅上涨的同时成交量也大幅放大。这些股票很可能会成为短期的强势股，投资者可以重点关注其走向。

图 7-2 为 2023 年 7 月 12 日收盘后的 A 股综合排名窗口。从图中的 5 分钟涨速排名可以看到，巨一科技（688162）和国光电气（688776）两只股票都属于科创板股票，属于专用设备制造概念股。这说明该类概念股在短时间内大幅上涨，是市场上的热点品种，投资者可以重点关注其短期内的走势。

图 7-2 沪深京 A 股综合排名（2023 年 7 月 12 日）

从图中的当日量比排名可以看到，当日有几只股票成交量大幅放大。其中上海沪工（603131）和宁波精达（603088）也都属于专用设备制造概念股。这种短期内放量的股票是短线投资者应该重点关注的品种。

7.1.3 看板块涨幅排名选择强势股票

通过炒股软件，投资者可以查看每个板块整体的涨幅情况，从而了解市场上的强势板块，其快捷键为"30+【Enter】"，或者输入"RMBK+【Enter】"。

图7-3为2023年7月12日收盘后的板块涨幅排名。从图中可以看到，PVDF概念、氟化工、轮胎等多个与化工相关的板块均大幅上涨。这说明该板块是当日行情中绝对的炒作龙头，投资者可以重点关注其走向。

序号	代码	名称	最新	涨跌	涨幅	加权涨幅	平均涨幅	涨速	换手率	总额
1	994247	昨日涨停	6444.58	+87.87	1.38%	0.38%	1.38%	-0.05%	16.24%	319.81亿
2	994663	PVDF概念	4512.97	+61.13	1.37%	0.96%	1.37%	0.04%	2.39%	41.12亿
3	994501	氟化工	6636.46	+74.43	1.13%	1.21%	1.13%	0.04%	2.32%	69.90亿
4	994513	轮胎	5596.73	+62.72	1.13%	0.92%	1.13%	0.10%	3.75%	43.77亿
5	994790	线控底盘	3595.29	+36.06	1.01%	0.91%	1.01%	-0.04%	14.49%	88.17亿
6	994210	种业	4344.16	+31.03	0.72%	0.56%	0.72%	0.03%	2.75%	26.45亿
7	994259	草甘膦	4585.95	+30.55	0.67%	1.48%	0.67%	-0.05%	1.25%	21.22亿
8	991047	公共设施	3079.72	+15.42	0.50%	0.55%	0.50%	0.08%	2.75%	25.08亿
9	994684	EDR概念	4261.13	+20.54	0.48%	-1.19%	0.48%	0.05%	8.98%	33.70亿
10	994716	4680电池	2525.19	+7.89	0.31%	-0.35%	0.31%	0.04%	2.65%	36.54亿
11	994711	一体化压铸	4446.22	+13.79	0.31%	-0.74%	0.31%	0.07%	6.96%	80.33亿
12	994105	磷化工	3785.69	+10.46	0.28%	0.00%	0.28%	0.00%	2.49%	50.46亿
13	994457	蔚来汽车概念	7390.12	+18.79	0.25%	-0.83%	0.25%	0.04%	7.97%	469.39亿
14	994571	转基因	4562.79	+8.66	0.19%	0.55%	0.19%	-0.03%	1.95%	23.24亿
15	994631	虚拟电厂	4080.54	+7.02	0.17%	-0.14%	0.17%	0.02%	6.84%	108.35亿
16	993597	智能电网	10194.17	+14.92	0.15%	0.00%	0.15%	-0.02%	5.69%	250.75亿
17	994284	油气管网	3944.74	+5.35	0.14%	-0.23%	0.14%	0.00%	2.01%	17.53亿
18	991255	保险	5468.85	+7.16	0.13%	0.00%	0.13%	0.07%	0.31%	36.90亿
19	994697	化肥	2853.11	+3.51	0.12%	0.49%	0.12%	-0.01%	1.58%	58.64亿
20	994712	超超临界发电	4213.87	+5.01	0.12%	-0.16%	0.12%	0.06%	3.50%	122.67亿

图7-3　板块涨幅排名（2023年7月12日）

在板块涨幅排名的窗口中，投资者还可以查看每个板块中股票上涨的详细情况，通过详细了解板块中个股的涨跌幅，可以更加全面地了解该板块的涨跌情况。

如图7-4、图7-5所示，当日盘中，PVDF概念板块和轮胎板块分别上涨了 1.37% 和 1.13%。查看其中个股的涨跌情况可以发现，PVDF 概念板块中有一只股票涨幅超过 10%，另外有多只股票的涨幅在 4% 以上。轮胎板块中有两只股票涨幅超 8%，其他个股涨幅普遍较小。这样的情况说明 PVDF 概念板块整体来看要强于轮胎板块。

序号	★	代码	名称	最新	涨跌	涨幅	加权涨幅	平均涨幅	涨速	换手率	总额
1		994247	昨日涨停	6444.58	+87.87	1.38%	0.38%	1.38%			
2		994663	PVDF概念	4512.97	+61.13	1.37%	0.96%	1.37%			
1		300343	联创股份	9.11		11.92%	11.92%	11.92%			
2		603379	三美股份	26.15	+1.38	5.57%	5.57%	5.57%		3.32%	5.24亿
3		605020	永和股份	29.56	+1.52	5.42%	5.42%	5.42%			
4		600160	巨化股份	14.45	+0.62	4.48%	4.48%	4.48%			
5		300332	天赐环境	11.25	+0.16	1.44%	1.44%	1.44%			
6		600378	昊华科技	37.66	+0.33	0.88%	0.88%	0.88%	0.05%	0.19%	6448万
7		300056	中创环保	7.32	+0.04	0.55%	0.55%	0.55%	-0.14%	1.05%	2956万
8		002068	黑猫股份	11.61	+0.02	0.17%	0.17%	0.17%		4.03%	3.48亿
9		300281	金明精机	5.41	-0.02	-0.37%	-0.37%	-0.37%	0.37%	1.15%	2490万
10		300673	东阳光	7.30	-0.03	-0.41%	-0.41%	-0.41%	-0.14%	0.16%	3413万
11		002442	龙星化工	5.03		-0.59%	-0.59%	-0.59%		0.74%	1795万
12		603659	璞泰来	40.39	-0.29	-0.71%	-0.71%	-0.71%	0.07%	0.37%	2.97亿
13		300203	聚光科技	19.16	-0.24	-1.24%	-1.24%	-1.24%	0.05%	0.73%	6347万
14		300070	碧水源	5.18	-0.16	-3.00%	-3.00%	-3.00%	-0.19%	0.71%	1.23亿
15		300236	上海新阳	37.77	-1.38	-3.52%	-3.52%	-3.52%	-0.18%	1.28%	1.37亿
3		994501	氟化工	6636.46	+74.43	1.13%	1.21%	1.13%	0.04%	2.32%	69.90亿
4		994513	轮胎	5596.73	+62.72	1.13%	0.92%	1.13%	0.10%	3.75%	43.77亿
5		994790	线控底盘	3595.29	+36.06	1.01%	0.91%	1.01%	-0.04%	14.49%	88.17亿

图 7-4 PVDF 概念板块涨幅排名

序号	★	代码	名称	最新	涨跌	涨幅	加权涨幅	平均涨幅	涨速	换手率	总额
1		994247	昨日涨停	6444.58	+87.87	1.38%	0.38%	1.38%	-0.05%	16.24%	319.81亿
2		994663	PVDF概念	4512.97	+61.13	1.37%	0.96%	1.37%	0.04%	2.39%	41.12亿
3		994501	氟化工	6636.46	+74.43	1.13%	1.21%	1.13%	0.04%	2.32%	69.90亿
4		994513	轮胎	5596.73	+62.72	1.13%	0.92%	1.13%	0.10%	3.75%	43.77亿
1		601500	通用股份	4.66	+0.42	9.91%	9.91%	9.91%			
2		601163	三角轮胎	17.95	+1.34	8.07%	8.07%	8.07%			
3		605183	确成股份	17.92	+0.17	0.96%	0.96%	0.96%			
4		600469	风神股份	6.75	+0.06	0.90%	0.90%	0.90%	0.15%	6.01%	2.30亿
5		601966	玲珑轮胎	23.49	+0.08	0.34%	0.34%	0.34%		2.32%	8.17亿
6		600623	华谊集团	6.21	+0.02	0.32%	0.32%	0.32%		0.25%	2843万
7		600819	青岛双星	4.49	+0.01	0.22%	0.22%	0.22%		2.09%	7769万
8		002984	森麒麟	32.86	-0.06	-0.18%	-0.18%	-0.18%	-0.15%	2.72%	2.64亿
9		603278	大业股份	11.41	-0.03	-0.26%	-0.26%	-0.26%		0.72%	2376万
10		603335	迪生力	6.62	-0.03	-0.45%	-0.45%	-0.45%			
11		601058	赛轮轮胎			-0.77%	-0.77%	-0.77%			
12		688392	骄成超声	102.29	-1.23	-1.19%	-1.19%	-1.19%			
13		000589	贵州轮胎	6.50	-0.21	-3.13%	-3.13%	-3.13%	0.15%	11.82%	8.73亿
5		994790	线控底盘	3595.29	+36.06	1.01%	0.91%	1.01%	-0.04%	14.49%	88.17亿
6		994210	种业	4344.16	+31.03	0.72%	0.56%	0.72%	0.03%	2.75%	26.45亿
7		994259	草甘膦	4585.95	+30.55	0.67%	1.48%	0.67%	-0.05%	1.25%	21.22亿

图 7-5 轮胎板块涨幅排名

7.1.4 看阶段涨幅选择强势股票

无论是涨幅榜、综合排名还是板块涨幅排名，都只能显示一个交易日内的涨幅情况。如果投资者要查看一段时间内的涨幅排名，可以使用股票软件的阶段统计功能。

在查看股票的阶段涨幅排名时，投资者需要注意以下两点。

第一，通过股票的阶段涨幅了解大盘整体行情。一段时间内，如果市场上有大量股票大幅上涨，说明这个阶段的市场整体十分强势；如果上涨的股票数量较少，且涨幅比较有限，则说明这个阶段的市场整体较弱。

第二，通过个股上涨寻找强势板块。如果在涨幅榜排名靠前的股票中有多只都属于同一个板块，说明该板块是市场上的炒作热点，也是投资者应该重点关注的对象。从中期来看，如果一只股票上涨得不到同板块其他股票的配合，其上涨很难持续太长时间。这种股票的操作难度较大，不值得关注。

如图7-6所示，2023年6月12日至7月12日，投资者利用大智慧股票软件可以统计出这一阶段所有股票的涨幅排名。从涨幅排名前10的个股可以看出，有8只股票的阶段涨幅达到70%以上，另外2只股票阶段涨幅超过

序号	代码	名称	阶段涨幅	最新	涨跌	涨幅	换手率	量比	涨速	总额
1	301255	通力科技 R	122.26%	55.95	5.15	9.55%	49.51%	0.99	-0.11%	7.87亿
2	002703	浙江世宝 R	117.40%				33.92%	1.43	0.39%	32.98亿
3	301398	星源卓镁	99.26%				80.43%	1.61	-1.31%	10.34亿
4	603767	中马传动	91.32%	13.66	+0.81	6.30%	15.85%	1.27	0.66%	6.60亿
5	601127	赛力斯 R	82.99%	46.48	-2.16	-4.44%	9.04%	1.45		66.72亿
6	002893	京能热力	77.80%	16.53	+1.50	9.98%	39.85%	2.49		12.02亿
7	603933	睿能科技	74.04%	22.12	+2.01	10.00%	20.99%	3.93		9.15亿
8	300807	天迈科技	71.12%	44.56	+6.44	16.89%	41.32%	1.79	0.18%	8.30亿
9	837663	明阳科技	69.45%	14.88	-0.56	-3.63%	13.19%		1.22%	2582万
10	002590	万安科技	65.05%	14.31	+1.30	9.99%	13.17%	1.18		8.39亿

图7-6 阶段涨幅排名（2023年6月12日至7月12日）

60%。这说明这一个月内的市场整体比较强势。

此外,在涨幅前 10 名的股票中,有 7 只汽车制造概念板块股票。这说明汽车制造概念板块是此段时间内的炒作热点。汽车制造板块和排名靠前的几只股票,都是投资者应该重点关注的品种。

7.1.5 看叠加大盘走势选择强势股票

通过将个股走势和大盘走势叠加在一起,投资者可以更加清楚地了解个股走势强弱。

当大盘持续下跌时如果个股能够横盘整理或者小幅上涨,说明个股的表现强于大盘。未来一旦大盘进入上涨行情,该股往往能够成为领涨的龙头。

当大盘刚刚结束下跌,进入上涨行情时,如果个股能够先于大盘见底上涨,并且涨幅强于大盘,说明该股比大盘更加强势,是投资者应该重点关注的对象。

如图 7-7 所示,2022 年 10 月下旬,中信证券(600030)股价下跌到底部

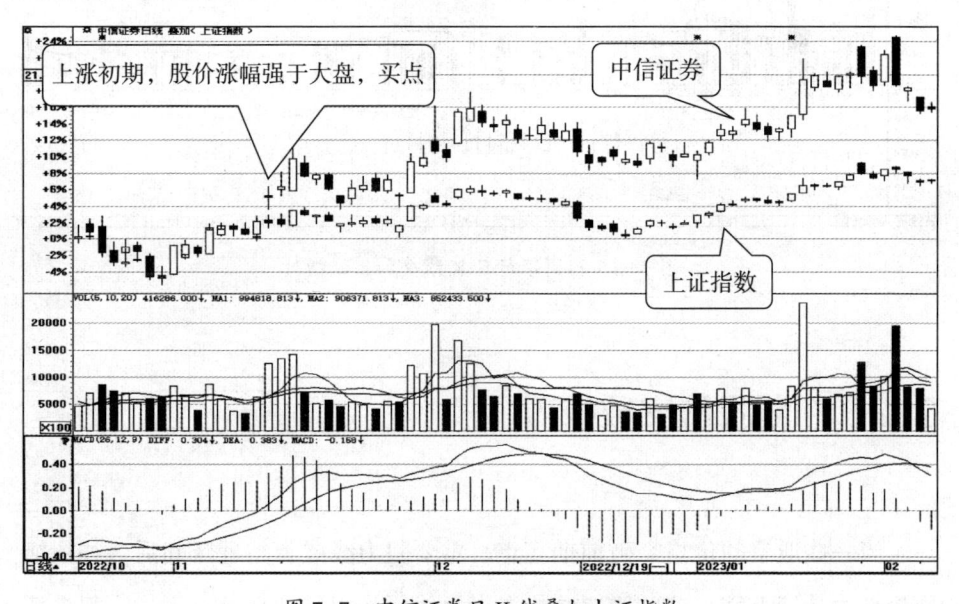

图 7-7 中信证券日 K 线叠加上证指数

区域后反转向上，与同期大盘走势基本一致。11月11日开始，中信证券股价跳空向上，股价涨幅强于大盘。这是上涨动能发动的信号，此时短线投资者可追涨买入。

如图7-8所示，2022年10月中旬至11月上旬，招商银行（600036）股价走势明显弱于大盘。11月中旬至下旬，二者涨幅基本持平。11月29日，招商银行股价放量大涨，接近涨停，涨幅远超大盘，说明该股比大盘更加强势，是短线投资者应该重点关注的对象。之后，该股持续上涨，涨幅远超同期大盘走势。投资者可在11月29日追涨买入。

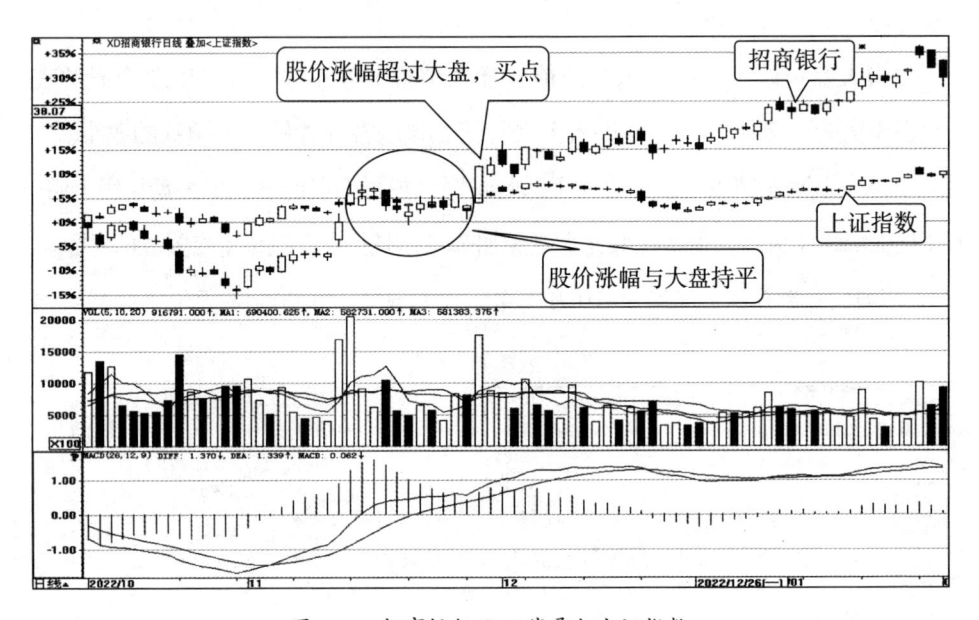

图7-8　招商银行日K线叠加上证指数

7.2　判断股价突破技巧

当一些股票的价格突破前期高点、重要阻力线或者整理区间后，往往能在短期内持续上涨。这些股票是投资者短线操作很好的目标。不过，很多情况下股价突破后并不会持续上涨，而是进入下跌行情，形成假突破。为了衡量突破的有效性，投资者看到股价向上突破时，最好多关注以下几个因素。

7.2.1 放量突破

如果股价向上突破的同时成交量放大，说明多方正在强势拉升股价。这样的情况下突破形态的可靠性更高。股价放量向上突破后，可能会缩量小幅回抽，如果回抽不跌破原来向上突破的价位就会继续上涨。在继续上涨时，成交量会再次放大。

如图7-9所示，2021年5月中旬至6月上旬，南方精工（002553）股价多次上涨到几乎同一个价位后都遇到阻力。这证明该价位是股价上涨的重要阻力位。

6月9日，股价向上突破阻力位，同时成交量大幅放大，这是该股未来会持续上涨的信号。成交量放大说明多方力量十分强势，该形态的看涨信号会

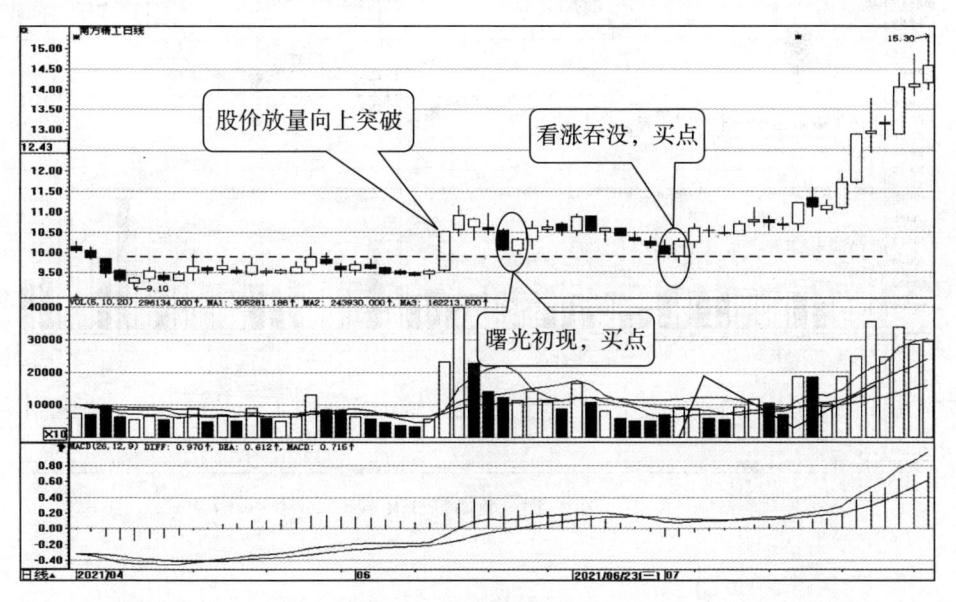

图7-9 南方精工日K线

更加可靠。

股价向上突破后,又出现了缩量回调的走势。当股价回调到前期高点位置时获得支撑,同时K线形成看涨形态,买点出现。

7.2.2 涨停突破

如果股价向上突破当日大幅上涨,最终达到涨停的价格,说明此次上涨十分强势。如果股价能够以涨停开盘,并且整个交易日都被封在涨停板上,形成涨停一字线,则该形态的看涨形态会更加可靠。

如图7-10所示,2023年2月7日,牧高笛(603908)股价强势涨停,同时突破了前期高点,创出阶段新高。这样的形态说明股价被多方力量强势拉升。因为是以涨停完成突破的,所以该突破的可信度较高。

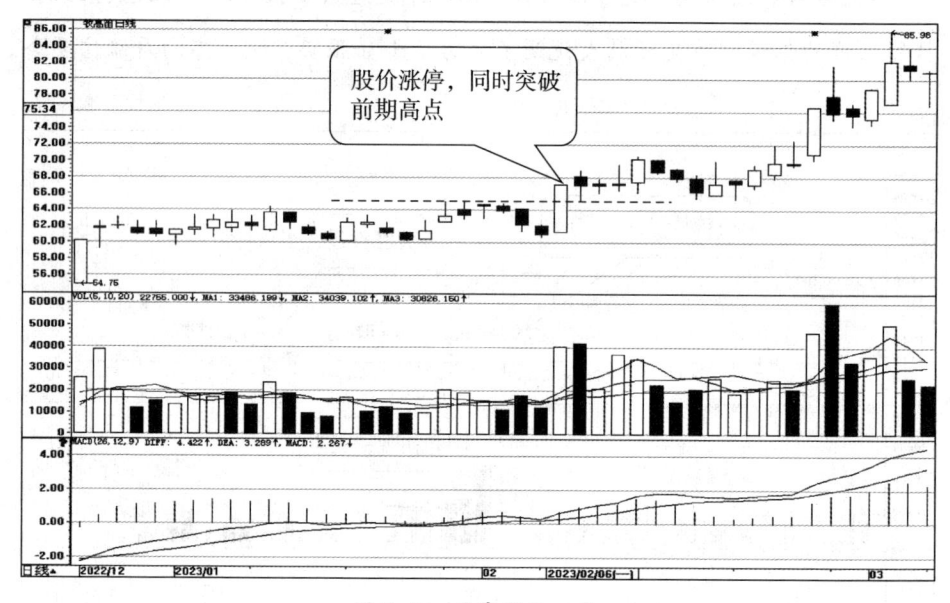

图7-10 牧高笛日K线

7.2.3 突破后回抽

如果股价突破某个重要位置后能够小幅回抽,并且回抽未跌破突破时的价位就再次上涨,则该突破形态会更加可靠。

投资者可以将回抽作为对之前突破形态的确认。当股价回抽到前期突破的阻力位获得支撑时,说明该阻力位已经变成支撑位。该股未来会持续上涨。

如图 7-11 所示,2022 年 4 月中旬,明阳智能(601615)股价上涨到其 30 日均线附近遇到阻力。这样的形态说明该均线是股价上涨重要的阻力位。5 月 10 日,股价经过一段时间的调整后突破了该均线的阻力。这样的形态标志着该股由下跌行情进入上涨行情,是看涨买入信号。

5 月 19 日,股价小幅回抽到 30 日均线附近后获得支撑,再次放量上涨。这次回抽是对之前突破形态的确认,说明 30 日均线已经由股价上涨的阻力线变成股价下跌的支撑线。经过回抽确认后,股价向上突破的形态会更加可靠。

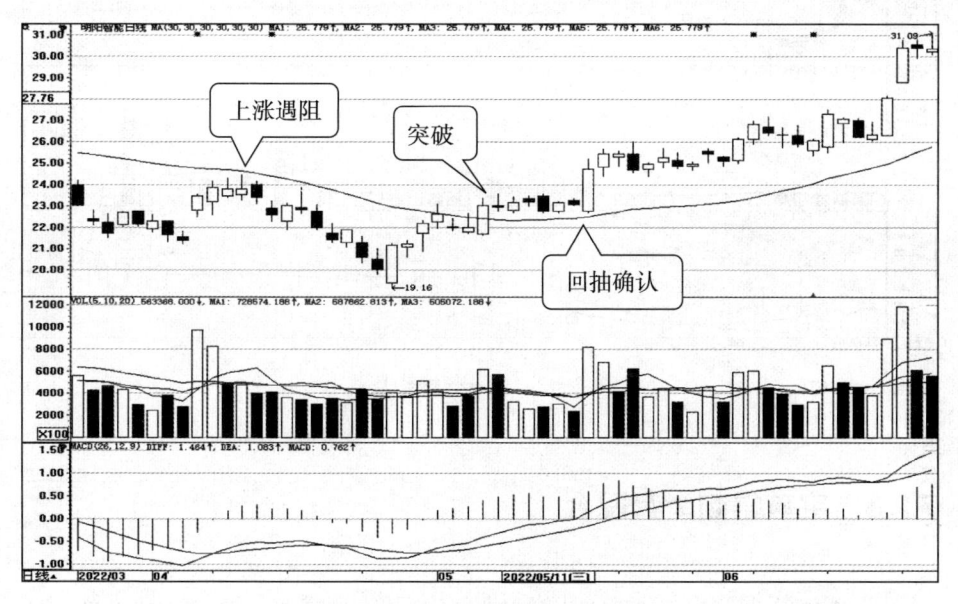

图 7-11 明阳智能日 K 线

7.2.4 技术指标同步突破

如果股价向上突破重要阻力位的同时其技术指标也完成了重要的突破形态，则这样的突破会十分可靠。常见的技术指标突破形态包括短期均线突破长期均线，MACD 指标中的 DIFF 线突破 DEA 线，KDJ 指标中的指标线 K 突破指标线 D 等。

如图 7-12 所示，2022 年 6 月 20 日，美力科技（300611）股价向上突破前期高点。与此同时，其 MACD 指标形成拒绝死叉的看涨形态。MACD 拒绝死叉是对突破形态的确认。这样的情况下该突破形态会更加可靠。

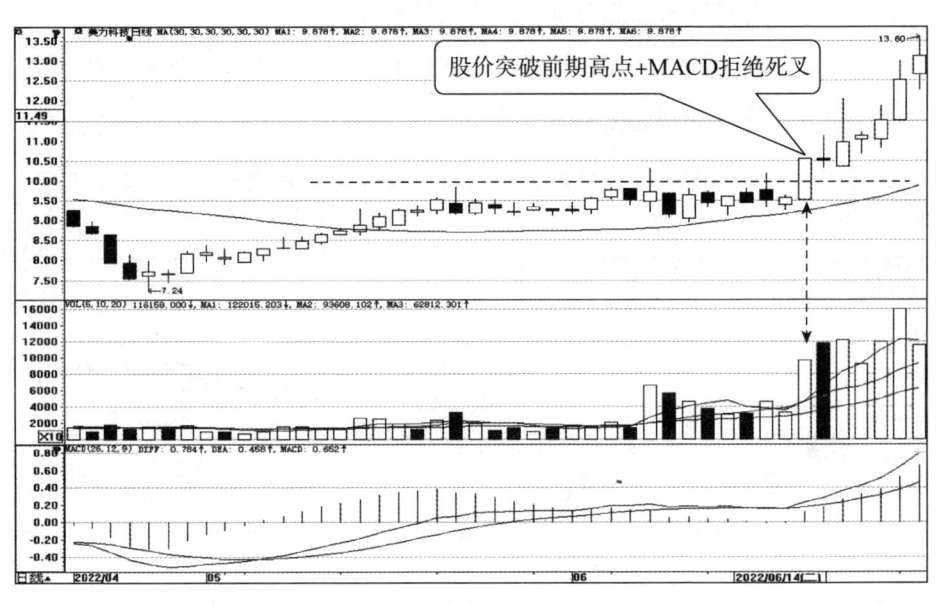

图 7-12 美力科技日 K 线

7.2.5 突破得到大盘配合

如果股价向上突破某个阻力位的同时大盘也持续上涨，突破某个类似的阻力位，则该突破形态的看涨信号会更加可靠。

除了突破得到大盘的配合，如果股票向上突破的同时，同板块其他相似的股票能大幅上涨，则该突破形态的看涨信号也会更加可靠。

如图7-13所示，2022年11月29日，在招商银行（600036）股价向上突破前期高点的同时，大盘也突破了前期高点。大盘向上突破是对个股突破行情的验证，此时该突破形态的可靠性会更高。

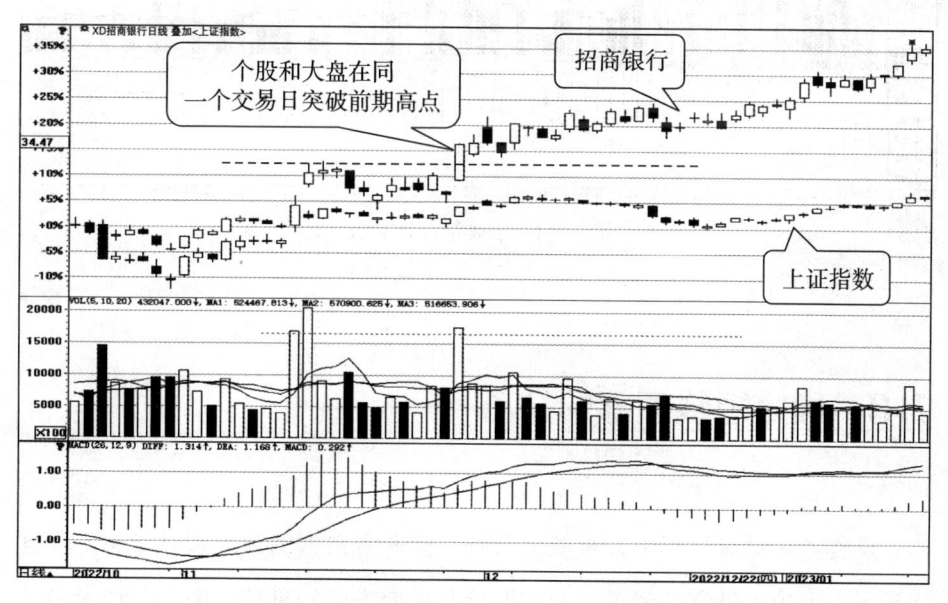

图7-13　招商银行日K线叠加上证指数

如图7-14所示，在招商银行向上突破的同一个交易日，银行板块龙头股宁波银行（002142）的股价也突破前期高点，创出新高。这两只股票的突破形态相互确认，此时的看涨信号会更加可靠。

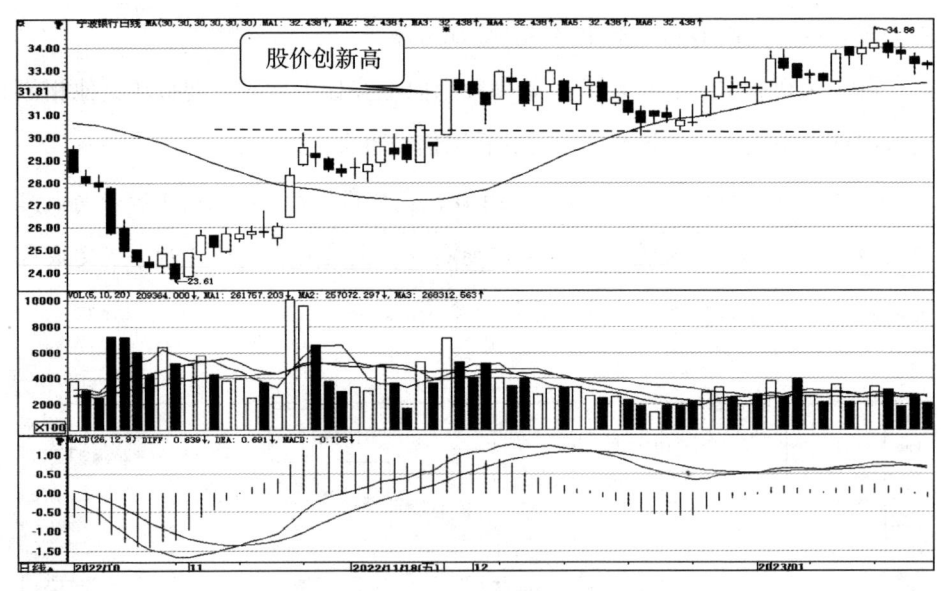

图 7-14　宁波银行日 K 线

7.3　确定短线顶部的技巧

投资者在看盘过程中，可能会看到一些非常典型的顶部看跌形态。一旦这类形态出现，投资者就可以断定股价在短期内已经见顶，需要尽快卖出手中的股票。

7.3.1　上涨过程中成交量萎缩

如果在股价上涨过程中成交量逐渐萎缩，说明随着股价上涨，追高买入的投资者越来越少，股价上涨的动力不足。如果此时 MACD 指标也与股价形成顶背离形态，则未来股价见顶下跌的可能性会更大。

在股价缩量上涨的过程中，投资者可以逐渐卖出股票减仓。一旦股价开始见顶下跌,投资者就应该果断清空手中的股票。

如图7-15所示,2023年3月下旬,二三四五(002195)股价在上涨过程中创出新高,与此同时其成交量却无法创新高,反而有萎缩的趋势。这说明随着股价上涨,追高买入的投资者越来越少,股价上涨动力不足,有见顶下跌的趋势。

在成交量萎缩的同时,该股的MACD指标也出现了DIFF线与股价顶背离的形态,这更加确认了股价已经见顶。在缩量上涨的形态确定后,投资者可以逐渐减仓。

4月10日,MACD指标顶背离后,MACD形成死叉,同时K线形成看跌吞没形态,这是上涨行情已经结束的信号。此时投资者应该尽快将手中的股票清空。

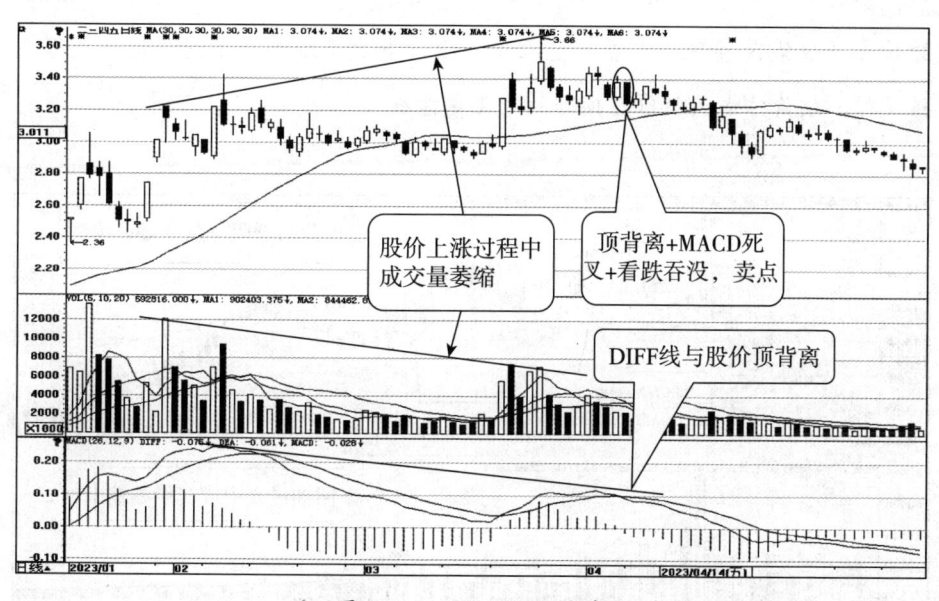

图7-15 二三四五日K线

7.3.2 跌破支撑位后回抽

如果股价在顶部横盘整理过程中多次在同一个价位获得支撑，则该价位就成为股价的重要支撑位。一旦股价跌破该支撑位，就是即将见顶下跌的信号。此外，如果股价跌破支撑位后小幅回抽，在回抽过程中成交量持续萎缩，且股价没有突破前期支撑位就遇阻下跌，则股价见顶下跌的形态会更加可靠。

这种回抽行情可以被当作是对之前跌破形态的确认。当股价回抽遇阻时，说明市场上虽然有抄底的买盘进入，但是其力量很小，不足以持续拉升股价，股价已经进入持续下跌行情。看到这样的形态，投资者需要尽快卖出手中的股票。

如图 7-16 所示，2021 年 12 月上旬至 2022 年 1 月下旬，得润电子（002055）股价在高位震荡整理。在整理过程中，股价多次下跌到几乎同一价位获得支撑反弹，该价位成为股价在顶部的重要支撑线。

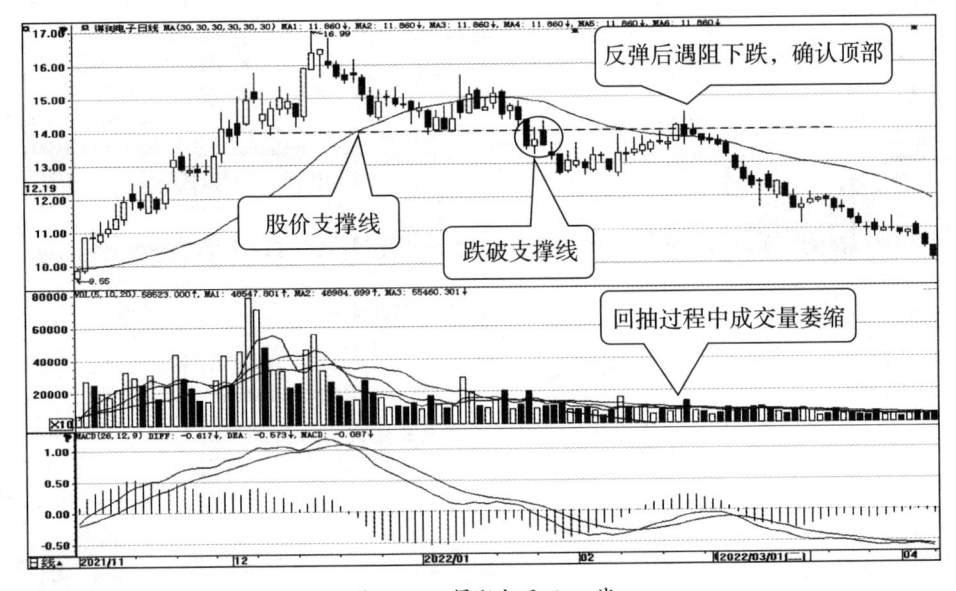

图 7-16 得润电子日 K 线

1月21日，股价跌破支撑线，这是股价见顶下跌的信号。此时投资者应该尽快将手中的股票卖出。随后，该股股价小幅反弹。在反弹过程中，成交量持续萎缩，并且股价回抽到前期支撑线附近就遇到阻力下跌。这次回抽是对跌破形态的确认。此时，该股见顶的信号已经可以确定。

7.3.3 用黄金分割线辅助判断

在常见的底部形态（双底、三重底、头肩底等）或者顶部形态（双顶、三重顶、头肩顶等）中，都有一条颈线。一旦股价突破或者跌破颈线，就意味着行情已经反转，形成买入或者卖出股票的机会。

股价突破或者跌破颈线后，可能回抽，但也不一定会回抽。利用回抽的机会进行分笔操作，可以帮助投资者规避交易风险。但是如果回抽行情没有出现，投资者就会失去另一个买入或者卖出机会，打乱自己的操作计划。如果投资者使用黄金分割线辅助判断，就可以解决这个问题。

例如，在头肩顶形态中，投资者可以将头部的高点设为0、回调低点设为100%，画一组黄金分割线。如果股价跌破颈线后，没有继续跌破161.8%的位置就获得支撑反弹，说明回抽行情开始，当回抽见顶时第二个卖点出现。如果股价跌破颈线后，没有在161.8%位置获得支撑就继续下跌，则说明该形态没有回抽，投资者应该尽快卖出手中的股票。

如图7-17所示，2023年2月至3月初，山东矿机（002526）日K线图上出现了头肩顶形态，这是十分典型的顶部形态。投资者可以自头部的高点做一组黄金分割线，其中经过回调低点位置的水平线就是该形态的颈线。

3月10日，股价跌破颈线。为了避免踏空风险，投资者可以采用分笔交易策略，先将手中的股票卖出一部分。

随后，股价下跌到161.8%的黄金分割线位置获得支撑反弹。3月28日，股价回抽后遇阻下跌，这是对之前看跌形态的确认。此时投资者应该尽快清

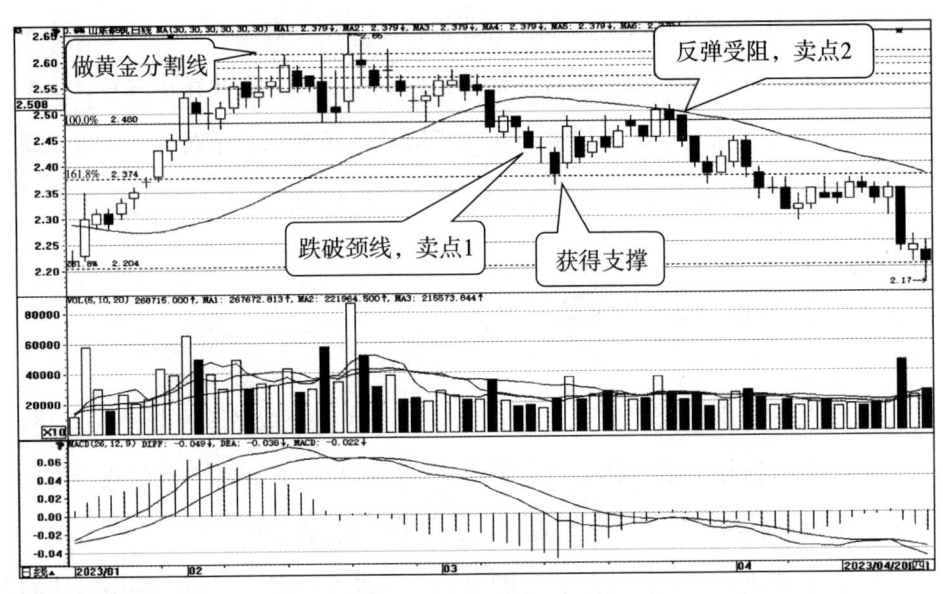

图 7-17　山东矿机日 K 线

空手中的股票。

如图 7-18 所示，2022 年 7 月下旬至 8 月下旬，新时达（002527）的股价

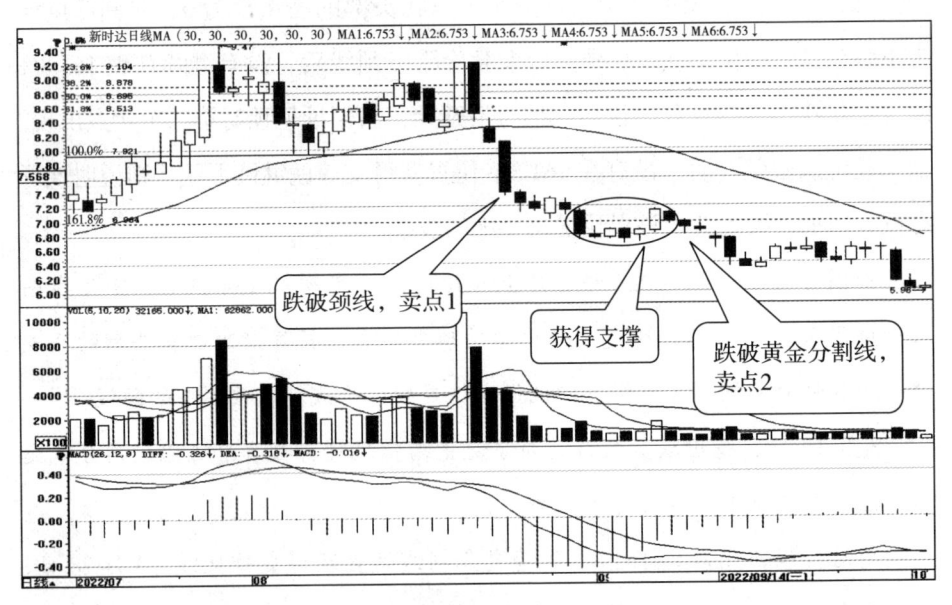

图 7-18　新时达日 K 线

在顶部区域形成了双顶形态，这是未来股价会见顶下跌的信号。投资者可以自双顶的高点做一组黄金分割线。

8月24日，股价跌破双顶的颈线，顶部确立。此时投资者可以选择分笔出货策略，先将手中的股票卖出一部分。随后，股价在161.8%的黄金分割线位置获得支撑，但没有形成大幅反弹的走势。9月9日，股价跌破161.8%的黄金分割线，这意味着下跌行情已经开始，不会再有反弹行情出现。此时投资者应该尽快清空手中的股票。

当顶部形态失败，股价再次上涨时，投资者也可以将黄金分割线作为判断上涨形态是否确立的标志。

如图7-19所示，2023年4月中旬至5月中旬，中瓷电子（003031）股价在高位形成了双顶形态，这个形态是股价见顶的信号。投资者从双顶形态的高点开始做一组黄金分割线。

5月17日，股价跌破双顶形态的颈线。此时为了避免踏空，投资者可以先将手中的股票卖出一部分。股价下跌后并没有跌到161.8%的黄金分割线位

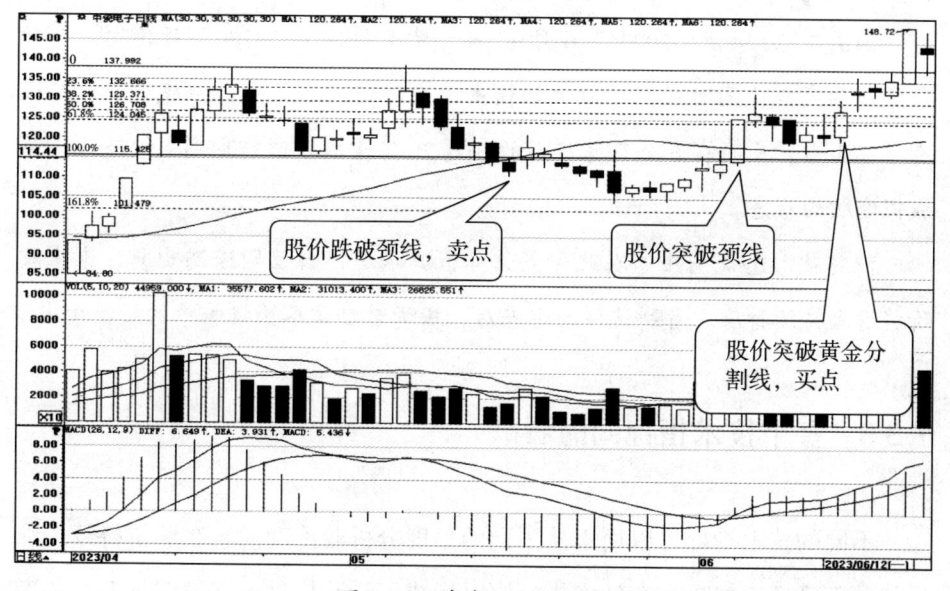

图7-19 中瓷电子日K线

置就开始反弹。随后，股价向上突破了双顶形态的颈线，这意味着双顶形态失败。不过为了规避风险，这时投资者还是应该冷静观望。

6月13日，股价突破了61.8%的黄金分割线，这标志着上涨趋势重新形成。此时投资者可以将5月17日卖出的部分股票买回。因为当时还保留了一定的仓位，所以投资者避免了一部分踏空行情的损失。

7.3.4 假突破后下跌

当股价放量突破前期高点或者重要的阻力价位时，说明股价被强势拉升，未来将持续上涨，这是看涨买入股票的信号。不过，这种突破形态也经常被庄家用来制造骗线，诱骗散户追高买入，自己则在顶部完成出货。

一旦股价突破某重要阻力位后无法持续上涨，而是再次跌回原来的阻力位下方，就说明这是庄家的诱多手法。这种走势被称为假突破。当假突破出现时，投资者可以确定股价已经见顶，未来将持续下跌。此时应该尽快将手中的股票卖出。

如图7-20所示，2023年6月13日，紫天科技（300280）股价向上突破前期震荡高点，同时成交量放大。这本来应该是看涨信号，但股价突破后没有持续上涨，反而在6个交易日后的6月26日重新跌回前期高点线下方，形成假突破的形态。

假突破形态说明庄家在此位置诱导散户跟进，自己则逢高出货，未来股价将遭到持续打压。看到这样的形态后，投资者应该尽快将手中的股票卖出。

7.3.5 多个技术指标同时看跌

不同的技术指标可以用于从不同的角度分析股价动向。在股价持续上涨后的顶部区域，如果多个技术指标同时形成了看跌信号，则说明从多个角度

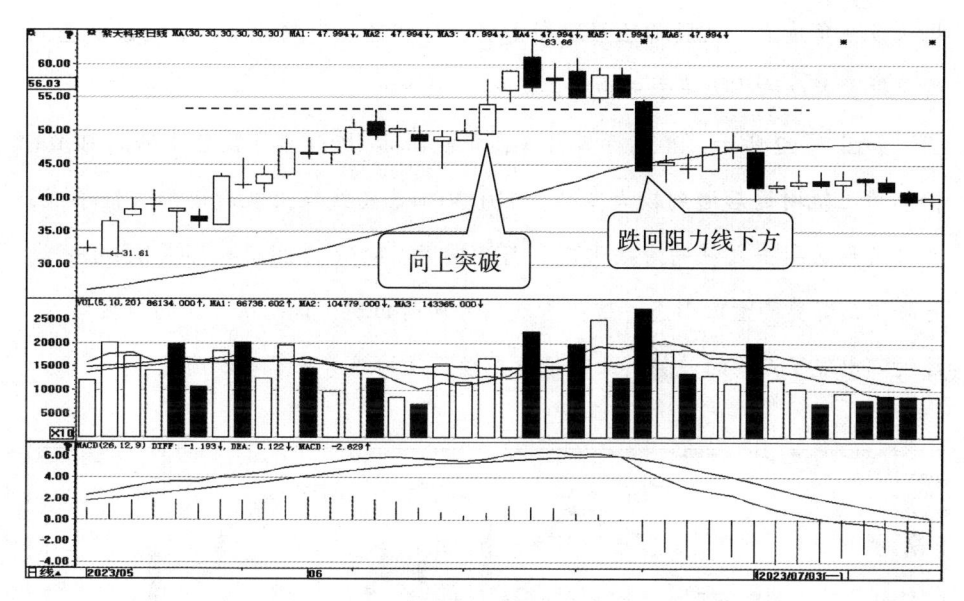

图 7-20 紫天科技日 K 线

来看，该股都已经出现了下跌的趋势。此时股价见顶的信号已经可以确定。

如图 7-21 所示，2023 年 4 月初，绿盟科技（300369）股价上涨到高位后冲高回落。4 月 18 日，该股均线和 MACD 指标同时完成了死叉形态，这说

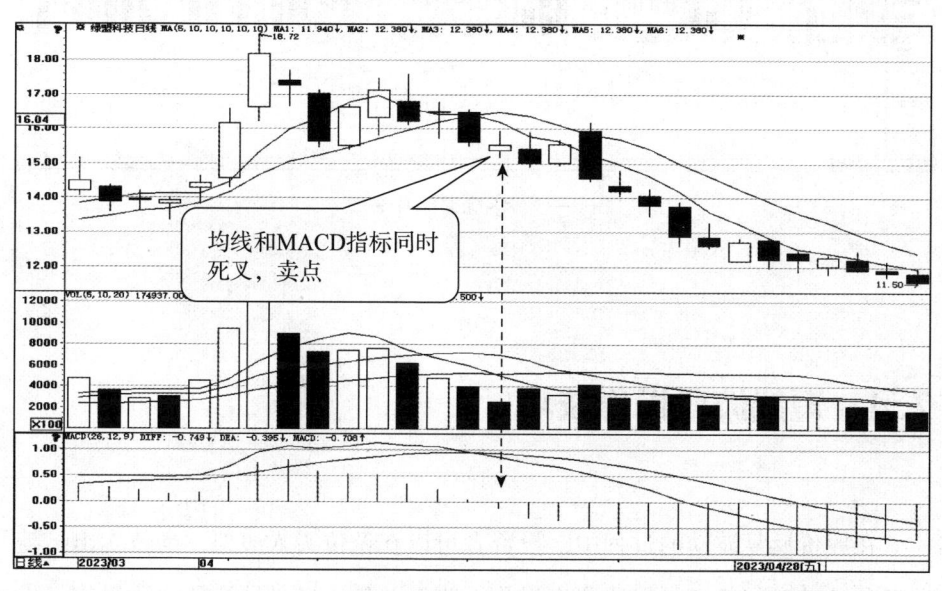

图 7-21 绿盟科技日 K 线

明从多个角度看，该股都已经逐渐走弱，即将进入下跌行情。看到该形态完成，投资者应该尽快将手中的股票卖出。

如图7-22所示，2023年5月底，华能国际（600011）股价上涨到BOLL指标的上轨附近后遇到较大阻力。5月30日，K线在上轨附近形成锤子线，次日又形成射击之星的看跌形态。与此同时，MACD指标也形成了DIFF线与股价顶背离的看跌形态。这些看跌信号同时出现，说明从不同的角度考虑，该股都出现了走弱的趋势。此时股价见顶下跌的趋势基本可以确定。

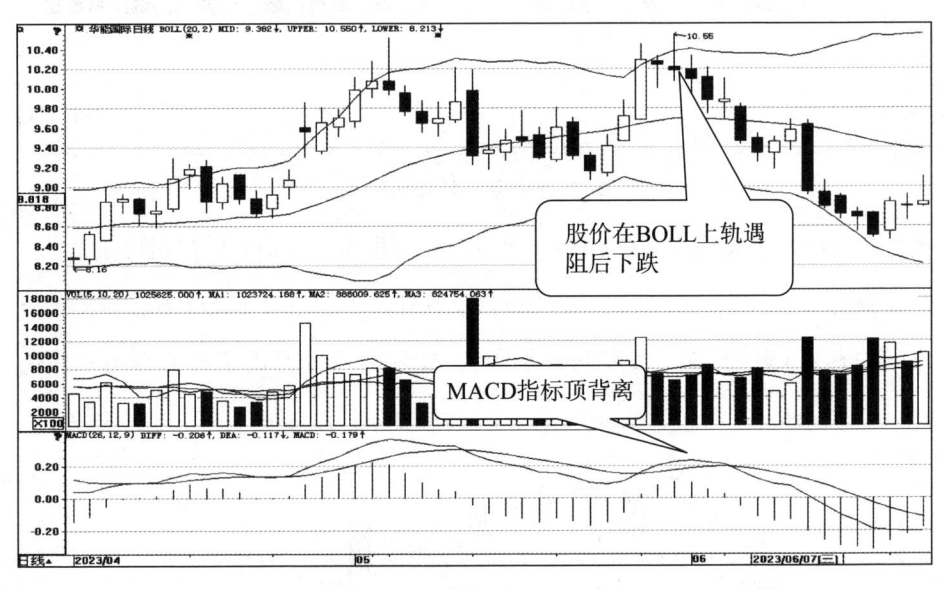

图7-22 华能国际日K线

7.4 短线波段操作技巧

在股价反复波动的过程中，投资者可以在低位买入股票，高位卖出，随着股价波动进行频繁的短线买卖操作，赚取差价。经过持续的波段操作，投资者可以在股价涨幅不大的震荡行情中获得不错的收益。

在波段操作时，常用的分析方法包括看阻力线、支撑线、均线和 BOLL 指标等。

7.4.1 看阻力线和支撑线做波段操作

在个股震荡上涨或者持续震荡横盘的过程中，如果投资者可以画出股价上涨的阻力线和股价下跌的支撑线，就可以在两条线之间的区域内进行波段操作。当股价下跌到下方的支撑线获得支撑上涨时，是投资者波段买入股票的机会。当股价上涨到上方的阻力线遇到阻力下跌时，是投资者波段卖出股票的机会。

需要注意的是，只有在持续上涨或者横盘整理的行情中，投资者才可以利用股价的阻力和支撑进行波段操作。如果股价持续震荡下跌，即使其震荡区间较大，投资者介入也需要面对较大风险。

如图 7-23 所示，2022 年 1 月至 6 月，兰花科创（600123）的股价在一个较大区间内震荡上涨。将这段时间震荡的高点和低点分别用直线连接起来，

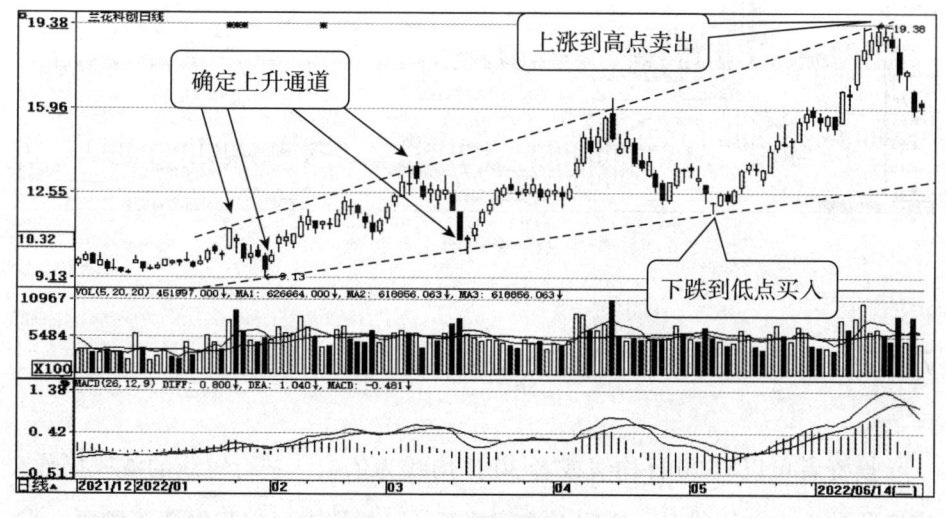

图 7-23　兰花科创日 K 线

可以得到一条阻力线和一条支撑线。利用这样的震荡区间，投资者可以进行短线的波段操作。

5月10日，股价下跌到前期支撑线位置获得支撑反弹，同时K线形成锤子线的看涨形态，此时投资者可以积极买入股票。6月上旬，股价上涨到前期阻力线位置遇到阻力下跌，此时投资者应该尽快卖出股票。

如图7-24所示，2022年6月至10月，金枫酒业（600616）股价持续震荡下跌。在震荡过程中，投资者可以做出一条下跌的支撑线和上方的阻力线。在随后的行情中，虽然股价多次在通道内波动，但受上方阻力线限制，每次反弹时的上涨幅度都很小。这种短线反弹的机会，不建议投资者介入操作。

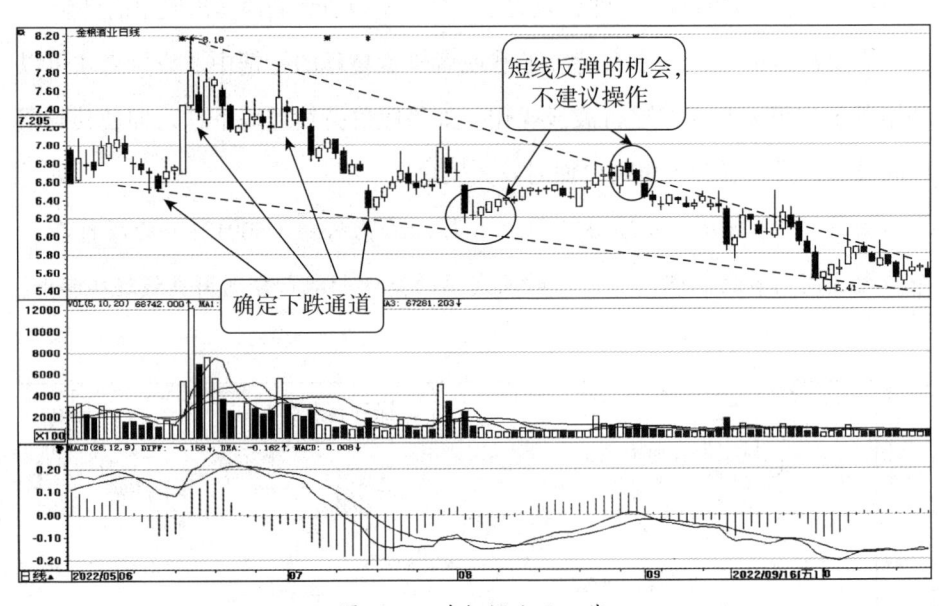

图7-24 金枫酒业日K线

7.4.2 看均线指标做波段操作

投资者可以以20日均线或者30日均线为依据，进行短线的波段操作。当股价向上突破均线时，说明上涨行情开始，投资者可以积极买入股票。当股价跌破均线时，说明下跌行情开始，投资者应该尽快将手中的股票卖出。

在选择操作参照的均线周期时，投资者可以结合过去该股的走势做判断。如果在过去的行情中 20 日均线能起到较强的阻力或者支撑作用，投资者就可以选择 20 日均线。如果 30 日均线能起到较强的阻力或者支撑作用，投资者就可以选择 30 日均线。此外，根据市场行情不同，投资者还可以选择 13 日均线、21 日均线、34 日均线等特殊周期。

在进行波段操作的同时，投资者除了关注股价和均线的相对位置，最好再选择一条中长期均线辅助判断，例如，60 日均线或者 120 日均线。当股价和短期均线都处于中长期均线上方时，说明该股处于持续的上涨行情中，此时可以从容地进行波段操作。当股价和短期均线均处于中长期均线下方时，说明该股处于持续的下跌行情中，此时投资者波段操作的空间有限，应该谨慎入市。

如图 7-25 所示，2022 年 10 月底至 11 月底，云赛智联（600602）股价向上放量突破 60 日均线后并回抽确认，显示上升趋势已经形成。在随后的行情中，投资者可以以 60 日均线和 20 日均线为基础进行短线操作。

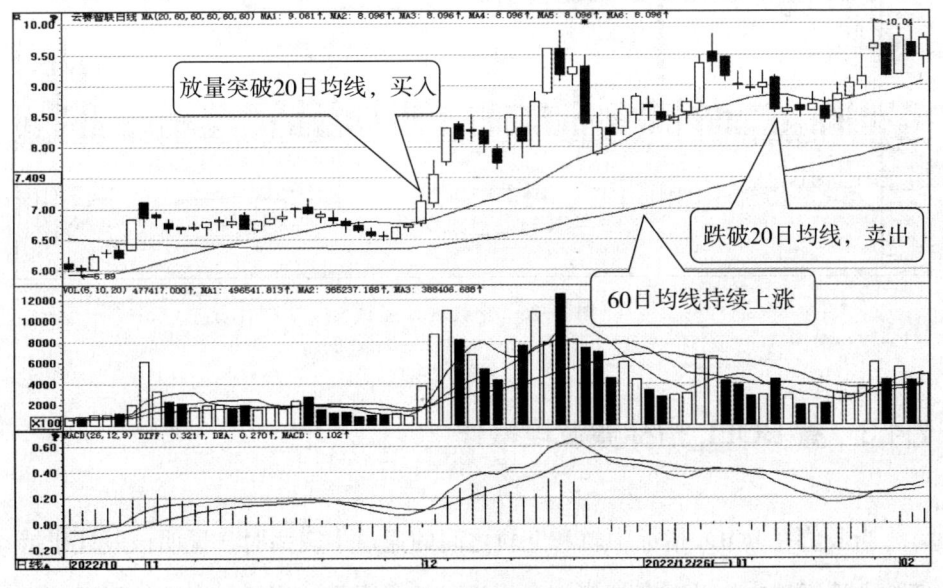

图 7-25　云赛智联日 K 线

2022年12月1日，股价向上放量突破20日均线。这说明股价短期内进入上涨行情，此时是投资者波段买入股票的机会。2023年1月11日，股价经过一段上涨行情后回调跌破了20日均线，这说明股价短期内进入下跌行情，此时是投资者波段卖出股票的机会。

在投资者波段操作的过程中，股价和20日均线都一直处于60日均线上方。这说明这段时间内该股行情持续强势，投资者可以放心进行波段操作。

如图7-26所示，2023年5月，中毅达（600610）的股价两次向上放量突破20日均线，出现波段操作机会。不过此时股价和20日均线都一直处于60日均线下方，这说明股价长期来看持续下跌，因此投资者面对这类波段机会应该谨慎操作。

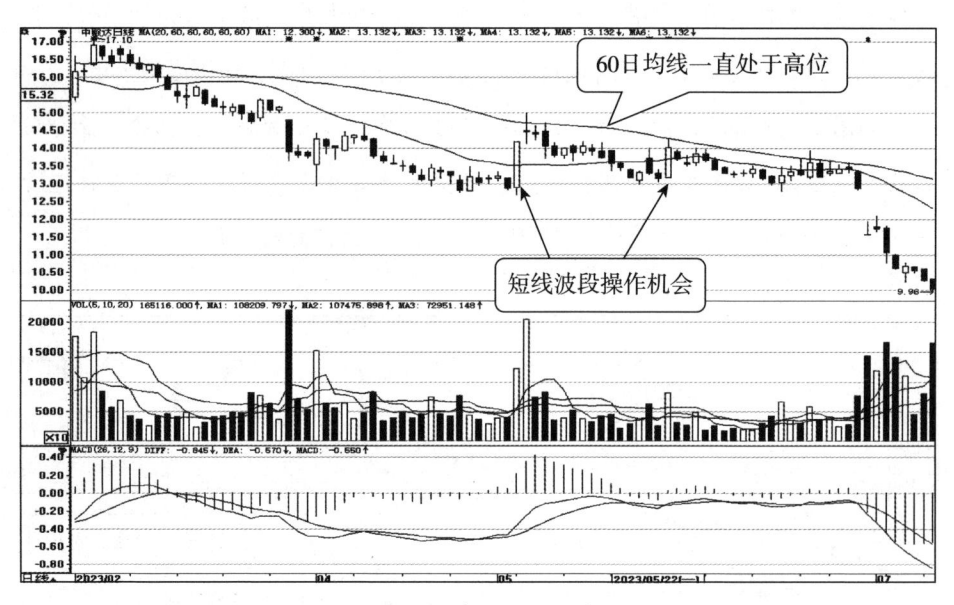

图7-26　中毅达日K线

7.4.3　看BOLL指标做波段操作

当股价在BOLL指标中轨和上轨之间的通道中震荡时，说明该股处于持续的上涨行情中。此时投资者也可以进行波段操作。当股价在中轨附近获得支撑时买入股票，当股价上涨到通道上轨遇到阻力时卖出股票。

如图 7-27 所示，2023 年 1 月 16 日，新黄浦（600638）股价向上放量突破 BOLL 中轨，之后股价在 BOLL 中轨和 BOLL 上轨之间震荡。投资者可以在震荡的过程中进行波段操作。当股价下跌到 BOLL 中轨获得支撑时，积极买入股票；当股价上涨到 BOLL 上轨遇到阻力时，就尽快将手中的股票卖出。投资者可以如此操作，一直到 3 月 7 日股价跌破中轨。

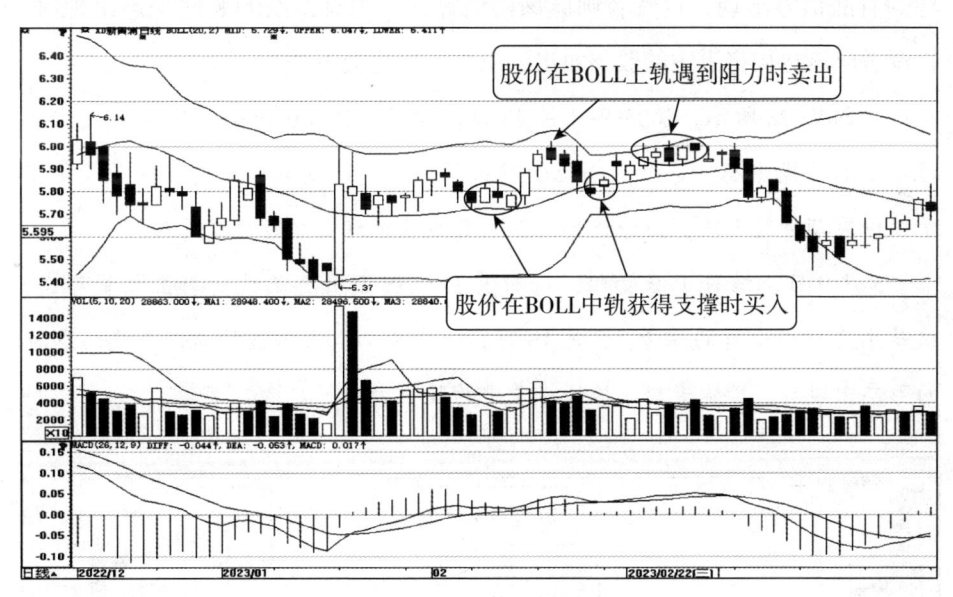

图 7-27　新黄浦日 K 线

7.5　弱势中抢短线反弹的技巧

在持续下跌的弱势行情中，投资者可以寻找一些股价反弹的机会进行短线操作。在弱势中抢反弹时，投资者一定要注意控制风险。如果股价反弹失败，投资者即使割肉也需要尽快将手中的股票卖出。

7.5.1 看 K 线形态抢反弹

在一段下跌行情之后，如果 K 线图上出现了锤子线、早晨之星等看涨 K 线组合，则投资者可以积极买入，进行短线操作。

K 线组合的看涨信号不强，形态完成一段时间后，如果没有其他比较强势的看涨信号出现，投资者则应该谨慎操作。当有看跌的 K 线形态出现时，投资者应该尽快将手中的股票卖出，未来股价将会下跌。

如图 7-28 所示，2023 年 4 月 23 日，爱建集团（600643）日 K 线图上出现了看涨吞没形态。这个形态说明股价下跌后获得支撑，是看涨信号，但由于股价前期持续下跌，为保稳妥可在次日股价继续上涨时短线买入。

5 月 9 日，该股上涨受阻，同时其 K 线图上出现了放量射击之星形态，这是主力趁机出货的信号。5 月 15 日，K 线又形成上吊线的看跌形态。这样的形态出现后，投资者应该尽快将手中的股票卖出。

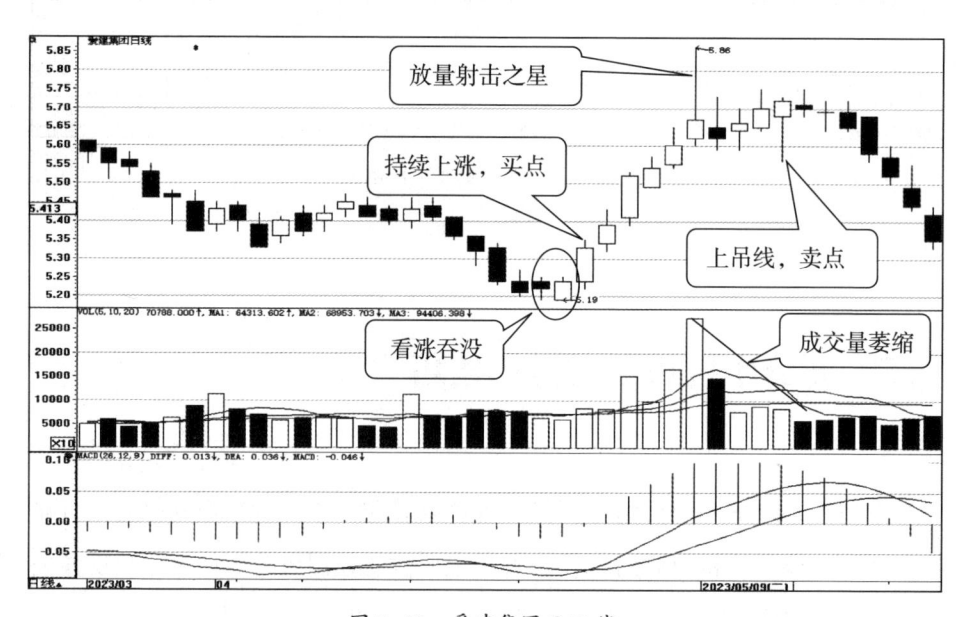

图 7-28 爱建集团日 K 线

7.5.2 看技术指标抢反弹

KDJ、RSI 等技术指标是在弱势中抢反弹很好的选择。当这些技术指标长期处于超卖区间的时候，说明市场行情极度弱势。不过这种反常的弱势行情可能难以持续，一旦指标结束超卖状态，就是股价即将反弹的标志。此时投资者可以积极买入股票。

如果股价经过小幅反弹后再次进入弱势行情，技术指标也完成了高位死叉形态，则说明下跌行情还将继续。此时投资者应该将手中的股票尽快卖出。

如图 7-29 所示，从 2022 年 9 月下旬开始，中源协和（600645）KDJ 指标中的指标线 K 持续在 20 上下的超卖区间纠缠。这是卖方力量极度强势，但有可能后劲不足的信号。

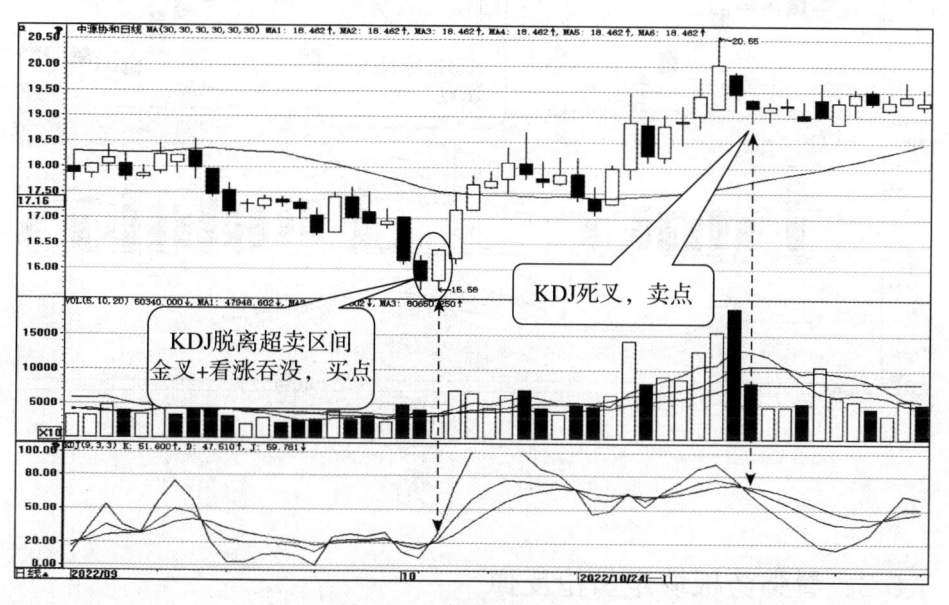

图 7-29 中源协和日 K 线

10 月 12 日，指标线 K 突破 20，结束超卖状态，同时 K 线形成看涨吞没形态，此时投资者可以积极买入股票，进行短线操作。11 月 7 日，KDJ 指标完成死叉形态，这是反弹行情已经结束的信号，此时投资者应该将手中的股票卖出。

如图 7-30 所示，2023 年 4 月 27 日，城投控股（600649）的 6 日 RSI 指标线向上突破 12 日 RSI 指标线，形成金叉形态。这样的形态是底部看涨信号，投资者可以积极买入股票。

5 月 16 日，6 日 RSI 指标线向下跌破 12 日 RSI 指标线，形成高位死叉。这说明反弹行情已经结束，未来股价将继续下跌。此时投资者应该尽快将手中的股票卖出。

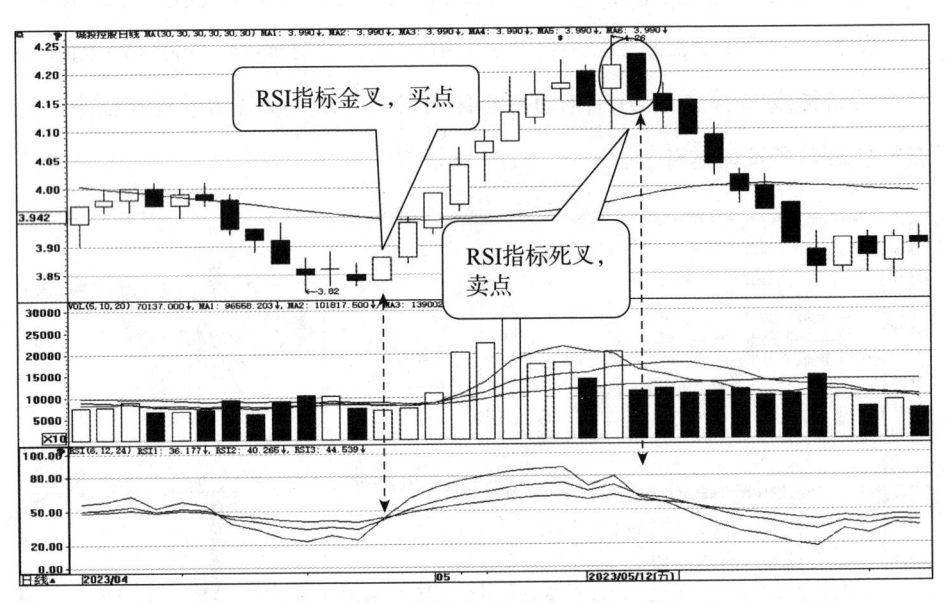

图 7-30　城投控股日 K 线

7.5.3　看强势板块走势抢反弹

在大盘持续下跌的行情中，如果某个板块的多只股票能同时强势上涨，则市场有望反弹。对于这些强势板块和强势股票，投资者可以多加关注。如果强势股票上涨一段时间后，整个市场的做多氛围都被带动起来，指数见底反弹，投资者可以选择强势板块中的强势股票积极买入。

在持续的下跌行情之后，这种强势股票上涨即使能得到大盘整体的配合也难以持续太长时间。投资者在操作这类股票时，一定要注意控制投资风险。

如图7-31所示，从2023年4月开始，网络安全板块中的多只股票强势上涨，国华网安（000004）是这轮上涨的龙头之一。在持续下跌行情中，当出现这种整个板块股票同时上涨的行情时，投资者可以重点关注。

6月，网络安全板块的股票经过小幅调整后，再次发力上涨。而且这次上涨还带动了整个大盘的反弹行情。在这种情况下，投资者可以积极买入股票。

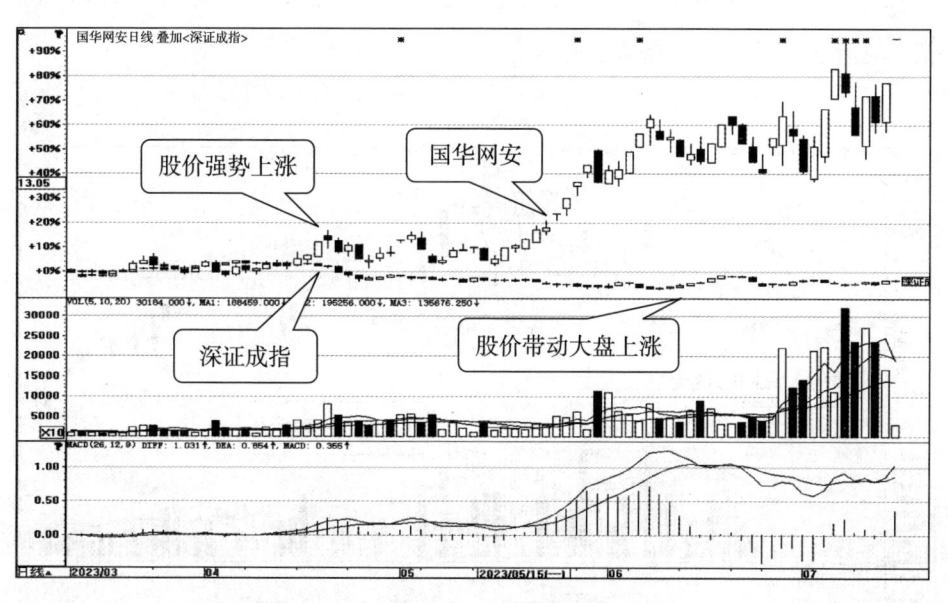

图7-31 国华网安日K线叠加深证成指

7.5.4 看成交量变化抢反弹

成交量变化往往被看作股价涨跌的先行指标。当股价在弱势行情中反弹时，如果成交量持续放大，说明强势行情还在继续，此时已买入股票的投资者可以继续持有，未买入股票的投资者也可以适当追高买入。

当股价反弹时，如果成交量突然放大后持续萎缩，说明拉升股价的多方力量越来越弱，此时投资者不宜再追高买进，已持有股票的投资者也应该选择合适的机会将股票卖出。

如图7-32所示，2022年1月，九鼎投资（600053）股价见底反弹的同时，其成交量也同步放大。这样的形态说明股价上涨动能逐渐增强，投资者可以积极追高买入。

进入2月中旬后，股价上涨速度越来越慢，同时成交量也没有继续放大的趋势，此时投资者不宜再继续追高，已经持有股票的投资者则需要保持谨慎，选择合适的机会逐渐卖出股票。

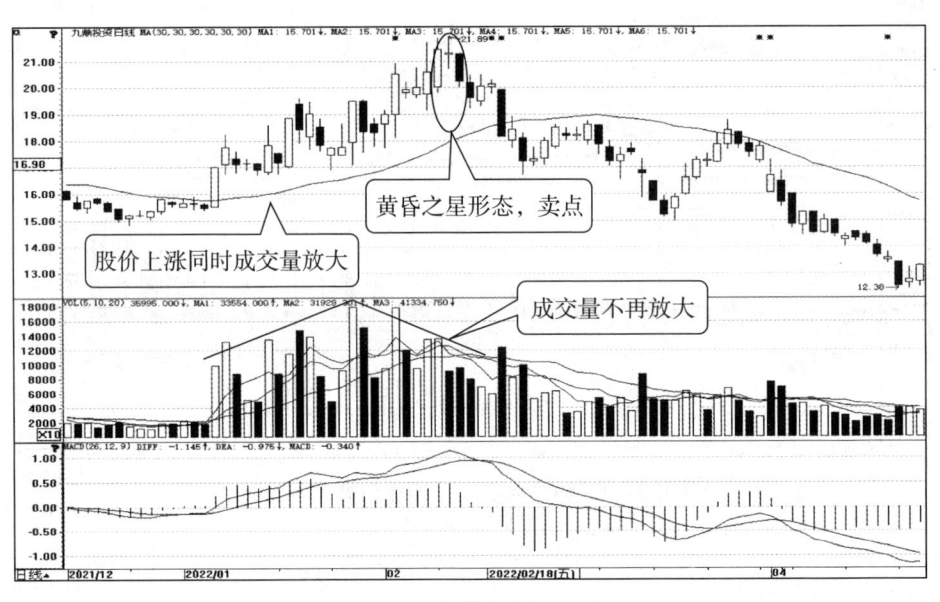

图7-32 九鼎投资日K线

如图7-33所示，2021年9月底，坚朗五金（002791）股价在持续下跌行情中出现了反弹行情。当股价反弹时，其成交量却在突然放大后形成了持续萎缩的形态。这样的形态说明推升股价上涨的多方力量后劲不足，是上涨行情难以持续的信号。看到这个信号，已经持有股票的投资者可以择机逢高卖出，还没买入股票的投资者则不应该追高买入。

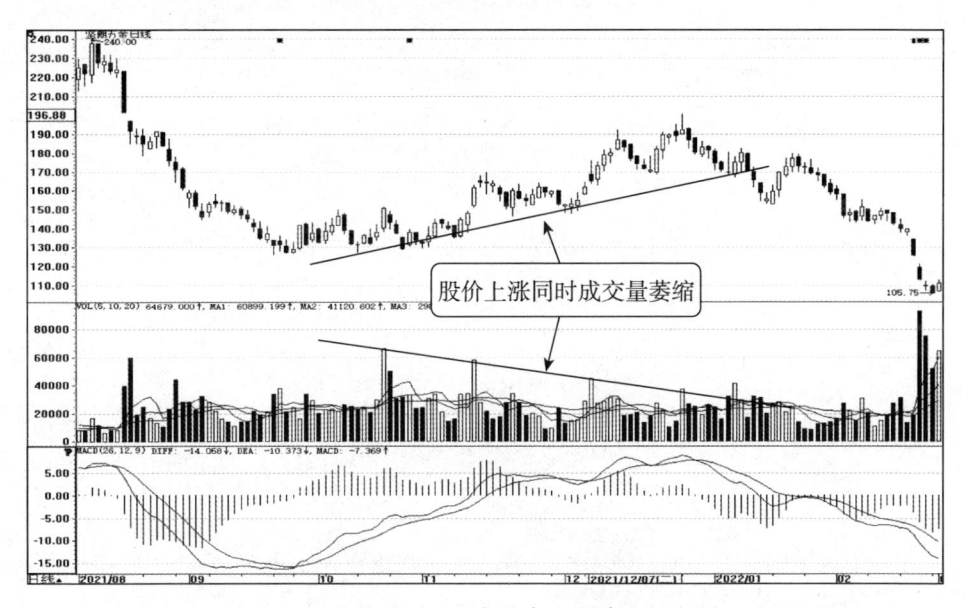

图7-33 坚朗五金日K线

第 8 章

新手跟庄看盘实战技巧

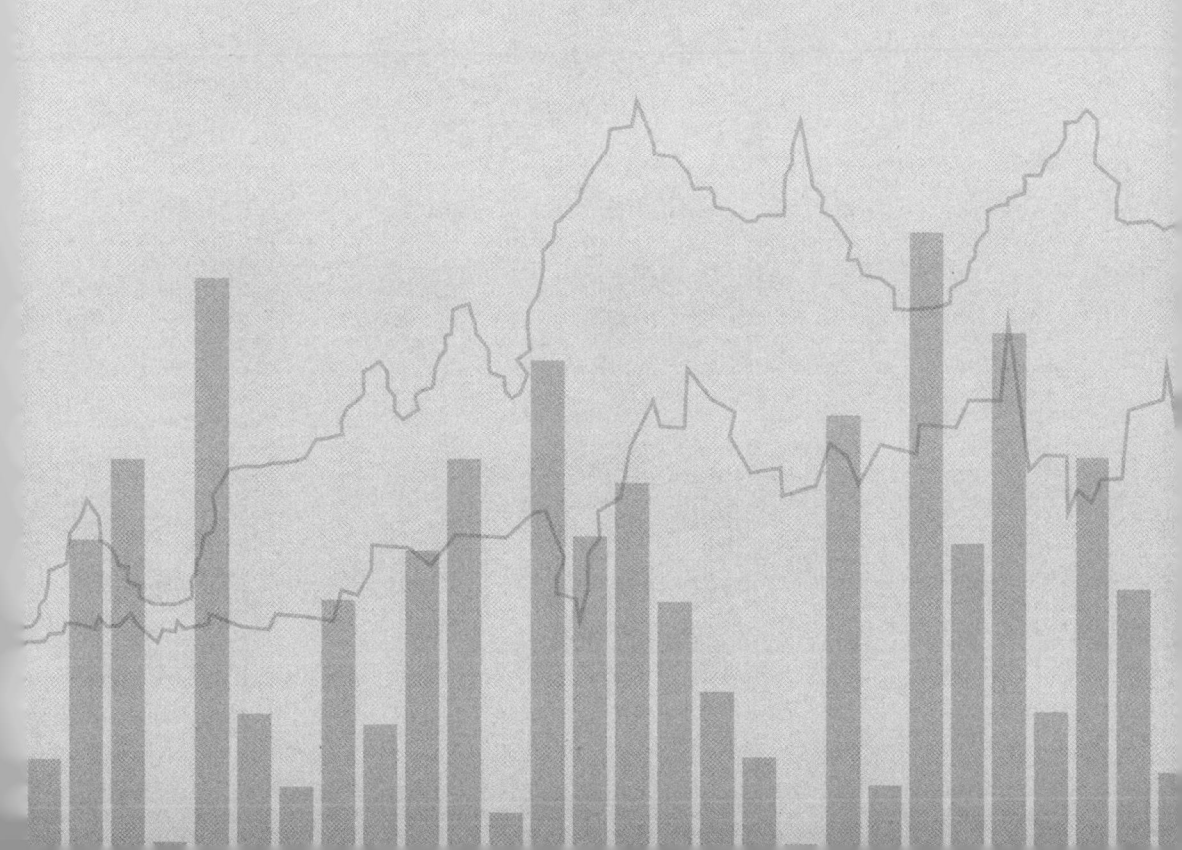

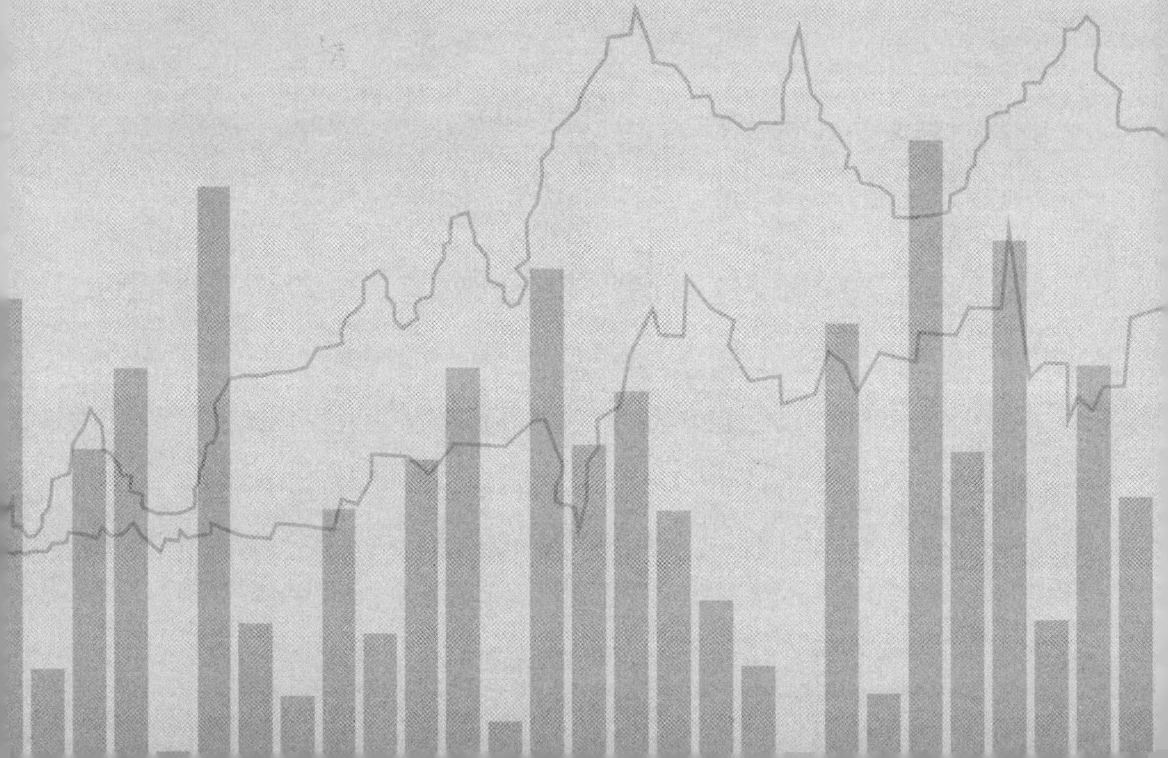

8.1 庄家操盘的盘面迹象

庄家操纵大量的资金进出股市，其在操盘时难免会在盘面上留下各种痕迹。投资者通过这些痕迹可以判断一只股票是否有庄家操作、庄家操作的目标是什么，从而确定自己的跟庄策略。

8.1.1 分时走势的坐庄迹象

当一只股票在一段时间内出现与大盘完全相反的走势时，投资者就可以确定这只股票有庄家在操纵股价。如果大盘指数上涨而股票价格下跌，说明有庄家在打压股价。如果大盘指数下跌而股票价格上涨，则说明有庄家在拉升股价。

如图8-1所示，2023年7月14日，首创环保（600008）股价与上证指数形成了几乎同涨同跌的行情，只是二者涨跌的幅度略有不同。这样的形态说明该股中并没有庄家在操作，或者虽然有庄家操作，但庄家在这个交易日并没有刻意影响股价。

如图8-2所示，2023年7月14日，兖矿能源（600188）股价出现了两段与大盘差别很大的独立行情。

刚开盘时，上证指数低开后缓缓震荡，而兖矿能源股价则在开盘后迅速冲高，之后在高位与大盘一样持续震荡。下午开盘后不久，上证指数略有下跌，兖矿能源股价则再次上涨并在高位企稳。

这样的独立行情说明有主力在盘中集中买卖该股。

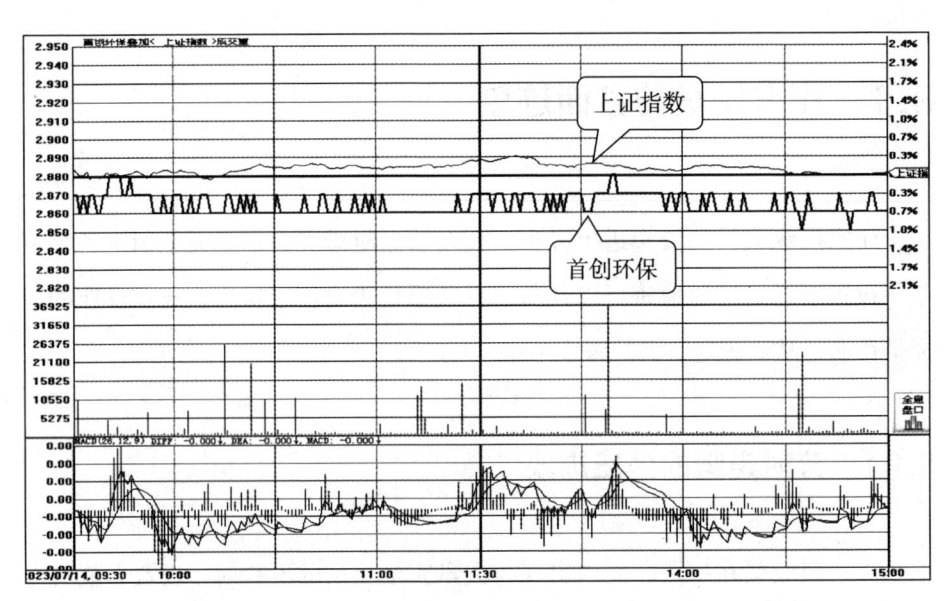

图 8-1 首创环保日 K 线叠加上证指数

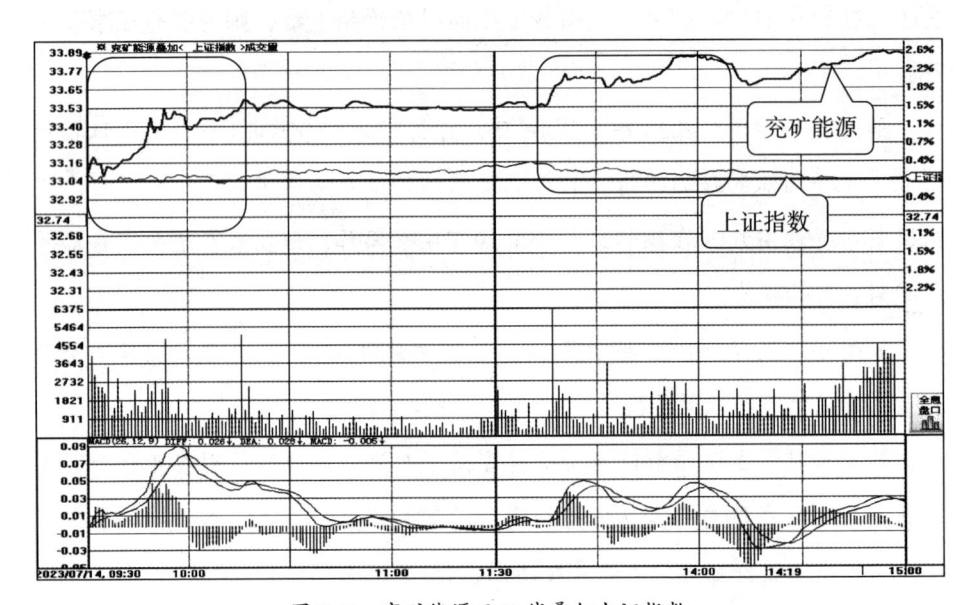

图 8-2 兖矿能源日 K 线叠加上证指数

8.1.2 成交量的坐庄痕迹

当一只股票的成交量在毫无征兆的情况下突然放大时，就说明这只股票中有庄家存在，并且庄家正在集中力量操纵股价。庄家操纵成交大幅放大的目的有可能是真的要大力拉升或者打压股价，但更大的可能则是要借机吸引散户，影响散户的判断。有时庄家为了制造放量上涨的迹象，会特意在盘中不断自买自卖，抬高成交水平。

如图 8-3 所示，2023 年 4 月 24 日，一心堂（002727）的成交量异常放大。这是有主力在盘中集中力量操纵股价的信号。

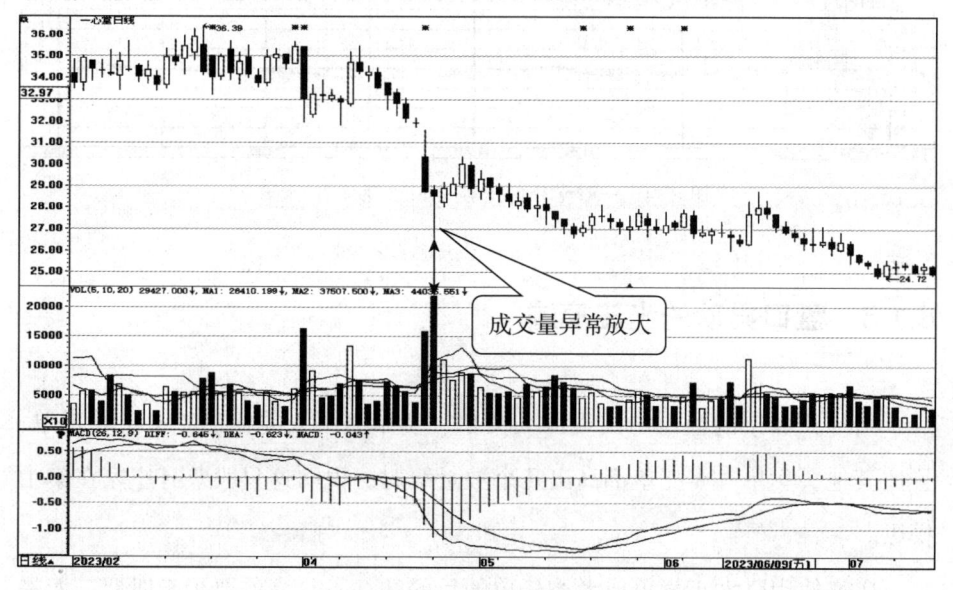

图 8-3 一心堂日 K 线

如图 8-4 所示，通过观察分时走势图可以发现，当日一心堂的成交量多数都集中在 9:30—9:50 这 20 分钟内。这也可以说明有主力在集中操纵股价。

主力在此位置交易大量股票，同时股价迅速下跌后又迅速上涨，说明这些成交量多数是主力在自导自演。其目的是要在市场上制造股价放量止跌的形态，诱骗散户买入股票。

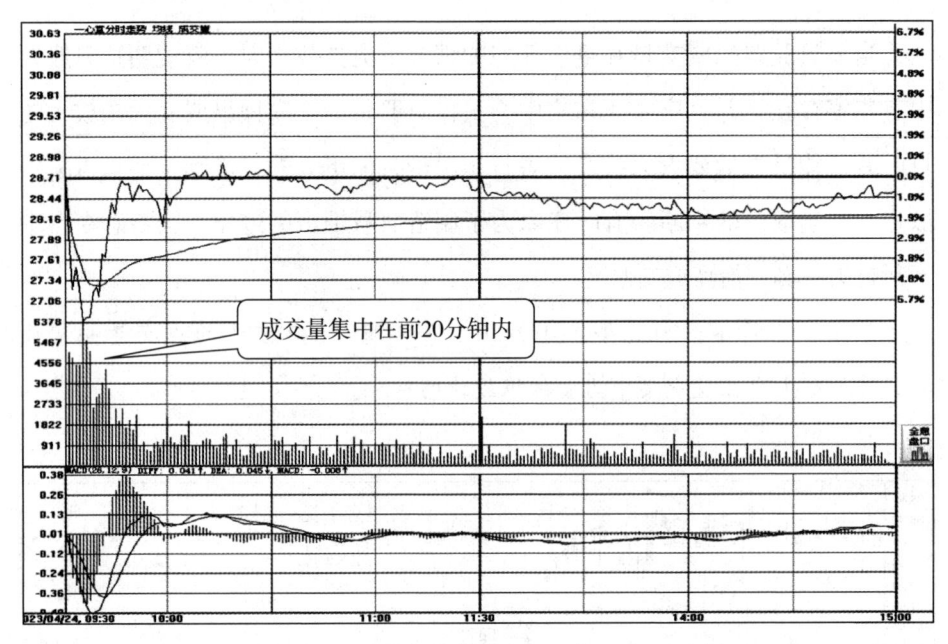

图 8-4　一心堂分时走势（2023 年 4 月 24 日）

8.1.3　盘口异动的坐庄痕迹

当一只股票的盘口中出现巨大买单、卖单、买入委托单、卖出委托单，且比其他买卖单、委托单都高出几个数量级时，说明这只股票有庄家在集中操纵。

庄家使用巨大买卖单或者委托单的目的往往不是真的要买卖股票，而是故意向散户暴露自己的行踪，达到诱多或者诱空的目的。相反，当庄家真的要买入或者卖出股票时，则多数都会尽量隐藏行踪，将自己的买卖单分割到多个价位上委托。

如图 8-5 所示，在创世纪（300083）的买入盘口中，有多笔超过 1500 手的大买单。这些大买单并没有挂在整数价位或者重要的技术点位,很明显是主力的集中挂单。主力使用这种大买单的目的往往不是真的要买入股票,而是要为散户投资者制造下方有强烈支撑的假象。

如图8-6所示,在合金投资(000633)的分时成交明细中,突然出现了一笔1307手的卖单,将股价迅速打压几个价位。出现这种卖单明显是有主力在集中打压股价,其目的是制造股价遭到强力打压的假象。

300083 创世纪			
卖盘	5	6.89	828
	4	6.88	794
	3	6.87	616
	2	6.86	646
	1	6.85	418
买盘	1	6.84	1726
	2	6.83	2878
	3	6.82	1755
	4	6.81	1836
	5	6.80	2661

图 8-5 创世纪买卖盘口

09:37	6.60↑	8	2
:03	6.58↓	131	28
:06	6.58	79	31
:09	6.59↑	244	21
:12	6.57↓	224	11
:15	6.56↓	1307	52
:18	6.55↓	21	2
:21	6.56↑	23	4
:24	6.56	1	1
:27	6.56	16	1
:30	6.56	34	3
:33	6.56	20	1
:36	6.56	155	5
:39	6.57↑	114	7
:42	6.56↓	67	6
:45	6.55↓	38	3
:48	6.56↑	23	3
:51	6.56	4	1
:54	6.56	30	6
:57	6.55↓	117	8

图 8-6 合金投资分时成交明细

8.1.4 分时走势的坐庄痕迹

当个股的分时走势图中出现股价突然被大买单拉升或者突然被大卖单打压的形态时,说明有庄家在集中力量拉升股价,或者在集中力量打压股价。

当庄家希望股价在短时间内快速上涨时,可能会使用一笔巨大买单将股价瞬间向上拉升多个价位,也可能使用连续多笔大买单将股价在一段时间内快速向上拉升。

当庄家希望股价在短时间内快速下跌时,可能会使用一笔巨大卖单将股价向下打压多个价位,也可能使用连续多笔大卖单将股价在一段时间内快速向下打压。

当股价被拉升至高位或者打压至低位后,如果庄家将自己的买卖单撤销,就可以观察到在这个价位市场上买卖双方力量的对比情况。

如图8-7所示,2022年11月2日上午一开盘,天宸股份(600620)股价被庄家使用大买单快速向上拉升,涨幅一度超过6%。不过当股价被拉升到高位后,遇到一定的阻力回调。下午盘庄家前后三次向上拉升,但都遇阻回落。这说明此时许多散户看空后市,一旦股价上涨就逢高卖出股票。

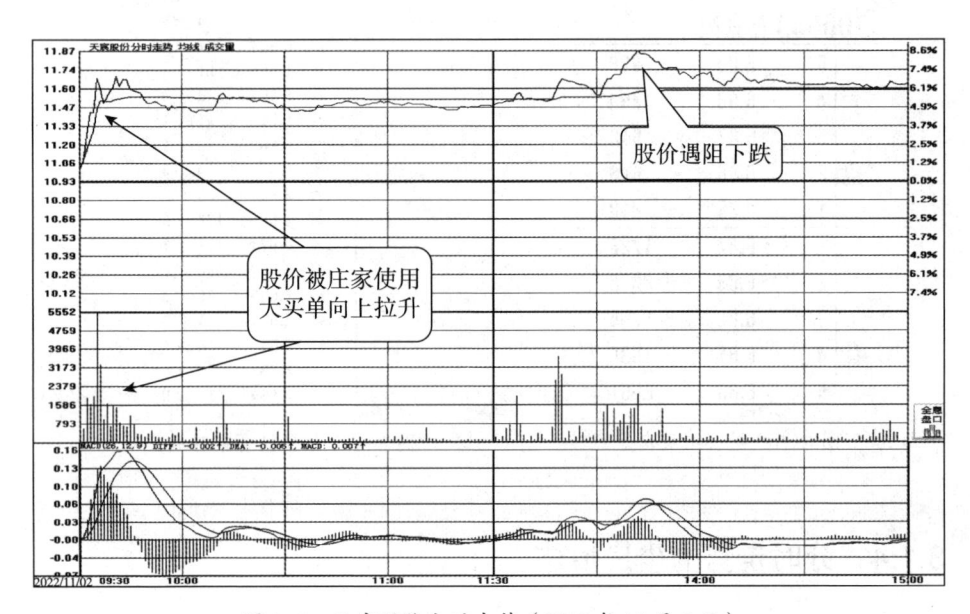

图8-7 天宸股份分时走势(2022年11月2日)

如图8-8所示,2023年6月15日,方正科技(600601)股价快速上涨后被庄家的大卖单向下打压。当股价快速下跌后,虽然没有再次出现巨大的卖单,但股价一直持续下跌。这说明市场上的散户已经普遍看空后市,当看到股价下跌时纷纷杀跌卖出。

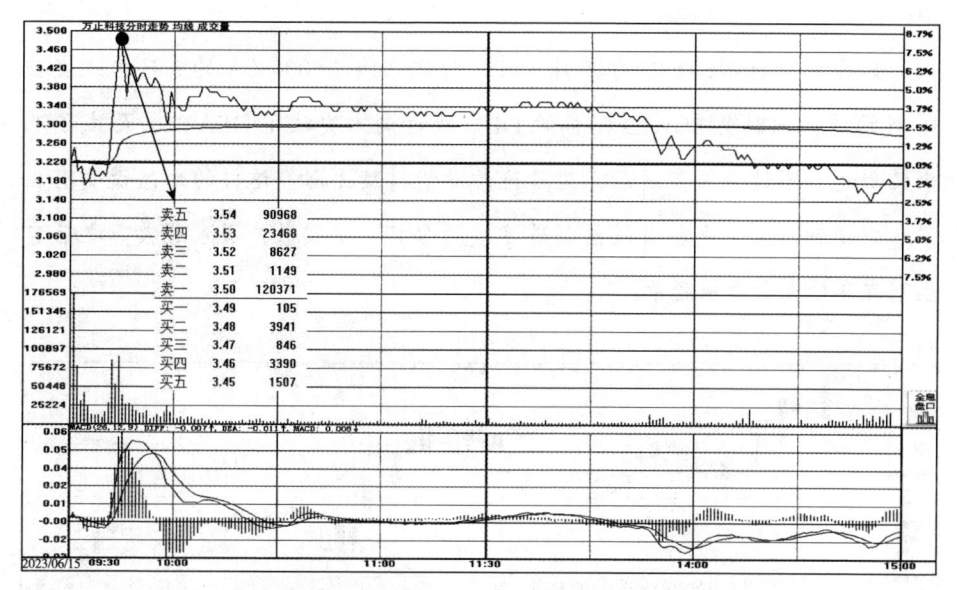

图 8-8　方正科技分时走势（2023 年 6 月 15 日）

8.1.5　技术指标的坐庄痕迹

技术指标反映当前股价或成交量的运行趋势，可以在判断未来股价走向时起到参考作用。例如当移动平均线指标出现金叉形态时，说明股价上涨速度加快，未来将会继续上涨；当 MACD 指标形成顶部背离形态时，说明股价上涨速度越来越慢，未来有见顶下跌的趋势。

在正常的情况下，股价多数都会按照技术指标的指向运行。投资者使用多个技术指标配合，还可以增加判断成功的概率。

有的庄家正是利用这一点，在诱多或者诱空时不断制造技术指标的看涨或者看跌信号，诱骗散户买入或卖出股票，庄家自己则反向操作。当庄家这样操作时，股价就不会按照技术指标的指向运行，甚至与指标的指向相反。因此，当投资者看到有多个技术指标发出看涨信号但股价不能上涨，或者多个技术指标发出看跌信号但股价没有下跌时，可以判断该股有庄家从中操作。

如图8-9所示，2023年4月6日，锦江在线（600650）的5日均线突破10日均线，同时其MACD指标的DIFF线也向上突破了DEA线，形成了双金叉形态。不过金叉出现后，其股价却没能持续上涨。这样的形态说明有庄家从中操作。庄家先拉升股价制造连续的金叉，诱骗散户买入股票。之后自己则在高位大量卖出股票。

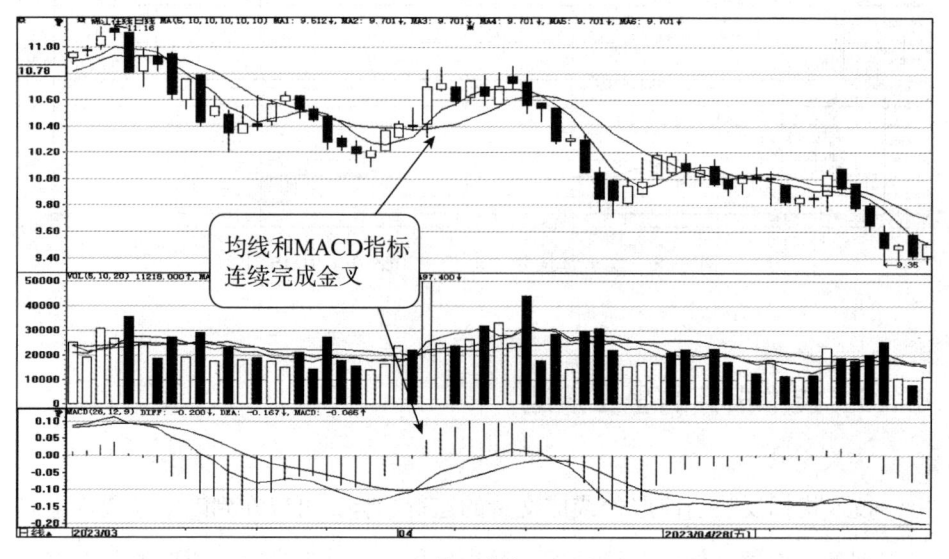

图8-9　锦江在线日K线

如图8-10所示，2022年11月25日，哈药股份（600664）股价被向下打压，造成其均线和MACD指标几乎同时形成了死叉形态。虽然这是比较强烈的看跌信号，但是随后其股价并没有持续下跌，而是在底部横盘整理，这样的形态说明有庄家从中操作股票。庄家首先连续打压股价，制造卖出信号，诱骗投资者将手中的股票卖出，自己则在底部逐渐买入股票吸筹。经过这样的诱空行情后，庄家开始将股价持续向上拉升。

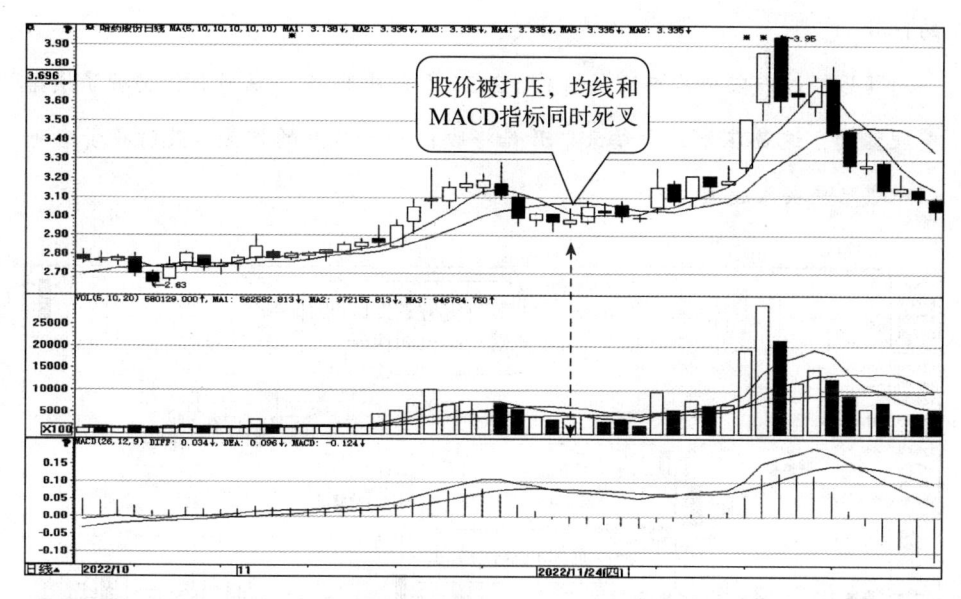

图 8-10 哈药股份日 K 线

8.2 不同坐庄阶段的操盘技巧

8.2.1 建仓结束后买入

建仓是庄家买入股票的时机。在建仓阶段，庄家会以尽量低的价位买入尽量多的股票。因此，在建仓阶段股价走势的特点就是整体在低位震荡，同时成交量大幅放大。

庄家建仓可能会持续较长时间，而且在建仓过程中股价可能会持续下跌。投资者为了提高资金的使用效率，避免风险，可以等到庄家建仓结束、股价开始被向上拉升时再买入股票。

如图 8-11 所示，2023 年 5 月初至 6 月初，星宇股份（601799）股价在低位持续震荡，同时其成交量间歇性放大，这是庄家在底部逐步建仓买入股票的信号。

随后经过一段横盘整理行情后，2023年6月12日，该股股价突破了横盘整理区间，这是庄家建仓结束、开始将股价向上拉升的信号。此时投资者可以积极跟庄买入股票。

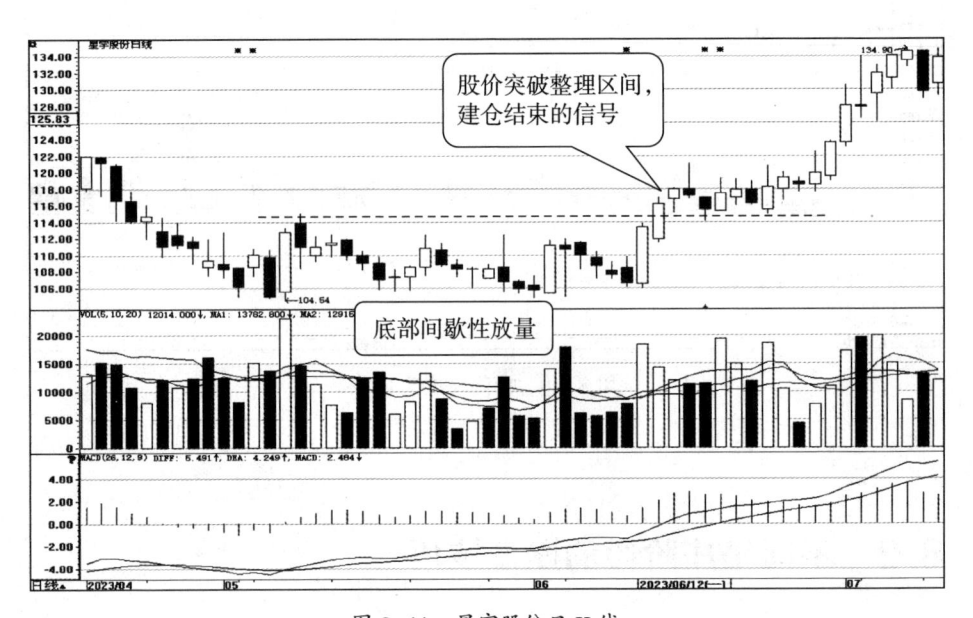

图 8-11　星宇股份日 K 线

8.2.2　试盘时冷静持股

试盘是指庄家测试散户的买卖热情，进而确定上方阻力位和下方支撑位的过程。庄家在试盘时，会快速将股价向上拉升或者向下打压多个价位。随后，庄家就会将自己的力量撤去，任股价在散户的影响下自由涨跌。

庄家将股价快速向上拉升后，如果股价很快就遇阻下跌，说明此时散户普遍看空后市，一见股价上涨就逢高卖出股票，上方压力较大。如果股价随后在高位横盘整理，或者继续上涨，则说明散户看好后市，出现跟风买盘，将股价向上拉升。

庄家将股价快速向下打压后，如果股价很快就获得支撑上涨，说明此时散户普遍看好后市，趁股价下跌的机会逢低买入，下方支撑力量较强。如果股价下跌后在低位横盘整理，或者继续下跌，则说明散户普遍看空后市，在下跌过程中跟风卖出股票。

如图 8-12、图 8-13 和图 8-14 所示，2023 年 3 月 6 日开盘后，庄家快速将股价向上拉升，之后就将自己的力量撤去，试探上方的抛盘压力。股价上涨到高位后，遭到持续打压，这说明此时上方抛盘压力较大。如果此时庄家拉升股价，会遇到很强的阻力。

随后一段时间，庄家操纵股价回调整理，开始震荡洗盘操作。经过一段时间洗盘后，4 月 28 日，庄家再次将股价大幅向上拉升。这次股价上涨后不但没有遇到太大阻力，反而在散户的拉升下持续上涨。这说明经过底部整理后，庄家已经将想要高位卖出股票的投资者洗掉，上方压力大大减弱。未来庄家将会持续拉升股价。

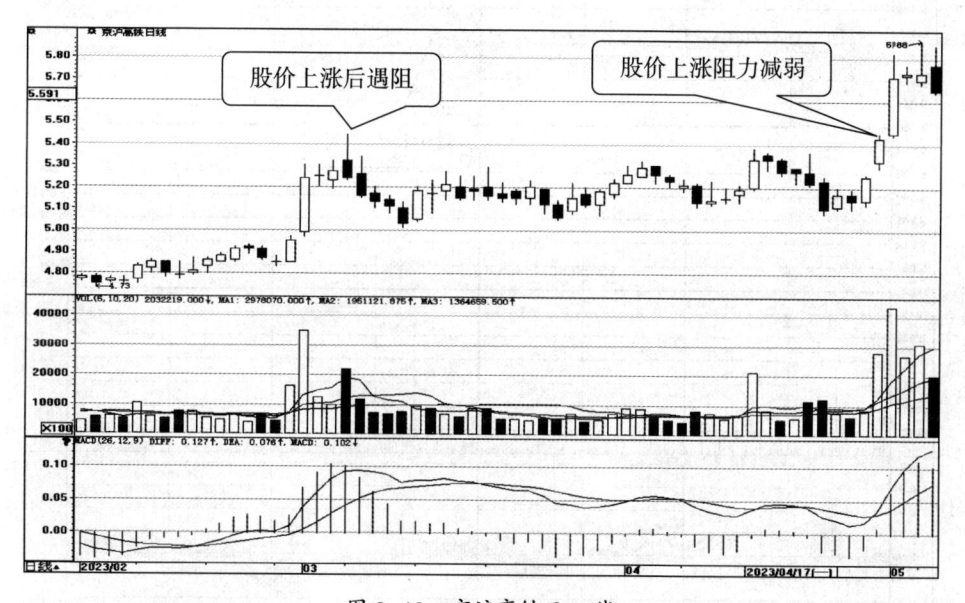

图 8-12 京沪高铁日 K 线

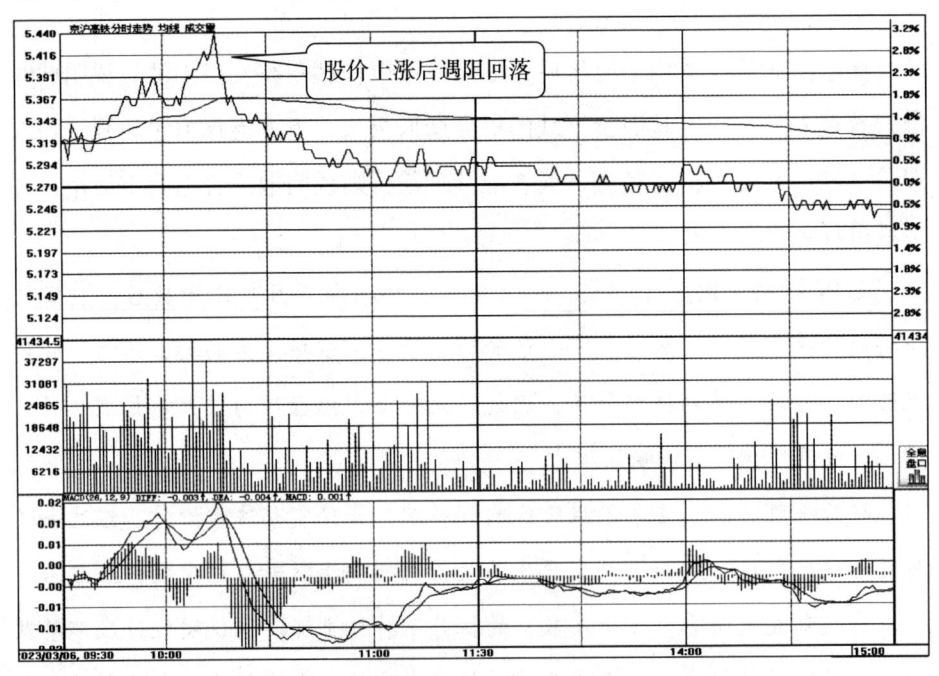

图 8-13 京沪高铁分时走势（2023 年 3 月 6 日）

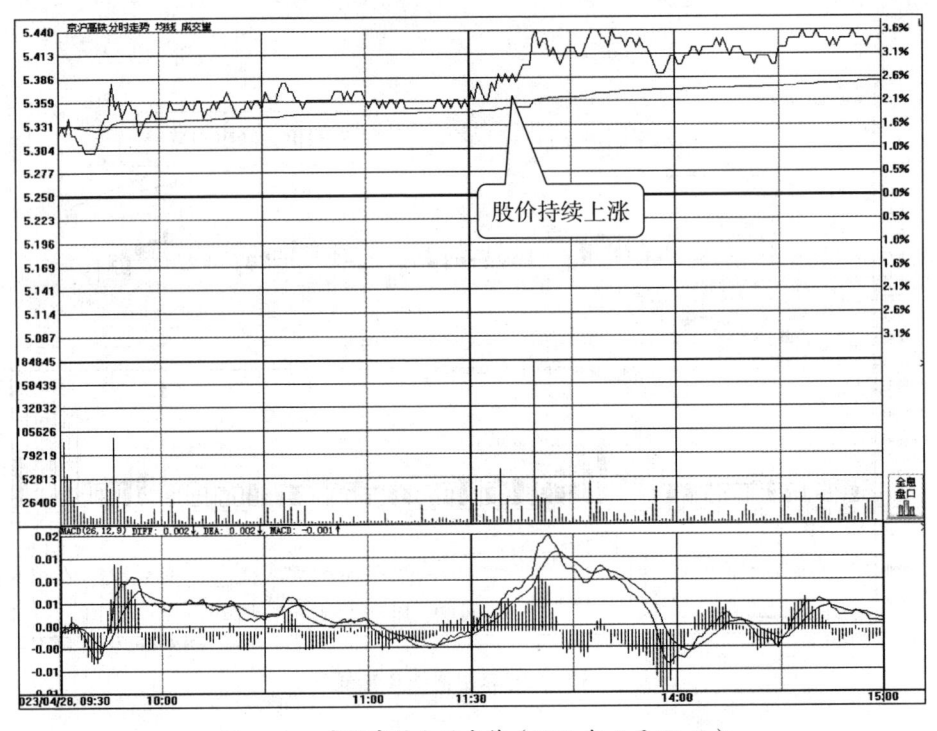

图 8-14 京沪高铁分时走势（2023 年 4 月 28 日）

8.2.3 拉升时全程跟庄

拉升是指庄家将股价由建仓价位抬拉至出货目标价位的过程。这是庄家整个坐庄过程中股价涨幅最大的一段时间，经常会体现出量价齐涨的形态。

当庄家将股价快速向上拉升时，已经买入股票的投资者可以继续持有，没买入股票的投资者也可以追高买入。

如图 8-15 所示，2021 年 11 月初至 2022 年 2 月中旬，京沪高铁（601816）股价大幅上涨的同时，其成交量也持续放大，这是庄家在强势拉升股价的信号。在放量上涨的过程中，已经持有股票的投资者可以继续稳定持有，手中还没有股票的投资者则可以积极追高买入。

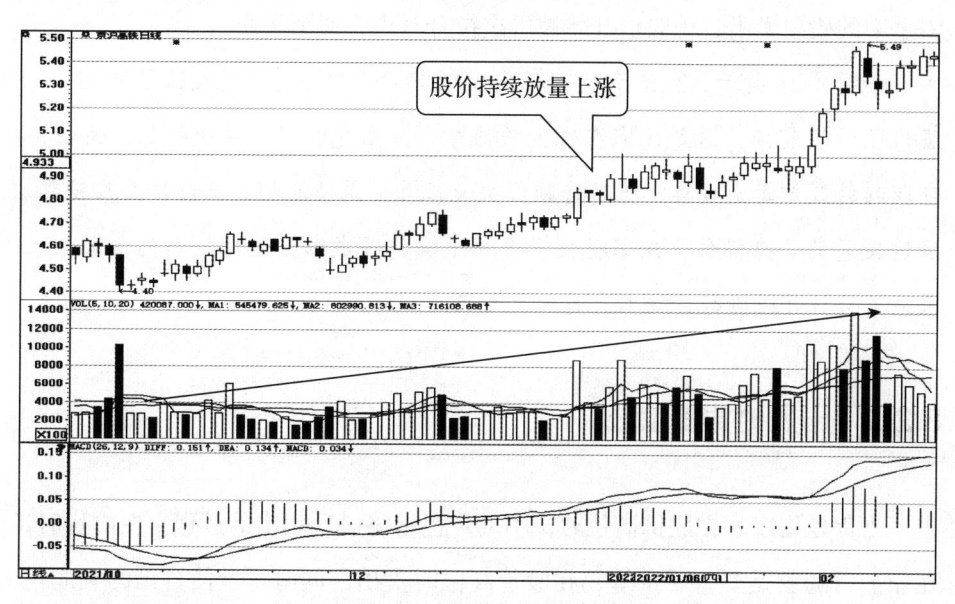

图 8-15　京沪高铁日 K 线

8.2.4 洗盘时持股不动

股价上涨一段时间后，原来在低位买入的散户已经获利，他们可能会逐渐将手中的股票抛出，这会导致股价上涨受阻。庄家为了在拉升股价过程中不遇到太大阻力，会每隔一段时间就进行洗盘操作。

在洗盘过程中，庄家通过操纵股价涨跌来诱使低价买入股票的散户卖出股票，再让新的一批散户跟进买入，从而抬高市场上所有散户的平均持股成本。这样当庄家再将股价向上拉升时，新买入股票的散户获利还不多，不会大量卖出股票，股价上涨遇到的阻力就会比较有限。

庄家洗盘最常用的手法是快速打压股价。股价快速下跌会在散户中制造恐慌，使他们抛出股票。当股价下跌到一定价位后，庄家会在低位支撑股价，使股价触底反弹，此时会有新的一批散户跟风买入。

在庄家洗盘过程中，如果投资者断定是有庄家在洗盘，可以稳定地持有股票。如果投资者无法判断是庄家在洗盘还是股价真的遭到打压，则可以先将手中的股票卖出，等股价开始被再次拉升时再将股票买回。

如图8-16所示，2022年12月下旬至2023年4月下旬，光大银行（601818）股价长时间震荡，这是庄家在洗盘的信号。庄家先将股价快速打压，诱使前期获利的散户卖出股票。随后将股价快速拉升，诱使新的一批散户买入股票。通过反复的洗盘操作，庄家将投资者的平均持股成本抬到比较高的位置。未来庄家再拉升股价时，就不会遇到太大阻力。

8.2.5 出货时果断卖出

出货是指庄家在股价高位时，不动声色地将股票卖出的过程。在出货时，庄家的目的就是要将手中筹码在股价高位时卖出，同时尽量使自己的利润达到最大。为了达到这样的目的，庄家会借用各种利好消息或者大盘持续上涨的背景，以此来转移投资者的视线，进而悄悄将手中筹码卖出。

当庄家出货接近完成时，可能会将手中剩余的股票全部抛出砸盘，造成股价快速下跌。因此，当投资者发现有庄家在出货的痕迹时，就应该尽快将

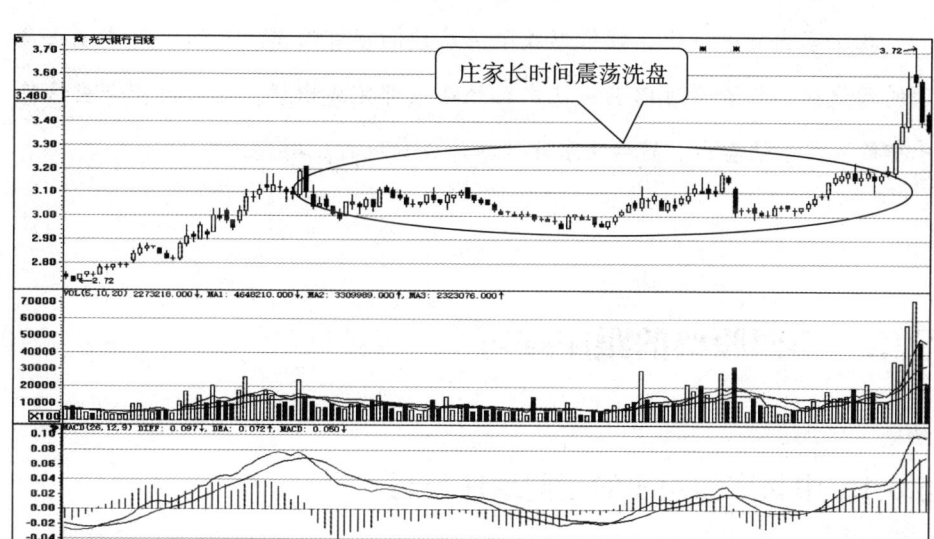

手中的股票卖出，避免未来股价下跌的风险。

图 8-16　光大银行日 K 线

如图 8-17 所示，2022 年 7 月，中材科技（002080）的股价最高攀升至 31.97 元，当时市场上一片看涨的声音，散户投资者信心高涨。借此机会，庄

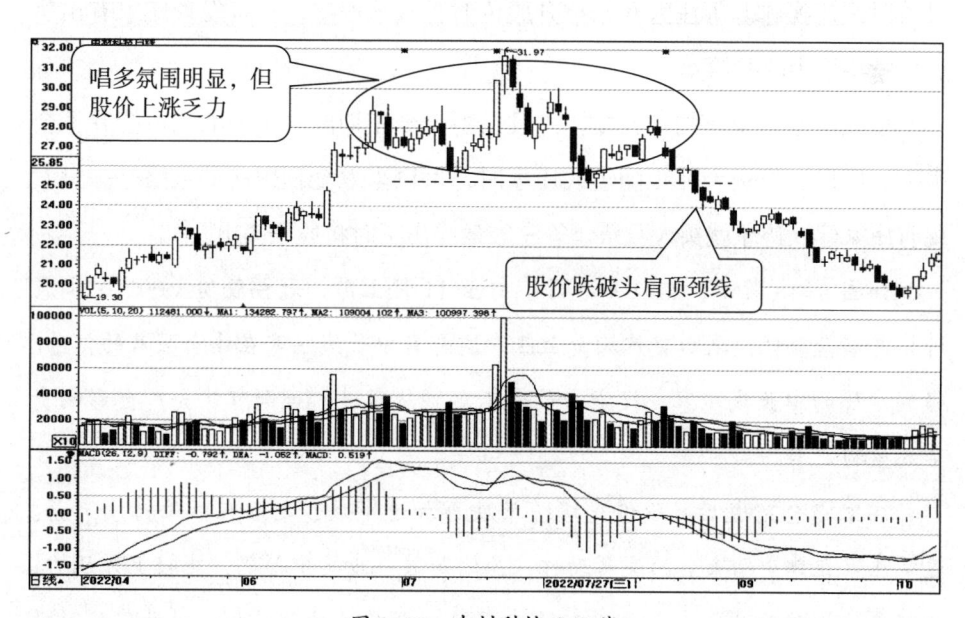

图 8-17　中材科技日 K 线

家在顶部大量卖出股票出货。

在庄家出货过程中，股价形成了头肩顶的顶部形态。直到股价跌破头肩顶的颈线时，投资者可以确定庄家已经在顶部完成出货。此时投资者应该将手中的股票尽快卖出。随后庄家开始不计成本地打压砸盘。

8.3 不同股票的跟庄技巧

8.3.1 中长庄和短庄的不同跟庄技巧

中长线庄家的坐庄周期较长，投资者如果全程跟庄会耗时耗力，一旦买入点和卖出点选择失误，还可能影响到自己的获利空间。所以投资者在跟随长线庄家时，可以忽略掉庄家建仓和出货的两个时间段，只在庄家向上拉升股价时跟庄操作。等庄家开始拉升股价时再买入股票，一旦发现庄家有出货迹象就将手中的股票卖出。

短线庄家的坐庄周期较短，并且在整个坐庄期间股价的涨幅可能并不会很大。所以，投资者在跟随短线庄家时，可以采取全程跟庄的策略。一旦发现有庄家建仓迹象就买入股票，等庄家最终出货时将股票卖出。

如图8-18所示，2022年9月下旬至11月上旬，冠福股份（002102）股价先是横盘整理，之后突然放量上涨。这是有中长线庄家在建仓买入的信号。遇到这样的中长线庄家，投资者最好不要贸然跟进，否则可能会严重影响资金的盈利效率。

庄家建仓完成后，股价先缓缓下跌再加速下跌，之后在低位持续震荡。这是庄家在建仓结束后的洗盘动作，为的是进一步集中筹码，减轻上方压力，为将来的拉升做准备。直到2023年3月底，股价才被放量向上拉升。此时投资者可以跟进买入。

2023年4月中旬，股价开始在顶部放量横盘。此时有庄家在顶部出货的迹象。虽然不能完全肯定，不过因为前期的收益率已经较大，投资者可以将手中的股票清空。

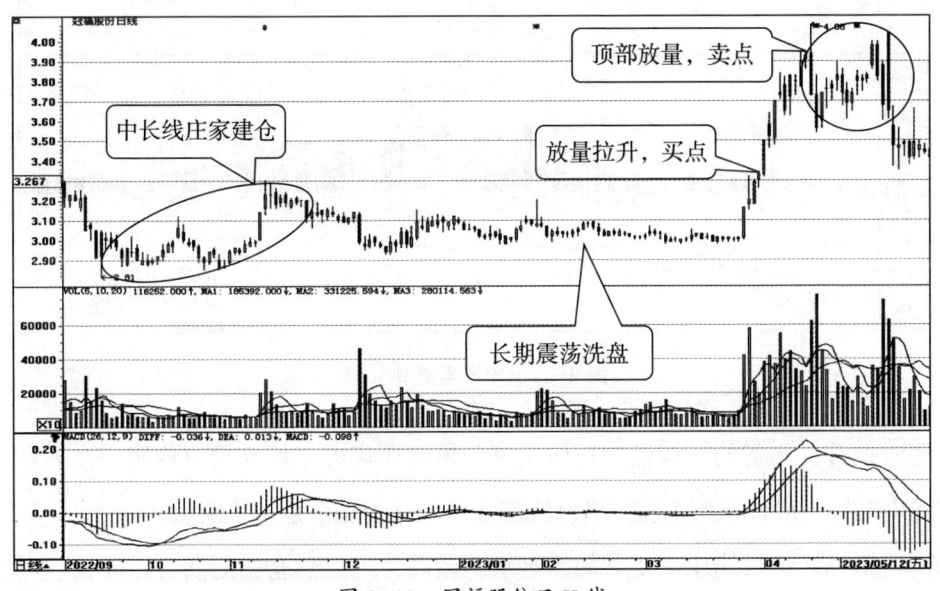

图 8-18　冠福股份日K线

如图8-19所示，2022年4月底至6月底，万丰奥威（002085）股价上涨的同时其成交量也间歇性地放大。这样的形态意味着庄家在短时间内快速建仓，采用这种边拉升边建仓手法的往往是短线庄家。庄家建仓完成后，股价很快就会被向上拉升。因此在建仓过程中，投资者可以积极买入股票。

7月下旬后，股价上涨遇到较大阻力，同时成交量放大，这是庄家在顶部区域出货的信号。在此过程中，投资者应该尽快卖出手中的股票。

投资者可以通过以下几个方面区分中长线庄家和短线庄家。

第一，坐庄操作绩优股、蓝筹股的，一般是中长线庄家。坐庄操作垃圾股、概念股的，一般是短线庄家。

第二，中长线庄家善于借势操作。借大盘下跌时建仓、洗盘，借大盘上

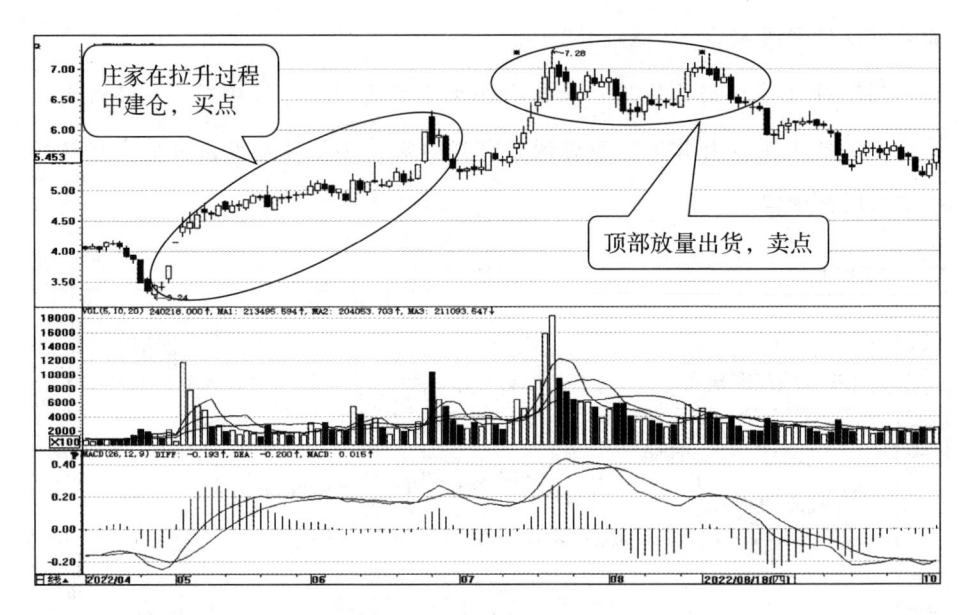

图 8-19 万丰奥威日 K 线

涨时拉升、出货的一般是中长线庄家。短线庄家善于煽动散户情绪，在大盘走弱时操纵股价逆市上涨，借以快速吸引人气的往往是短线庄家。

第三，中长线庄家要求的控盘水平较高，因此建仓的周期会比较长。短线庄家对控盘程度没有太大依赖，建仓可能在短时间内完成。

8.3.2 不同坐庄阶段的不同跟庄技巧

很多情况下，投资者无法在庄家建仓期间就发现股票有庄家介入的痕迹。有时甚至要等到庄家拉升的尾段，投资者才能确定该股有庄家在持续操作。当投资者在庄家不同的坐庄阶段发现庄家坐庄的痕迹时，应该选择不同的操作方式。

1. 在拉升阶段发现庄家痕迹

当投资者发现有庄家在快速拉升股价时，可以积极跟进。如果此时股价上涨幅度不大，投资者可以稳定持有，等待庄家出货的信号。当投资者买入时股价的涨幅已经很大，则应该设定严格的止损条件。一旦止损条件出现，即使没有看到庄家的出货迹象，投资者也应该卖出手中的股票。

如图 8-20 所示，2022 年 6 月下旬，金智科技（002090）股价在经过前期横盘震荡后放量上涨。此时股价长时间在 20 日均线上方运行，在震荡后放量拉升说明是庄家在强势拉升股价，后市大概率仍要上涨，投资者可以积极跟进，等待有庄家出货的迹象时再卖出股票。

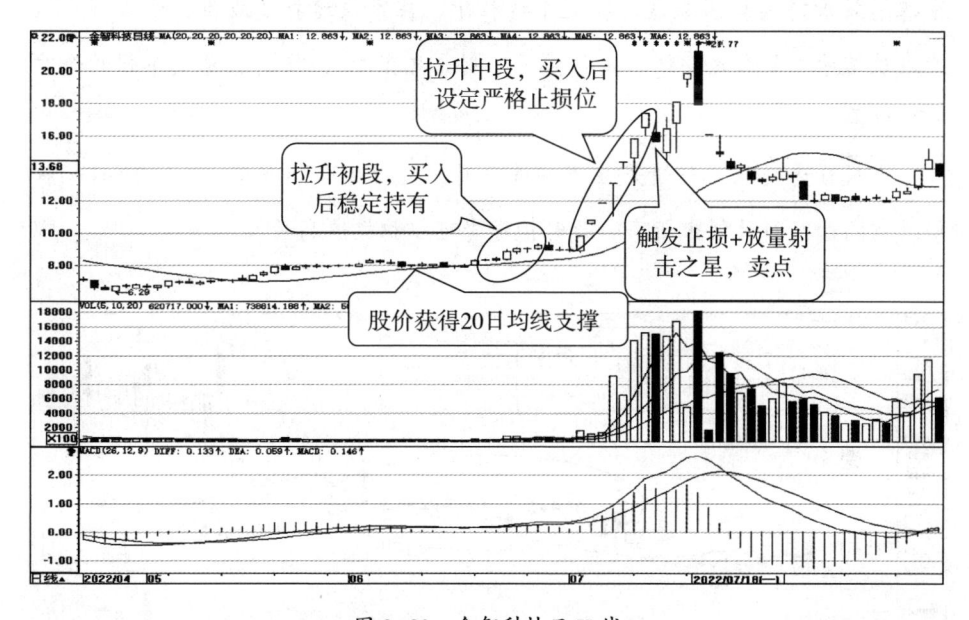

图 8-20　金智科技日 K 线

7 月初，股价经过短暂的回调后再次被庄家放量向上拉升。此时投资者仍然可以追高买入，不过最好设定严格的止损规则。因为前一阶段的拉升时间很短，股价很可能暴涨暴跌，为规避风险，投资者买入股票后可以将止损位设定在最高位向下浮动 10% 处。

7 月 13 日，股价经过连续 7 个涨停板后放量向下，盘中虽然一度被大幅拉升，但最终仍收于跌停位附近，同时 K 线形成放量射击之星的看跌形态，卖点出现。即使没有看到庄家出货的迹象，投资者此时也应该将手中的股票卖出。

2. 在洗盘阶段发现庄家痕迹

如果投资者在庄家洗盘时发现有庄家在操作，可以耐心等待。等庄家洗盘结束，股价再创新高时再买入股票。

如图8-21所示，2023年4月中旬至5月中旬，海翔药业（002099）的庄家操纵股价持续震荡洗盘。在这个过程中，庄家快速打压股价，形成多个K线看跌信号（如看跌孕线、看跌吞没、射击之星等），使持股意愿不强的散户卖出股票。

当投资者发现此行情是庄家在洗盘时，可以先冷静观望。5月22日，股价跳空高开，同时创出新高。此时投资者可以积极追高买入。

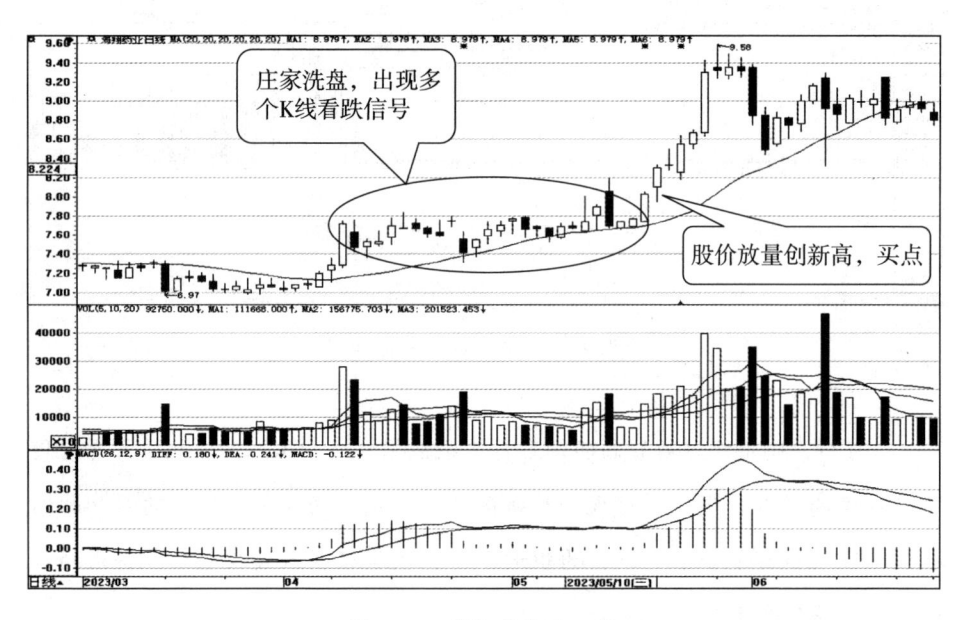

图8-21　海翔药业日K线

3. 在试盘阶段发现庄家痕迹

当投资者发现庄家试探上方压力或者下方支撑时,可以借助分时线判断当前市场环境。如果分时图显示上方抛压较弱或者下方支撑较强,投资者可以积极介入。如果分时图显示上方抛压较强或者下方支撑较弱,投资者可以耐心等待。这样的情况下,庄家进一步洗盘后往往会再次试盘。

如图8-22、图8-23和图8-24所示,2023年2月21日,利欧股份(002131)的庄家将股价快速向上拉升试盘。从分时走势图中可以看出,股价上涨后遭到强烈打压。这说明此时上方抛盘压力还比较大,不是很好的拉升时机。如果投资者此时发现了庄家坐庄的迹象,最好能冷静观察。

经过一段时间回调洗盘后,3月17日,庄家再次将股价向上拉升试盘。这次股价被拉升后没有遇到太大阻力,只是小幅回调后就在散户的影响下持续横盘整理。这说明上方抛盘压力已经很小,此时是庄家很好的拉升时机。投资者看到这样的形态后,可以积极买入股票。

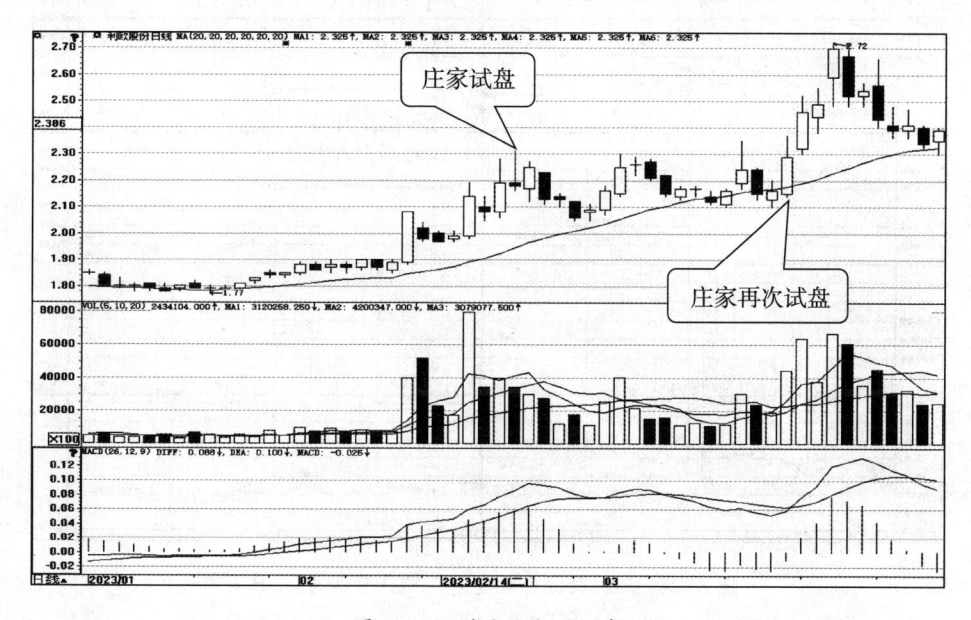

图8-22 利欧股份日K线

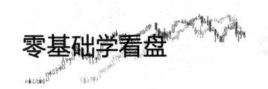

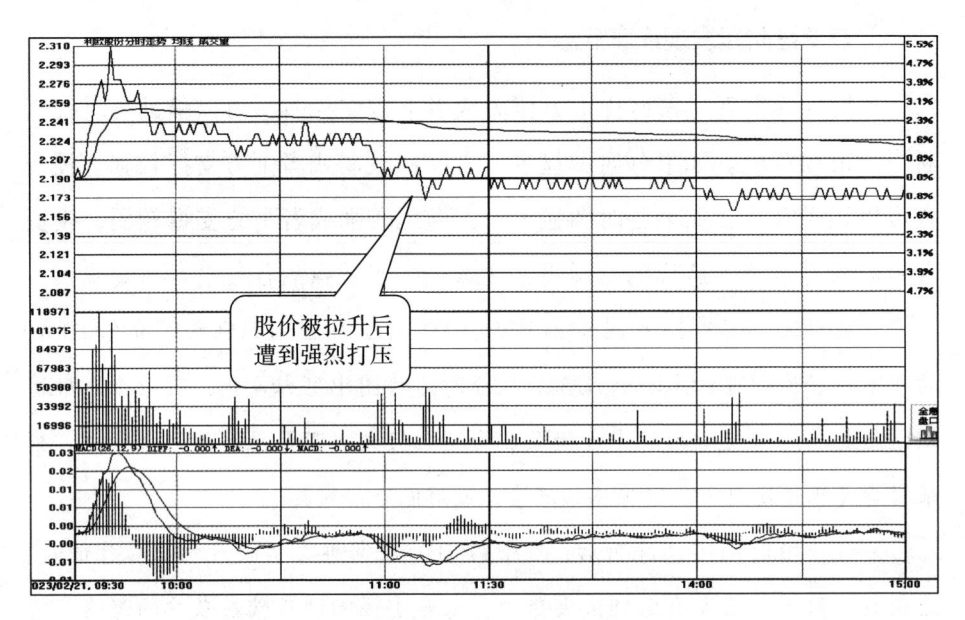

图 8-23　利欧股份分时走势（2023 年 2 月 21 日）

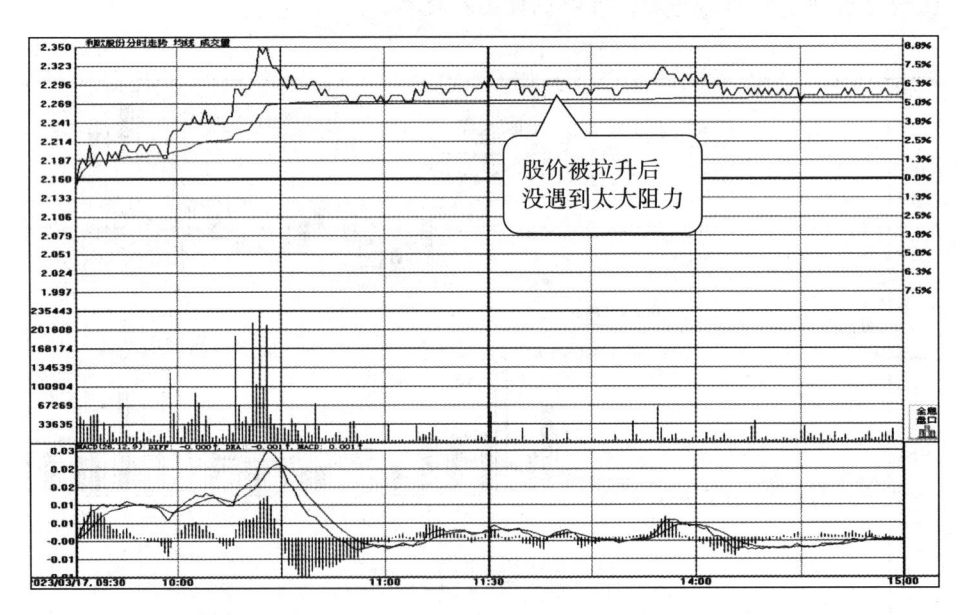

图 8-24　利欧股份分时走势（2023 年 3 月 17 日）

8.3.3 绩优股和垃圾股的不同跟庄技巧

绩优股是指业绩优秀、盈利能力稳定的股票。从长期来看，绩优股的价格会随着股票内在价值的增加而持续上涨。投资者选择绩优股的最佳时机是在一段持续下跌熊市的末端。在熊市行情中，绩优股往往会随市场上多数股票一起下跌。当股票的价格大幅低于该股的内在价值时，投资者就可以积极买入股票。一旦到了牛市行情，这类股票的价格将会大幅上涨。

垃圾股是指业绩欠佳、盈利能力很不稳定的股票。虽然从长期来看，垃圾股很难有超过大盘的表现，但是从短期来看，垃圾股却经常有炒作机会。其股价可能在较短时间内有很大幅度的上涨。投资者选择垃圾股应该在整个市场持续上涨的过程中。在上涨行情中，垃圾股很容易出现炒作机会。此时一旦发现这类股票中有庄家介入的痕迹，投资者就可以积极买入。

如图 8-25 所示，泸州老窖（000568）是典型的绩优股。长期来看，该股

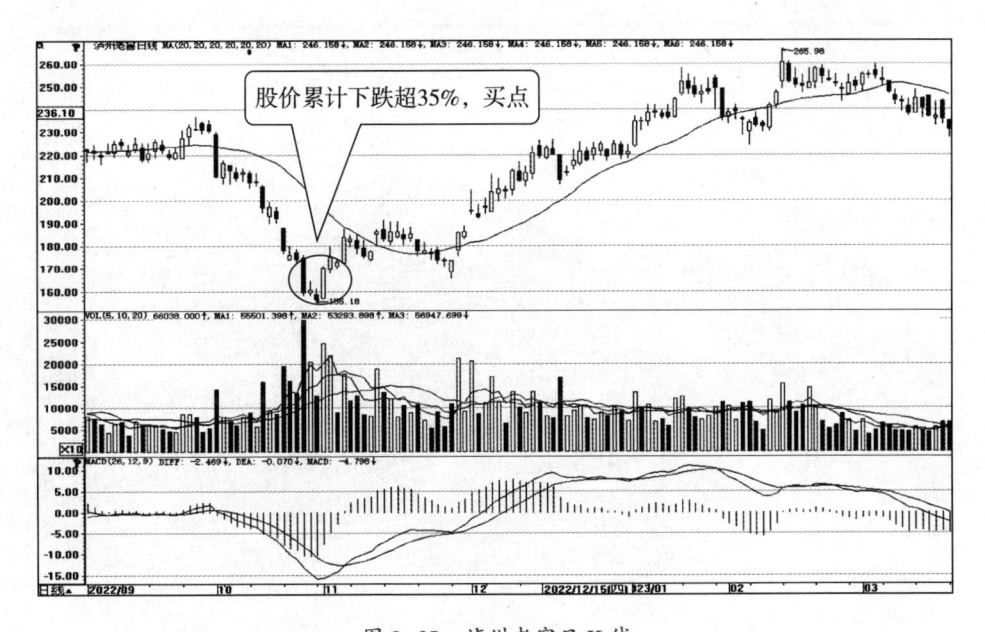

图 8-25　泸州老窖日 K 线

股价会随着上市公司业绩提高而不断上涨。投资者如果要买入该股，可以选择在持续的熊市尾端、股价大幅低于其内在价值时。

例如，在2022年10月的大盘熊市行情中，泸州老窖股价下跌超过35%。在这轮持续下跌行情确定后，投资者就可以积极买入股票。

第 9 章

新手看盘买卖股票实战技巧

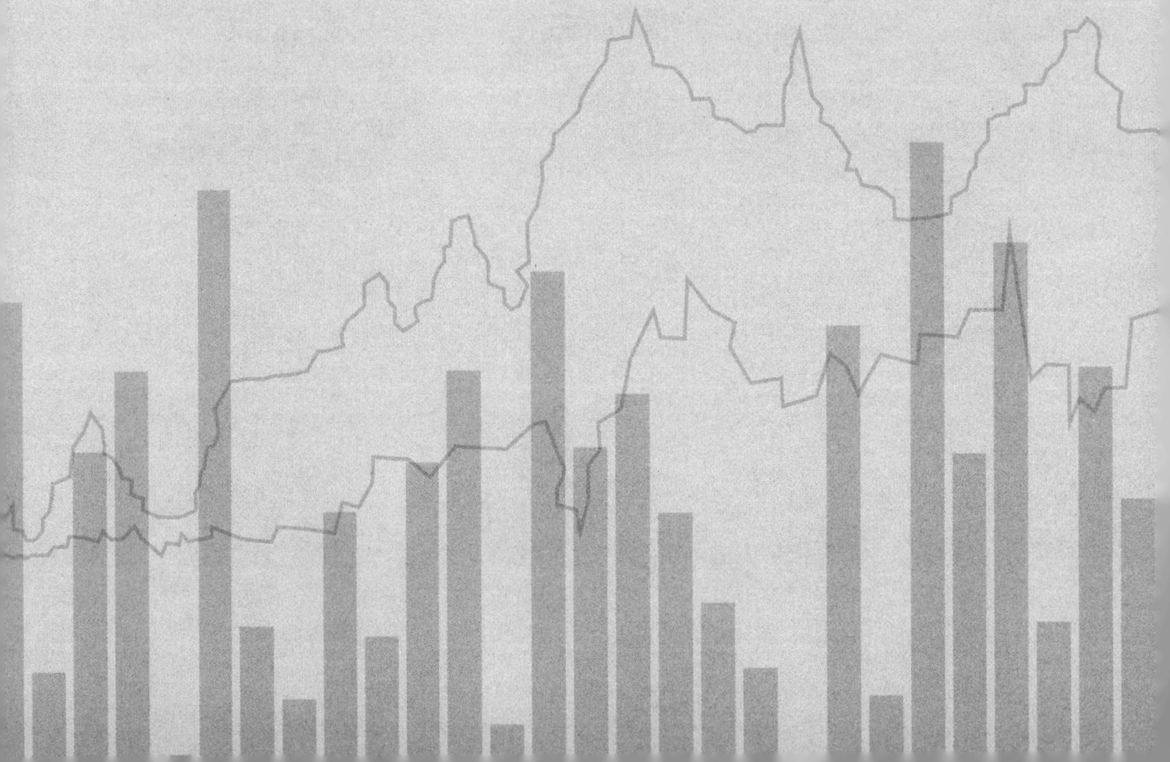

9.1 买入股票的技巧

投资者在买入股票时,可以选择一次性建仓买入,也可以选择在一段时间内分多次建仓买入股票。如果是分多次买入股票,投资者还需要根据市场行情确定每次买入股票的规模。

9.1.1 一次性买入

在买入股票时,投资者可以选择一次性将全部资金都投入股票中。在以下几种条件下,投资者可以选择这样的交易方式。

第一,出现十分强烈的看涨信号,未来股价上涨的概率极大。

第二,多个买入信号叠加在一起。

第三,在股价上涨过程中追高买入。如果继续等待可能股价会上涨,付出更大成本。

如图9-1所示,2022年4月底,东望时代(600052)股价见底后开始出现强势上涨行情。5月10日,其5日均线突破10日均线,形成均线金叉形态。同时,其MACD指标中的DIFF线也在5月9日向上突破了DEA线,形成金叉。这样两个指标几乎同时金叉的形态是十分强烈的看涨信号。看到这样的信号,投资者可以积极买入股票。

9.1.2 分笔买入

除了一次性地将所有资金都买入股票,投资者还可以选择将资金分成

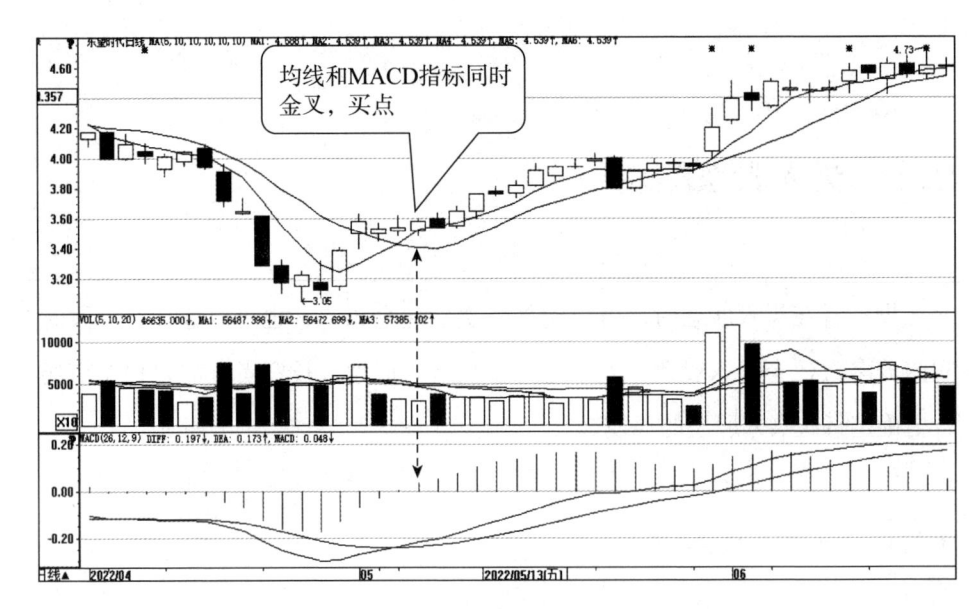

图 9-1　东望时代日 K 线

2~3 份，选择不同的时机分别买入股票。投资者可以在以下几种情况下选择分笔买入股票。

第一，当股价上涨信号不是特别强烈，投资者需要继续确认行情走向时，可以分笔建仓买入。当上涨信号出现时先买入一部分股票，等股价上涨行情得到确认后再继续买入。

第二，当投资者买入股票时，如果股价还处于下跌行情中，未来有继续下跌的趋势，则投资者可以先买入一部分股票，等股价真正见底反弹时再继续买入。

如图 9-2 所示，2023 年 6 月初，青山纸业（600103）股价持续在底部区域横盘整理。6 月 14 日，股价向上突破了前期高点，创出新高。这个交易日的成交量虽然有所放大，但 K 线带有较长上影线。这说明股价上涨仍然遇到了较强阻力。为了尽量规避风险，投资者可以在突破当日先建立部分仓位。

3 月 15 日，股价经过小幅上涨并回抽后在前期高点附近获得支撑，同时 K 线形成锤子线的看涨形态。这是多方即将开始拉升股价、彻底确定上涨行

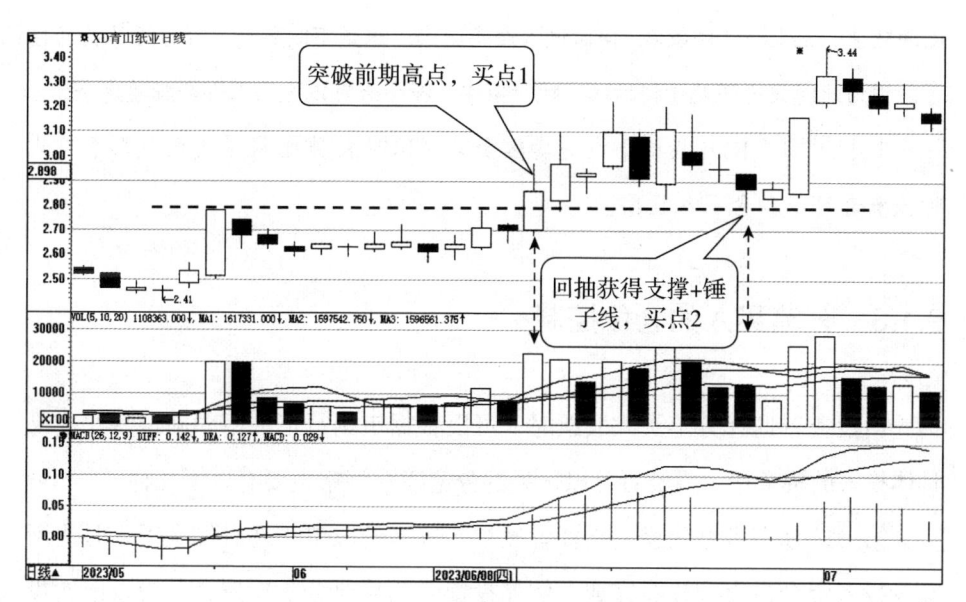

图 9-2 青山纸业日 K 线

情的信号。看到这样的信号，投资者可以积极买入股票，补全仓位。

如图 9-3 所示，2023 年 5 月 22 日，上汽集团（600104）KDJ 指标中的指标线

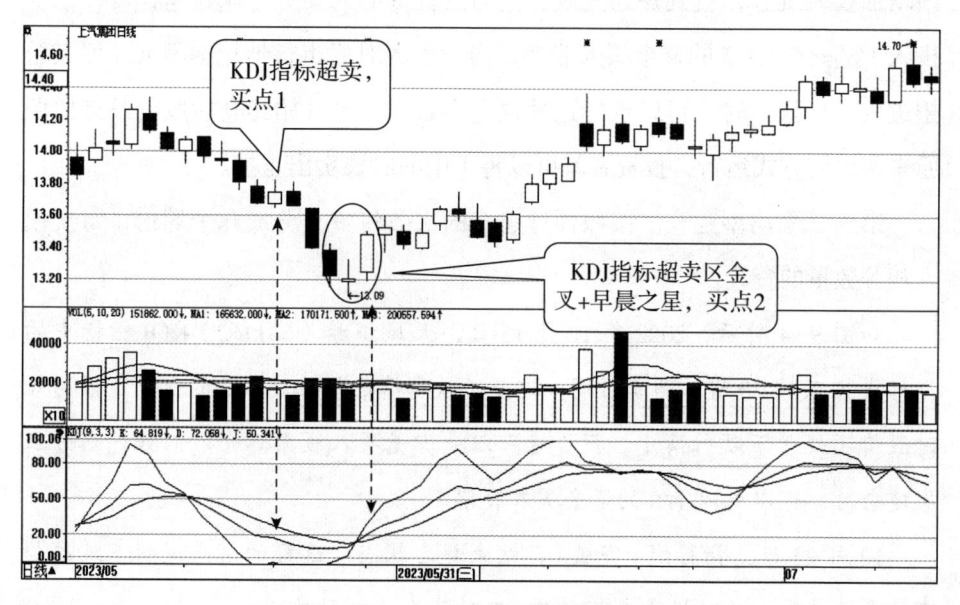

图 9-3 上汽集团日 K 线

K跌破20，指标线J跌破0，同时进入超卖状态。这是下跌行情已经接近尽头的信号。因为此时股价还处于持续的下跌行情中，投资者可以先买入部分股票建仓。

5月29日，KDJ指标形成超卖区金叉，同时K线形成早晨之星形态，此时投资者可以加仓买入股票。

9.1.3　分笔买入的仓位控制

当投资者选择分笔买入股票时，可以根据市场行情的不同确定每次交易具体投入的资金量。投资者可以选择的分笔建仓策略主要有以下几种。

第一，金字塔型建仓。投资者先买入较多的股票，之后每次买入时逐渐减少投入资金，直到建仓完成。例如投资者如果要分三次建仓，可以依次投入1/2、1/3、1/6的资金买入股票。当投资者对后市行情走势把握较大时，可以选择这样的建仓方式。

第二，倒金字塔型建仓。投资者先买入较少的股票，之后每次买入时逐渐增加投入资金，直到建仓完成。例如投资者如果要分三次建仓，可以依次投入1/6、1/3、1/2的资金买入股票。当投资者对后市行情把握不大，但又希望进入市场操作时，可以选择这种建仓方式。一旦开始建仓后股价没有按照原来预想的方式运行，投资者就可以将手中的股票卖出止损。

第三，平均型建仓。按照预计建仓的次数将资金分成几个等份，每次投入相等数量的资金。

如图9-4所示，2022年12月15日，天风证券（601162）KDJ指标中的指标线K跌破20进入超卖区间。这是下跌行情已经接近尽头的信号。因为此时股价还处于下跌行情中，投资者可以先少量买入股票建仓。例如计划分三次建仓时，可以先以1/6的资金买入股票。

12月23日，指标线J突破0，结束超卖状态。这样的形态说明下跌趋势有结束的迹象，此时投资者可以以1/3的资金买入股票。

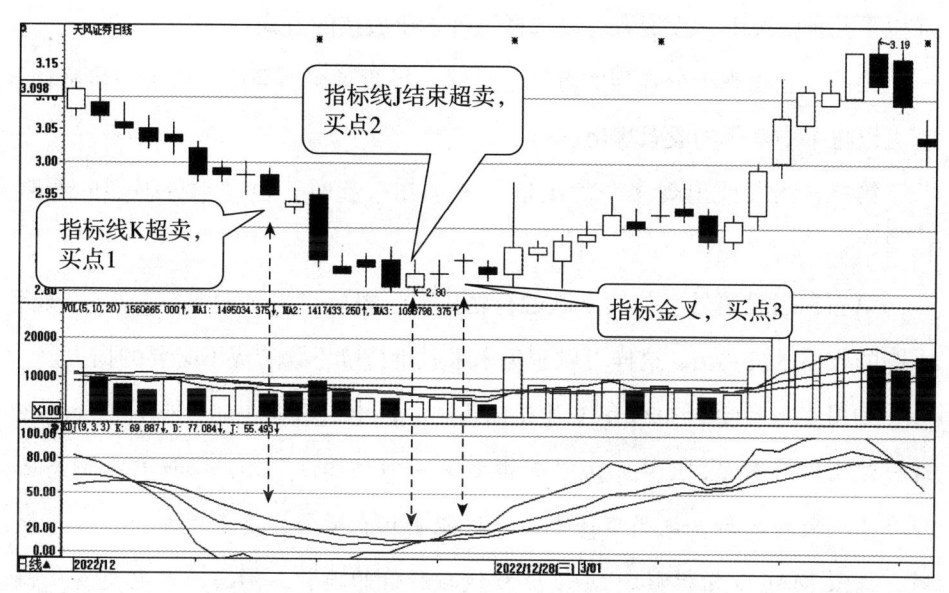

图 9-4 天风证券日 K 线

12月27日，KDJ指标的三条曲线在底部形成金叉形态，同时指标线J也突破20。这是上涨动能将要发动的信号。此时投资者可以将剩余的1/2资金全部买入股票，完成建仓。

9.2 卖出股票的技巧

与买入股票的方法类似，当投资者希望将手中的股票卖出时，可以选择一次性卖出，也可以选择将股票分成几部分，分笔卖出。

9.2.1 一次性卖出

在卖出股票时，投资者可以选择一次性将手中所有股票全部挂单卖出。

在以下几种情况下，投资者可以选择这种卖出股票的方式。

第一，当出现十分强烈的看跌信号时，投资者无须等待行情进一步确认，就可以将手中全部的股票卖出。

第二，当股票出现多个卖出信号叠加在一起时，也是十分强烈的看跌信号。

第三，当股票处于持续下跌的行情中时，投资者看到卖出信号后应该将手中的股票尽快卖出，这样可以避免未来股价持续下跌造成不必要的损失。

如图9-5所示，2023年5月5日至9日，中国铁建（601186）股价在经过一波上涨后滞涨，K线形成"射击之星+看跌吞没"形态。这样的形态出现在上涨行情之后，说明市场上的下跌能量正在聚集，是看跌卖出信号。此时，该股MACD指标形成MACD柱线与股价的顶背离形态，这也是看跌信号。几个看跌信号同时出现，这个交易日收盘前，股价下跌的趋势已经可以确定，投资者应该卖出股票。同时为了避免未来股价继续下跌造成不必要的损失，投资者应该尽快将手中的股票全部卖出。

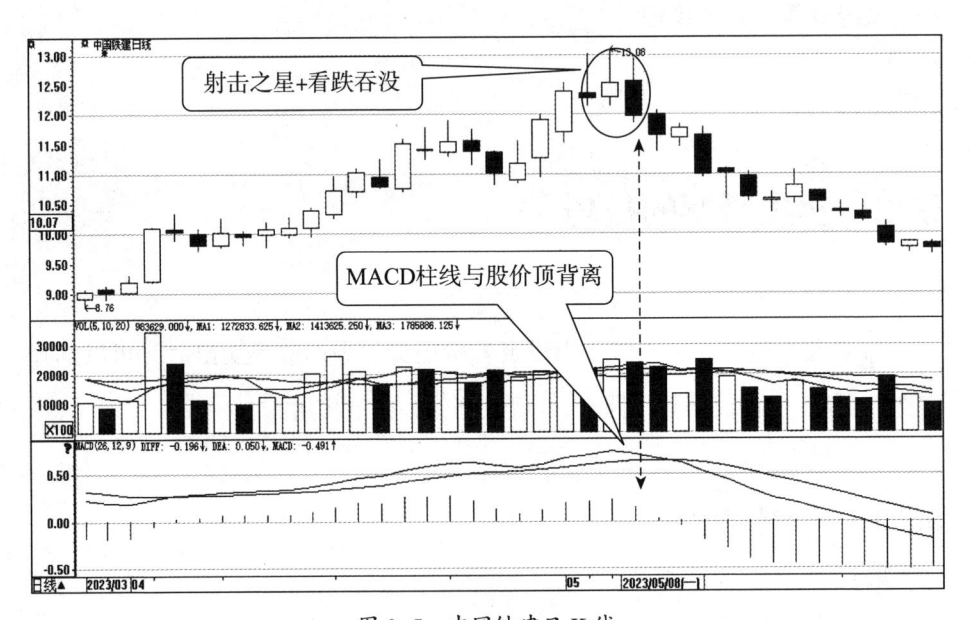

图9-5 中国铁建日K线

9.2.2 分笔卖出

与分笔买入股票一样，投资者在卖出股票时也可以选择分笔卖出的方法。这种卖出方法主要适用于以下几种情况。

第一，该股出现的看跌信号不是十分强烈，需要进一步确认。这种情况下投资者可以先将手中的股票卖出一部分，等行情得到确认后再将手中剩余的股票全部卖出。

第二，如果出现看跌信号时股票还处于上涨趋势中，投资者可以先将手中的股票卖出一部分，等股价开始见顶下跌时再将手中剩余的股票全部卖出。

如图9-6所示，2023年4月6日，紫金矿业（601899）股价经过一波上涨后加速向上，KDJ指标的指标线K进入80以上的超买区。这说明股价上涨的动能越来越弱，是看跌信号。不过该日成交量持续放大，该形态的看跌信号并不是十分强烈，投资者可以先将手中的股票卖出一部分。

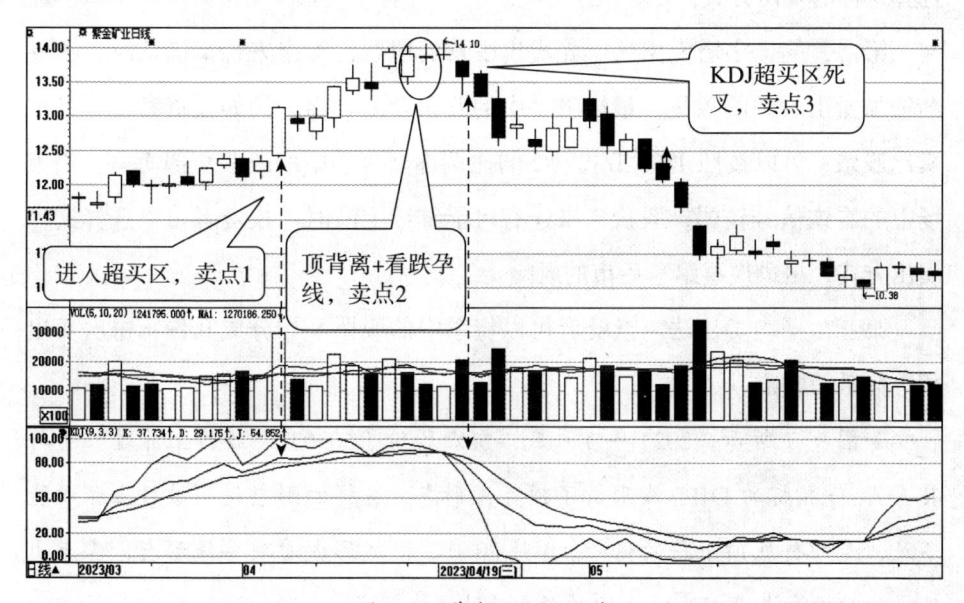

图9-6 紫金矿业日K线

4月18日，股价在高位滞涨，K线形成看跌孕线形态，同时KDJ指标的指标线J与股价形成顶背离。这样的形态说明股价下跌动能集聚，投资者应该再次将手中的股票卖出一部分。

4月20日，KDJ指标形成超买区死叉，此时投资者应该将手中剩余的股票全部卖出。

9.2.3 分笔卖出的仓位控制

在分笔卖出股票时，投资者可以根据市场行情和自己的操作计划确定每次卖出股票的比例。常用的分笔卖出策略主要有以下几种。

第一，金字塔卖出法。先将手中的股票卖出一大部分，视未来行情的走向再逐渐减少卖出股票的数量，最终完成卖出过程。例如，投资者要分三次卖出股票，可以按照1/2、1/3、1/6的比例逐渐将手中的股票全部卖出。当市场上出现较强的卖出信号，同时投资者又希望尽量规避踏空的风险时，可以选择这样的卖出方式。

第二，倒金字塔卖出法。先卖出少量的股票，等未来行情确认时，再逐渐增加卖出股票的数量，最终将手中的股票全部卖出。例如投资者要分三次卖出股票，可以按照1/6、1/3、1/2的比例逐渐将手中的股票全部卖出。当市场上的看跌信号较弱，股价未来还有可能继续上涨时，投资者可以选择这种卖出方式，尽量规避踏空后市的风险。

第三，平均卖出法。投资者可以将手中的股票平均分成几份，每次卖出相等数量的股票。

如图9-7所示，2023年3月底，凯众股份（603037）股价上涨过程中与其MACD指标的DIFF线形成了顶背离形态。这样的形态说明该股上涨动能不足，是即将见顶下跌的信号。3月28日，K线形成看跌孕线形态，卖点出现，此时投资者可以先将手中的股票卖出1/3。

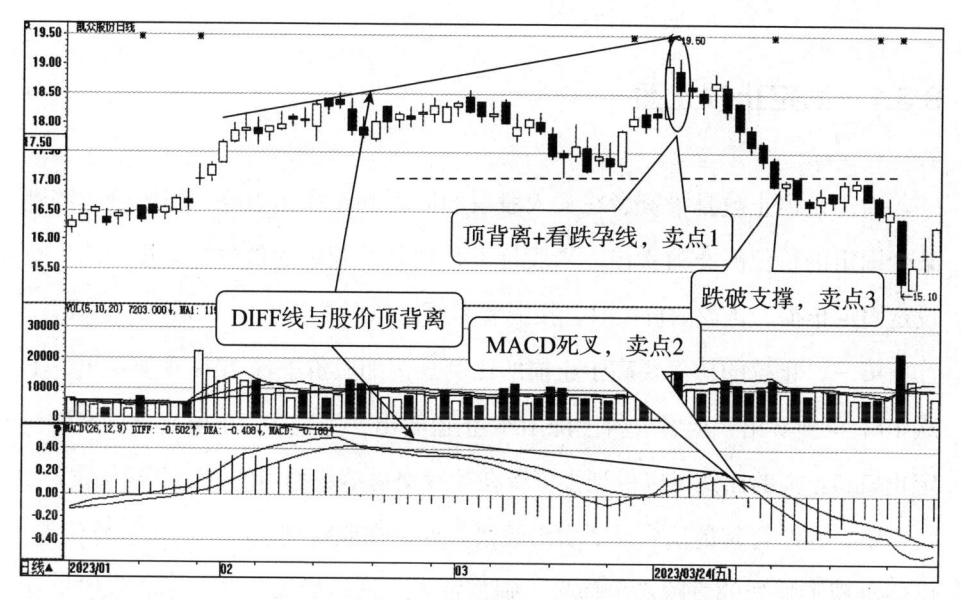

图 9-7 凯众股份日 K 线

4月6日，MACD指标在高位完成了死叉形态。这个死叉形态的看跌信号较强，此时投资者可以继续卖出原来仓位1/3的股票。

4月10日，股价跌破了前期多次获得支撑的价位。这是下跌行情已经开始的信号，此时投资者应该将手中剩余的股票全部卖出。

9.3 确定止损止盈时机的技巧

止损和止盈是指投资者在买入股票的同时就确定一定的价位，当股价运行到该价位时，无论自己是盈是亏，市场有无看跌信号出现，都果断将手中的股票卖出。

9.3.1 固定止损止盈

固定止损止盈是投资者在买入股票的同时制定卖出策略，当股价上涨到某个固定的价位时止盈卖出，当股价下跌到某个固定的价位时止损卖出。在设定固定止损、止盈的价位时，投资者需要注意以下三点。

第一，止盈的比例要高于止损的比例。例如股价上涨20%止盈卖出，下跌10%止损卖出；或者股价上涨10%止盈卖出，下跌5%止损卖出。这样设定止赢和止损的比例可以保证投资者在盈亏交易笔数相当的情况下确保收益。

第二，结合其他信号灵活卖出股票。如果在股价到达固定的止损价位前，已经出现了强烈的看跌卖出信号，则投资者应该将股票卖出，不必等股价跌到止损价位。

第三，设定好的策略严格执行。当股价运行到设定好的止盈、止损价位时，即使出现了较强的看涨信号，投资者也应该坚持原来的策略，将手中的股票卖出。

如图9-8所示，2023年4月27日，梅轮电梯（603321）MACD指标完成金叉形态，同时成交量明显放大。这是十分强势的看涨信号，投资者可以积极买入股票。

在买入股票的同时，投资者可以确定一个固定的止盈和止损比例。例如上涨10%止盈，下跌5%止损。假设投资者以当日收盘价6.85元买入，则通过计算可以得到止盈价位为7.54元（6.85＋6.85×10%），止损价位为6.51（6.85-6.85×5%）元。当股价突破7.54元或者跌破6.51元时，投资者都应该尽快将手中的股票卖出。

经过一段时间的上涨后，在6月20日，股价突破了7.54元，此时投资者应该卖出股票止盈。

如图9-9所示，2022年6月6日，安井食品（603345）股价放量上涨，

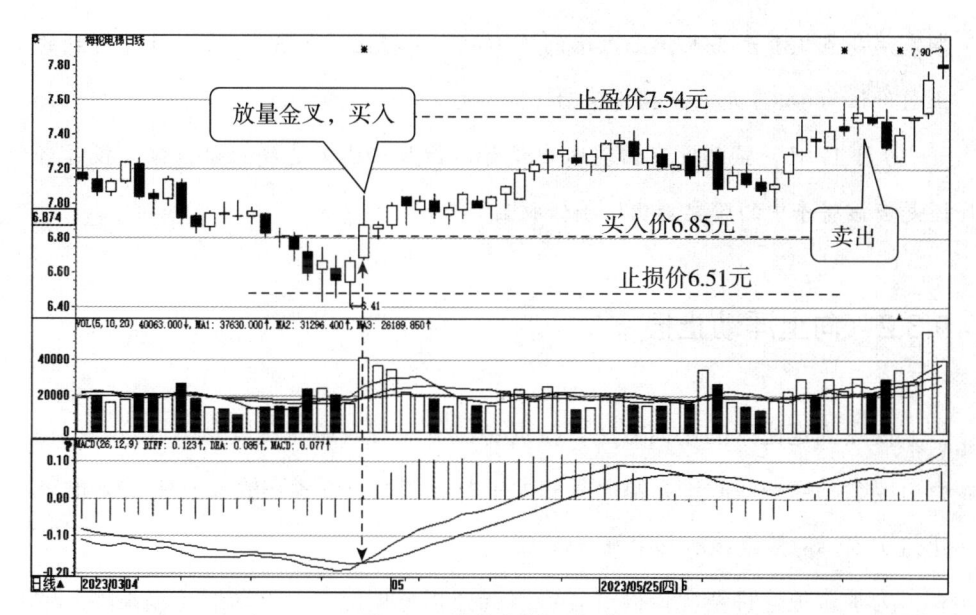

图 9-8 梅轮电梯日 K 线

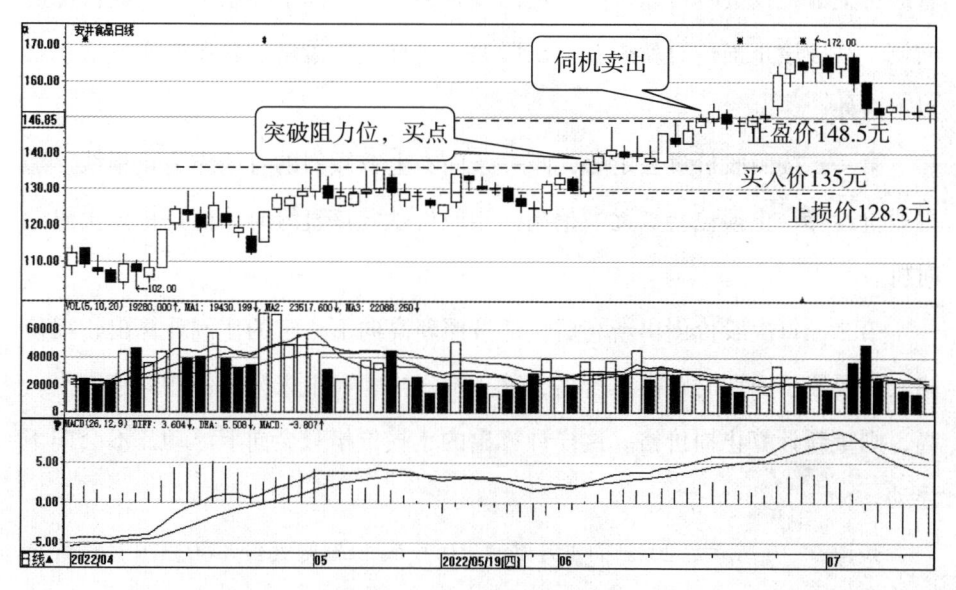

图 9-9 安井食品日 K 线

突破了前期震荡整理过程中的高点。这是十分强烈的看涨信号，此时投资者可以积极买入股票。

买入股票后，投资者可以设定固定的止损和止盈价位。假设投资者以前期震荡高点135元买入，止盈比例为10%，止损比例为5%。由此计算得到的止盈价位为148.5元，止损价位为128.3元。

6月17日，虽然没有出现卖出信号，但股价已经达到止盈价位，投资者还是应该将手中的股票卖出，确保收益。

9.3.2 向上浮动止损

使用固定比率的止损方法，投资者虽然能有效避免深度套牢风险，但很有可能会踏空一些股价大幅上涨的大牛股。例如投资者在股价上涨20%时就止盈卖出，但最终该股却上涨了50%。

为了避免这种情况，投资者可以选择将止损位向上浮动的止损策略。随着股价上涨，投资者可以按照一定的规则将止损位向上浮动，一旦股价深度回调，跌破该止损位时就果断卖出股票。这种止损策略的具体操作方法包括以下两种。

第一，按照股价过去走势，画一条向右上方倾斜的直线作为止损线。随着股价运行，止损位会被逐渐抬高。当股价跌破该直线时，就是止损卖出的时机。

第二，每次股价创出新高后，都按照新高向下一定的比例计算出止损价格。如果股价回调时跌破该价格，就止损卖出。如果未来股价能继续创出新高，则重新计算止损价格。这样计算出的止损价格只会向上浮动，不会向下浮动。

如图9-10所示，2022年4月底至10月底，三美股份（603379）股价持续上涨。在持续上涨过程中，投资者将每次回调的低点用直线连接起来，可以得到一条上升趋势线。股价只要处于这条上升趋势线的上方，就说明上涨行情还在持续。

投资者可以将这条趋势线作为向上浮动的止损位。随着时间推移，止损

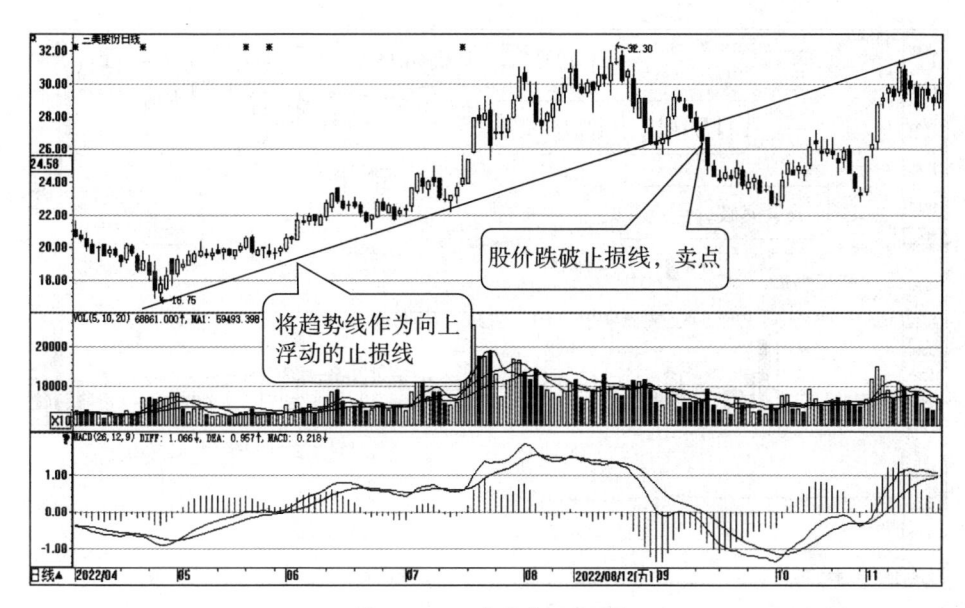

图 9-10　三美股份日 K 线

价格会不断上涨。9 月 14 日，股价跌破了上升趋势线。此时投资者应该尽快将手中的股票卖出。

如图 9-11 所示，2022 年 10 月 17 日，元成股份（603388）放量突破其前期震荡高点，这是强烈的看涨信号。在股价突破当日，投资者可以积极买入股票。因为该股上涨较为强势，投资者可能无法确定具体的止盈价位，所以可以选择根据最高价向下浮动的止损策略。

假设投资者选择最高价向下浮动 10% 的止损比例。11 月 7 日，股价高点为 12.02 元，此时的止损价可以设定为 10.82 元。

随后该股连创新高，每次股价创出新高后，投资者都应该按照最新的高点重新计算止损价位。例如，在 11 月 14 日，股价创出 13.08 元新高，此时的止损价应该上浮为 11.77 元。随后股价回调时，并没有跌破这个价位，投资者可以继续持有股票。

12 月 7 日，元成股份创出 14.15 元高点，此时的止损位应该上浮为 12.74 元。随后股价开始回调，12 月 13 日，股价跌破了止损位。投资者应该尽快将

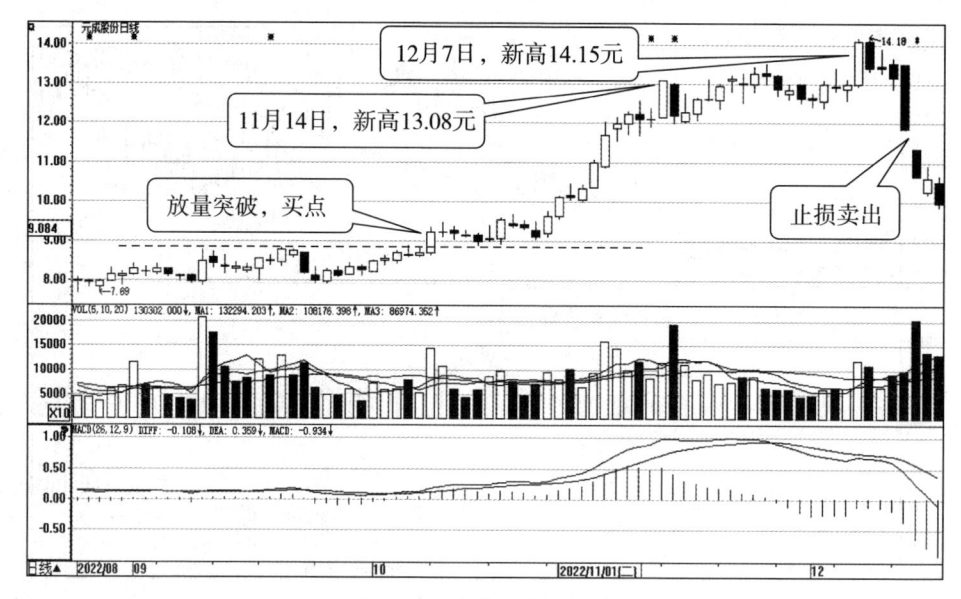

图 9-11　元成股份日 K 线

手中的股票止损卖出。

9.3.3　均线指标辅助止损

投资者可以将某条持续上涨的移动平均线当作止损线。如果股价上涨时能够多次在同一条均线位置获得支撑，说明该均线是股价上涨重要的支撑线。在未来的行情中，股价会沿该均线持续上涨。此后一旦股价跌破了该均线位置，就意味着之前的上涨行情已经结束，投资者应该尽快将手中的股票卖出。

如图 9-12 所示，2022 年 5 月至 8 月，信捷电气（603416）股价依托 30 日均线持续上涨，30 日均线的支撑作用表现得很明显。投资者在这段行情中买入股票后，可以将 30 日均线作为向上浮动的止损线。

随着股价上涨，30 日均线也持续上涨。8 月 24 日，股价几近跌停，形成一根放量大阴线，跌破了 30 日均线。这意味着之前的上涨行情已经结束，此时投资者应该尽快将手中的股票卖出。

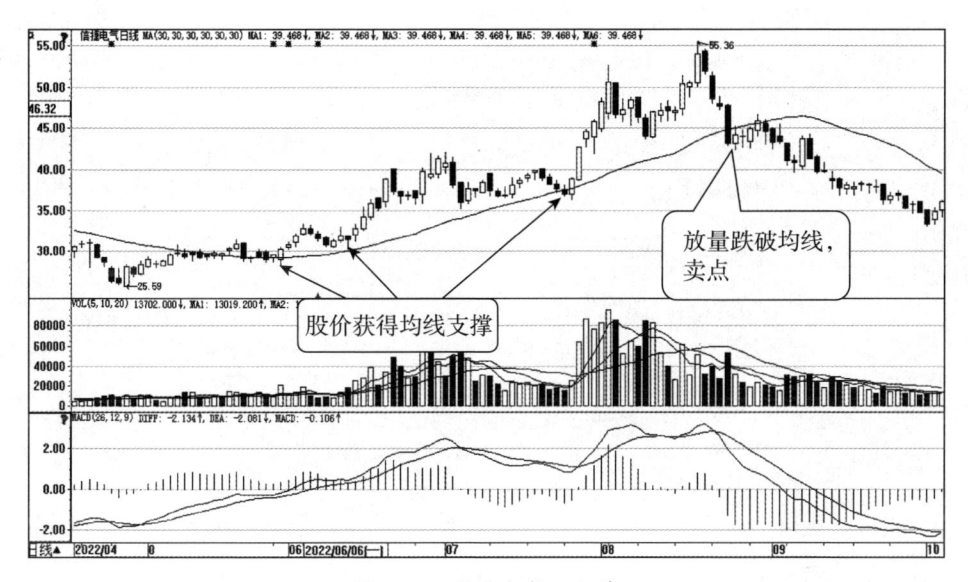

图 9-12 信捷电气日 K 线

第 10 章

一个交易日内的看盘技巧

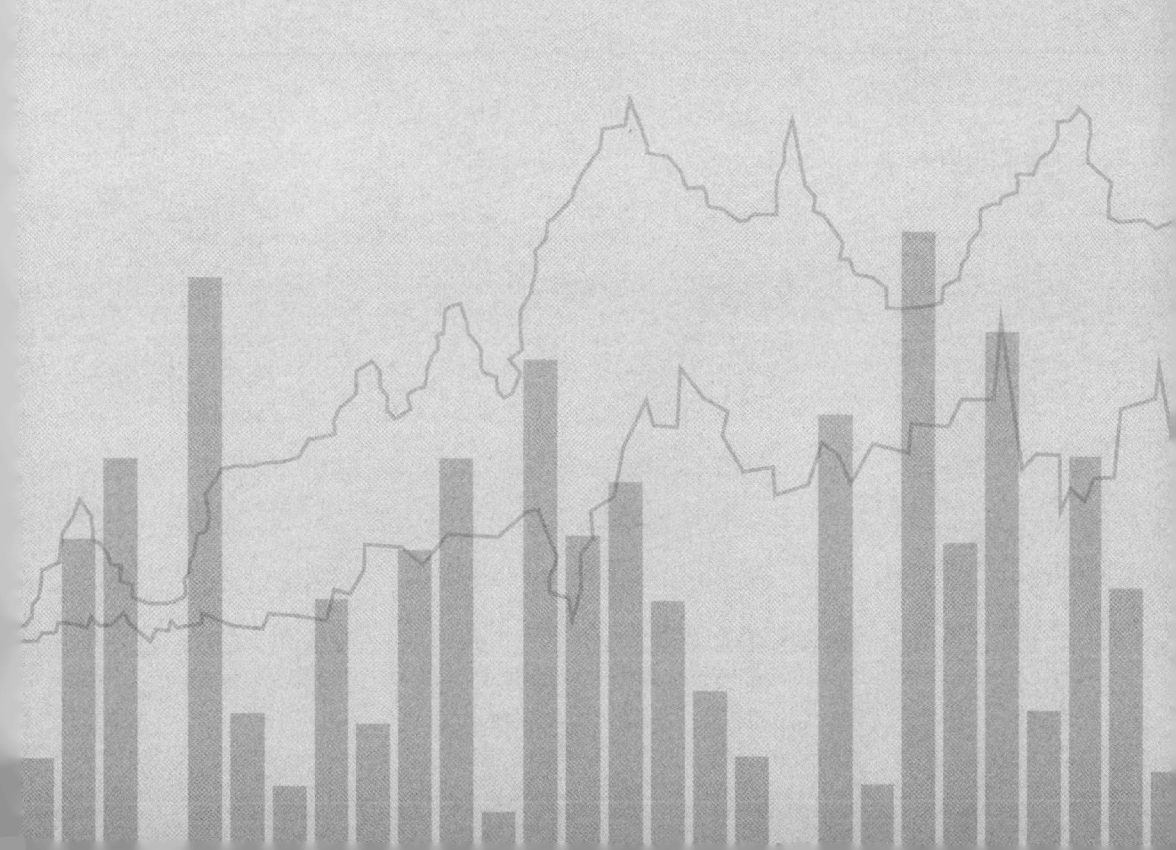

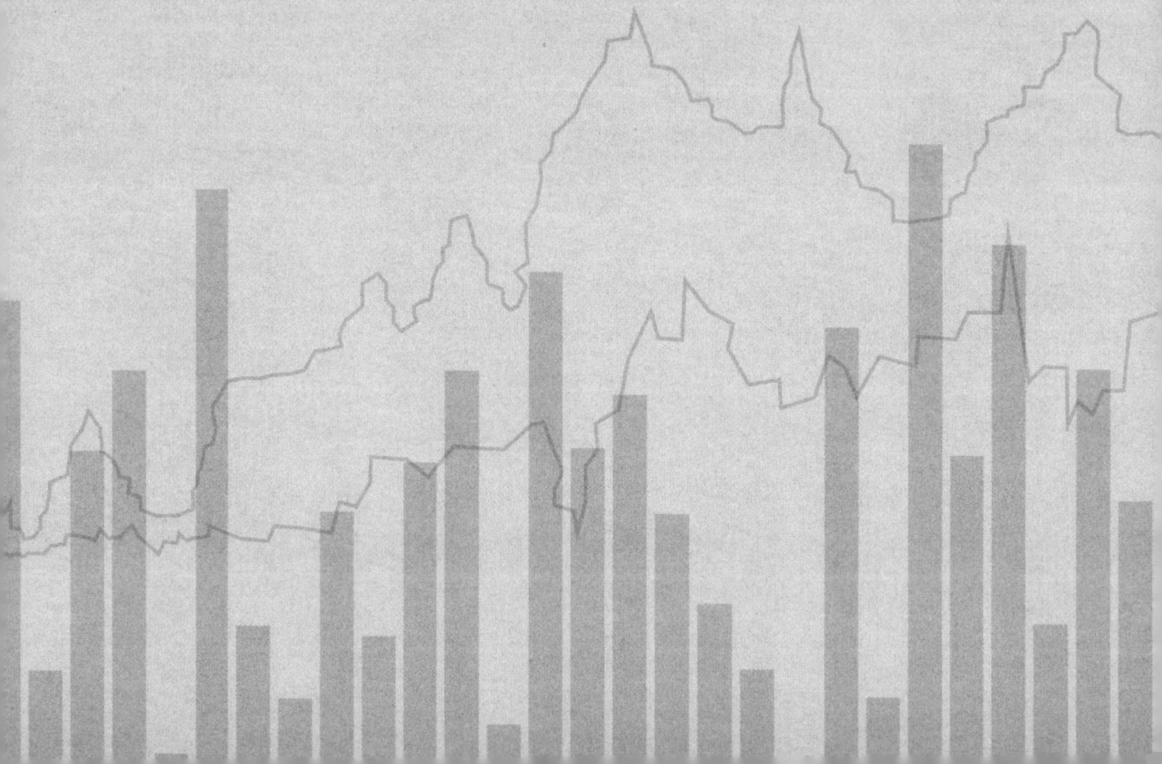

10.1 开盘前的看盘要点

在每个交易日开盘前,投资者都应该提前做一些功课,对当日走势进行预判。

10.1.1 看国际市场走向

目前,中国股市已经成为世界上极为重要的股票市场之一,和世界上其他证券市场的关联性也越来越强。在每个交易日开盘前,投资者都应该关注前一个交易日其他证券市场的价格走向,特别是美国股市、香港股市、黄金石油市场、外汇市场等。

一般来说,如果前一个交易日的美国股市和中国香港股市均大幅上涨,沪深股市也会出现一定的高开现象。如果美国股市和中国香港股市均大幅下跌,则沪深股市也可能低开。

如果国际上的黄金、石油价格大幅上涨,则A股市场上黄金、石油相关的股票会有比较大的涨幅。如果人民币汇率上升,航空、造纸等受益行业股票的表现值得期待。

2022年11月10日,世界上多数股票市场均大幅上涨,美国道琼斯工业指数上涨3.7%,标普500指数上涨5.57%,香港恒生指数上涨7.74%。这会对国内股市产生较强的拉动效应。11月11日,上证指数开盘时就高开了2.1%(见图10-1)。

如图10-2所示,2023年5月5日凌晨,国际黄金价格大幅下跌,这直接影响到当日国内黄金股的价格走势。当日A股黄金板块龙头股中金黄金

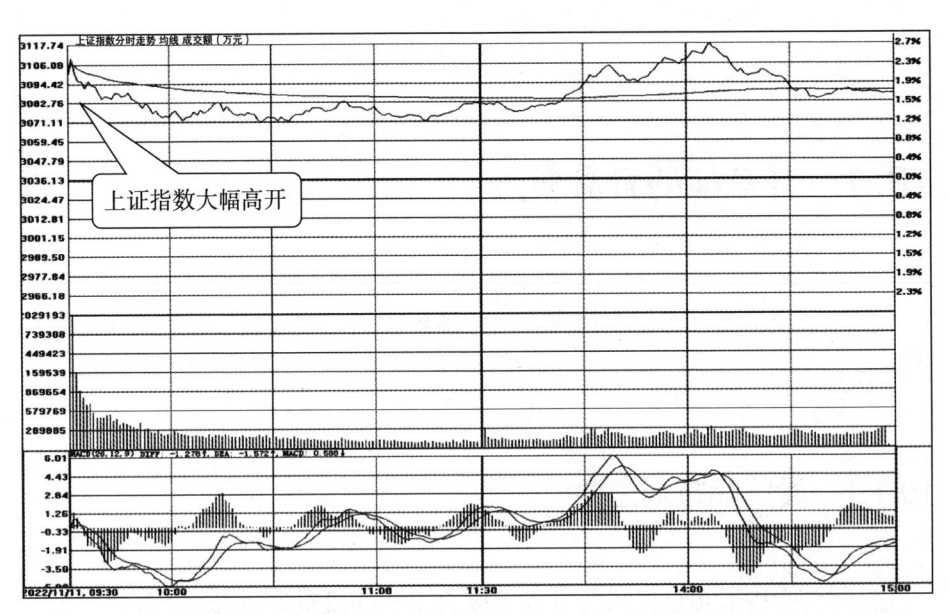

图 10-1 上证指数分时走势（2022 年 11 月 11 日）

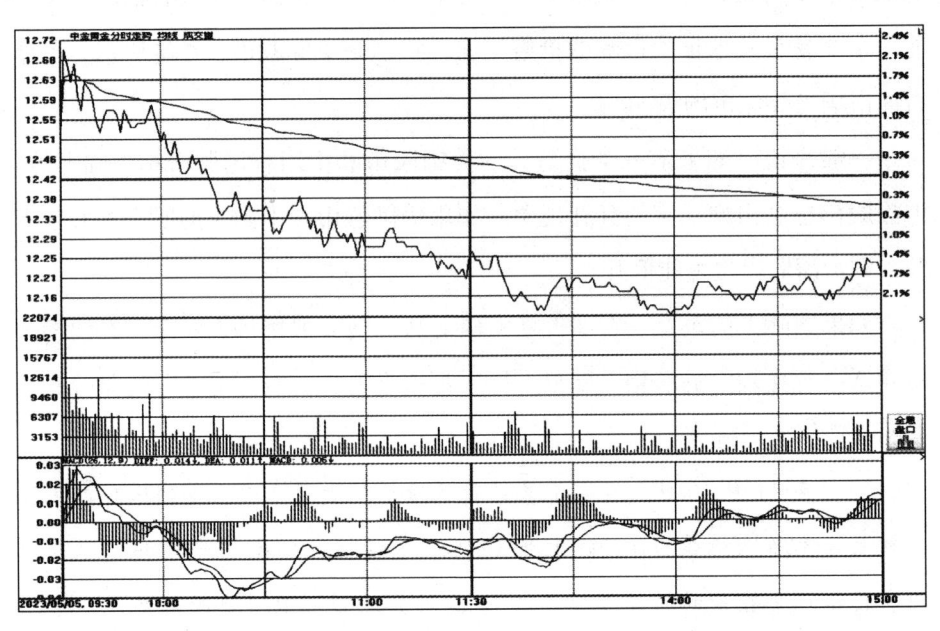

图 10-2 中金黄金分时走势（2023 年 5 月 5 日）

虽然高开，但很快就一路向下，整个交易日持续下跌，截至收盘时下跌了 1.69%。

10.1.2　看重要财经新闻

能够对股票市场产生重大影响的财经新闻包括政策变动、行业新闻、货币信贷政策等。这些重大新闻都将对当日的盘面构成较大影响。当看到这类新闻时，投资者应该分析它们是利空还是利好，会影响到整个股市还是个别板块或个别股票，是短期影响还是中长期影响。做出这些判断后，投资者就可以采取相应的投资对策。

2022年4月15日，中国人民银行宣布，从2022年4月25日起，下调存款类金融机构人民币存款准备金率0.25个百分点（不含已执行5%存款准备金率的金融机构）。同时，为加大对小微企业和"三农"的支持力度，对没有跨省经营的城商行和存款准备金率高于5%的农商行，在下调存款准备金率0.25个百分点的基础上，再额外多降0.25个百分点。这对股票市场是重大利好。

不过，此时股票市场受到新冠疫情的严重影响，短期内没有做出迅速的反应，直到4月27日，大盘才止跌回升，在下午盘反转向上。之后，降准的重大利好才显现出应有的威力（见图10-3）。

10.1.3　看论坛上的多空人气

投资者可以多关注一些知名的股票论坛。通过浏览股票论坛，投资者可以了解市场人气状况，知道目前市场上受到广泛关注的板块和股票，知道多空双方的主要观点。尤其是对论坛上一些与自己观点相反的内容，投资者需要客观看待。这样可以弥补自己可能疏忽的地方，更好地把握市场行情走向。

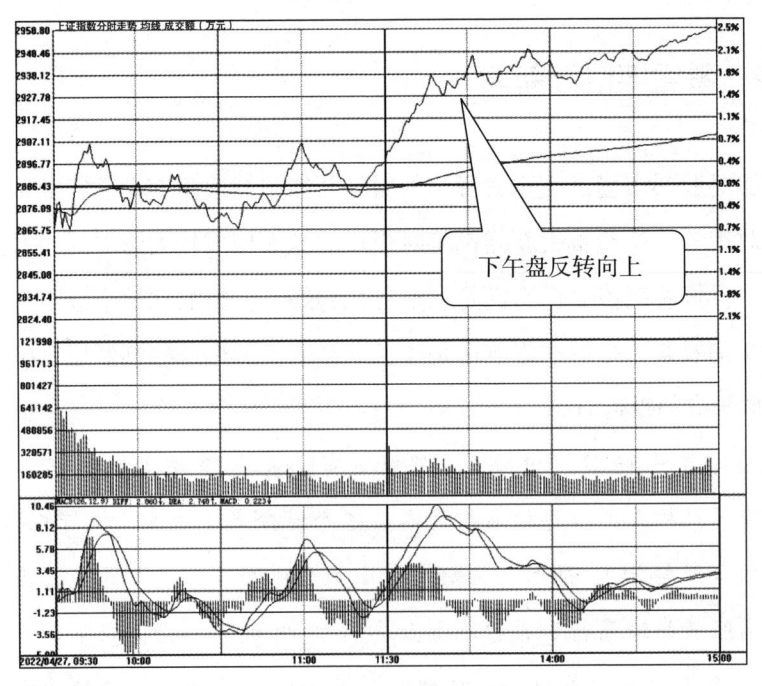

图 10-3　上证指数分时走势（2022 年 4 月 27 日）

10.1.4　看股指期货走向

2010 年 4 月，沪深 300 指数期货上市运行。经过十几年的发展，国内股指期货市场越来越成熟，对指数的影响也越来越大。

股指期货每天的开盘时间为上午 9:15，比股票市场早 15 分钟。在股票市场开盘前，投资者可以多观察股指期货市场的涨跌情况。这段时间股指期货的走势可以影响到大盘指数开盘时的涨跌幅度。

如图 10-4、图 10-5 所示，2023 年 7 月 18 日，当日股指期货虽然高开，但高开的幅度非常有限，说明当天上涨动能有限，投资者最好谨慎操作。对照开盘后的上证指数，当日大盘低开低走，欲振乏力，验证了股指期货的指示信号。

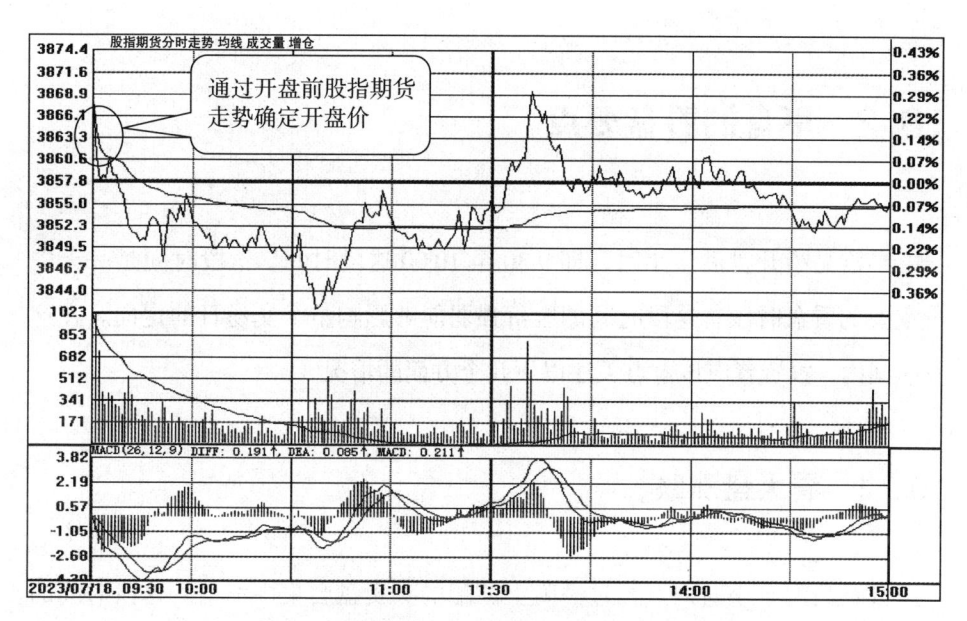

图 10-4　股指期货分时走势（2023 年 7 月 18 日）

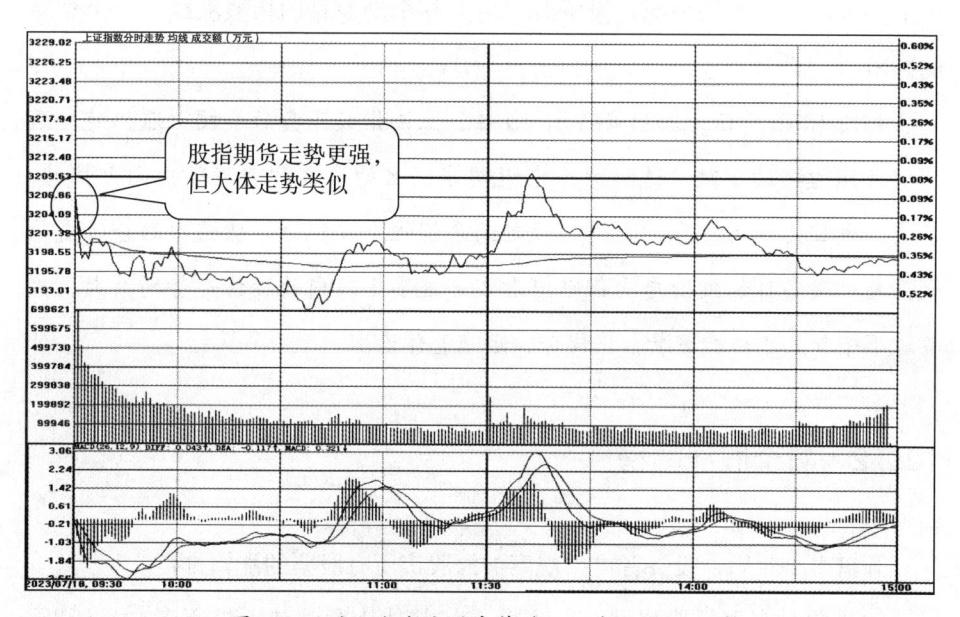

图 10-5　上证指数分时走势（2023 年 7 月 18 日）

255

10.2 早盘的看盘要点

早盘是指开盘后半小时，即 9:30 至 10:00 这段时间。这段时间是一天中最重要的看盘时段。这段时间的股价强弱能够影响整个交易日的走向。在这段时间内，投资者应该重点关注以下几个方面的情况。

10.2.1 看大盘涨跌

开盘后的半小时内，经过一晚上酝酿的买卖盘会集中涌出。这段时间的大盘走向可以体现出整个市场上多空力量的对比情况。通过大盘的开盘点位和前半个小时的涨跌情况，投资者可以对整个交易日的指数涨跌有一个整体的判断。

如图 10-6 所示，2023 年 7 月 18 日，上证指数开盘后小幅上涨，随后遇到较大阻力持续下跌。这样的形态说明市场上的多方希望将股价向上拉升，不过上方压力较大，多方需要一段时间来消化上方阻力。从随后的分时走势看，整个交易日的股价走向都可以看成是这半小时内的股价走势的放大，只不过下午盘上涨动能逐渐占据优势，后市整体看涨。

10.2.2 看个股涨幅榜

开盘半小时后，投资者可以观察沪深股市所有股票的涨幅排行。

如果此时有多只股票涨停，说明市场整体十分强势，投资者交易活跃。在随后的交易时间内，投资者也可以积极做多买入。

如果此时没有股票涨停，排在涨幅榜前列的股票涨幅也不大，则说明市

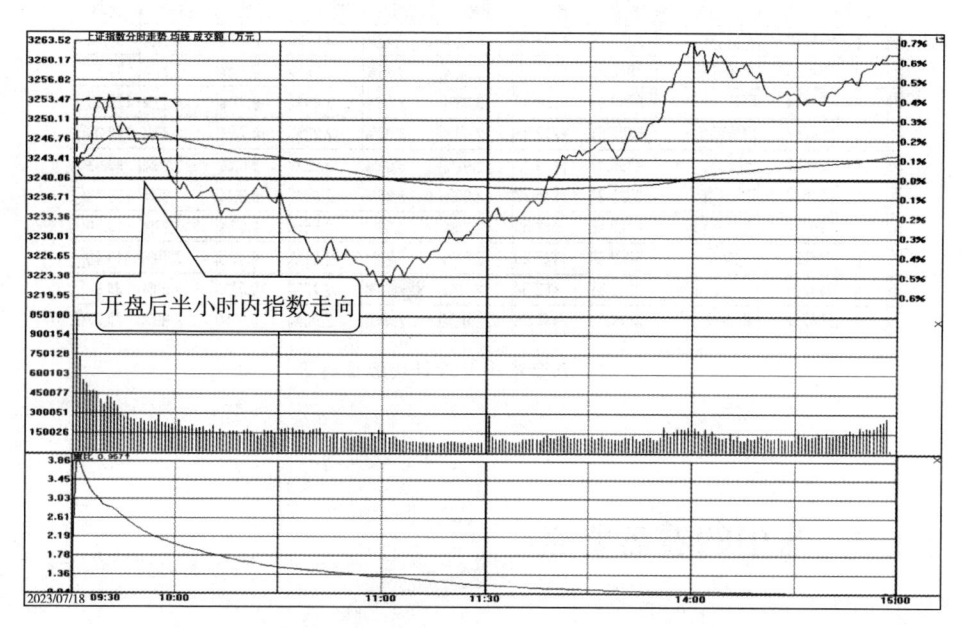

图 10-6　上证指数分时走势（2023 年 7 月 18 日）

场并不强势，投资者缺乏做多热情。此时即使指数上涨也是因为有权重股在抬拉股价。在这样的情况下，投资者应该尽量谨慎操作。

10.2.3　看板块涨跌排名

开盘半小时后，投资者可以观察板块涨幅排名情况，了解市场上的强势股票。结合个股涨幅榜，如果某个板块强势上涨，同时板块中有多只股票涨停，则说明该板块属于当日的强势板块。在随后的行情中，投资者可以重点关注该板块的股价走向。

如图 10-7 所示，开盘半小时后，投资者通过板块涨幅排名可以看到当日强势上涨的几个板块。通过结合板块涨幅和个股涨幅可以看到，减速器板块和伺服系统板块的涨幅居首。这两个板块及其中的领涨股票可以成为投资者在这个交易日重点关注的品种。

序号	代码	名称	最新	涨跌	涨幅	加权涨幅	平均涨幅	涨速	换手率	总额
1	994728	减速器	3313.46	+143.25	4.52%	2.47%	4.52%	0.12%	6.11%	50.34亿
2	994729	伺服系统	3948.45	+135.70	3.56%	3.95%	3.56%	0.13%	3.11%	37.57亿
3	994714	F5G	5593.50	+164.49	3.03%	2.04%	3.03%	-0.32%	6.63%	123.39亿
4	994764	CPO概念	7487.53	+212.93	2.93%	3.03%	2.93%	-0.74%	8.49%	169.75亿
5	994665	逆变器	4395.87	+124.72	2.92%	3.00%	2.92%	0.03%	2.29%	90.53亿
6	994572	HJT电池	9021.94	+245.78	2.80%	3.86%	2.80%	-0.03%	1.80%	135.19亿
7	994757	光伏胶膜	2426.46	+62.59	2.65%	3.55%	2.65%	0.03%	1.27%	13.50亿
8	994265	光通信	5969.66	+146.29	2.51%	2.29%	2.51%	-0.31%	7.10%	413.15亿
9	994721	钙钛矿电池	3289.51	+68.34	2.12%	2.51%	2.12%	0.03%	2.09%	44.51亿
10	994716	4680电池	2424.33	+48.68	2.05%	2.44%	2.05%	0.01%	0.98%	20.27亿

图 10-7　开盘半小时后板块涨幅排名

10.3　盘中的看盘要点

盘中是指每个交易日 10:00 至 14:30 的时间段。这段时间是整个交易日的主体，投资者可以清楚地看到多空力量的强弱变化。

10.3.1　看领涨板块转换

在盘中交易时段，投资者可以经常查看板块涨幅排名，留意涨幅榜排在前列的板块变动情况，知道在不同的交易时间段内哪些板块领涨，又有哪些板块表现得比较弱势，从而有的放矢，精准选择交易对象。

10.3.2　看指标股表现

指标股即权重股，是指在计算大盘指数时重点考虑的股票。投资者在看盘时，应该特别注意指标股的表现。一轮上涨行情如果得不到指标股响应，单凭一些小盘概念股很难将股价持续向上拉升，最终演变为牛市行情。

当一些板块表现强势时，投资者也需要关注该板块中的指标股表现。如果板块中的指标股随整个板块一起强势上涨，则该上涨行情有望持续。

如图10-8所示，中国石油（601857）是沪深京股市上影响力较大的上市公司之一，对上证指数涨跌影响较大，是举足轻重的指标股。投资者在2023年7月8日分时图里可以看到，当日早盘过后，股价在低位逐渐企稳，持续震荡，显然上涨动能不足。作为大盘指标股，该股的表现说明大盘短期内难有大的看涨走势，市场整体疲软，投资者最好观望一段时间。

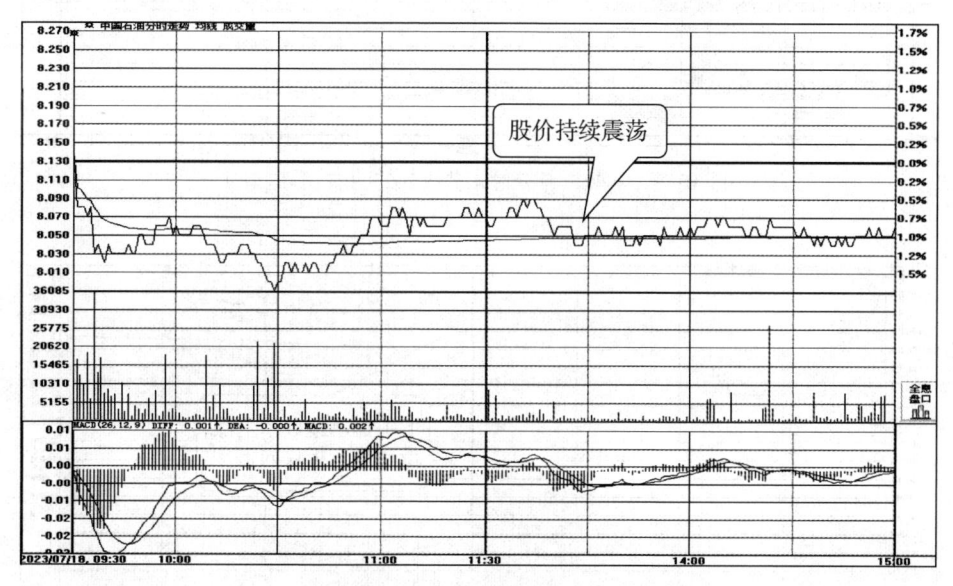

图10-8　中国石油分时走势（2023年7月18日）

如图10-9所示，2023年7月18日，江铃汽车（000550）在早盘高开高走，又迅速下跌，形成一个倒V字形，说明市场上方仍有一定的阻力。但到了盘中，股价放量快速上涨，冲击涨停后回落幅度也不大，说明短期内上涨动能爆发，有资金在抢筹。下午盘该股更是迅速涨停，显示出极强的拉升意愿。在该股与亚星客车（600213）的带动下，整车板块强势上涨，指标股广汽集团（601238）、长城汽车（601633）等都有明显上涨（如图10-10、

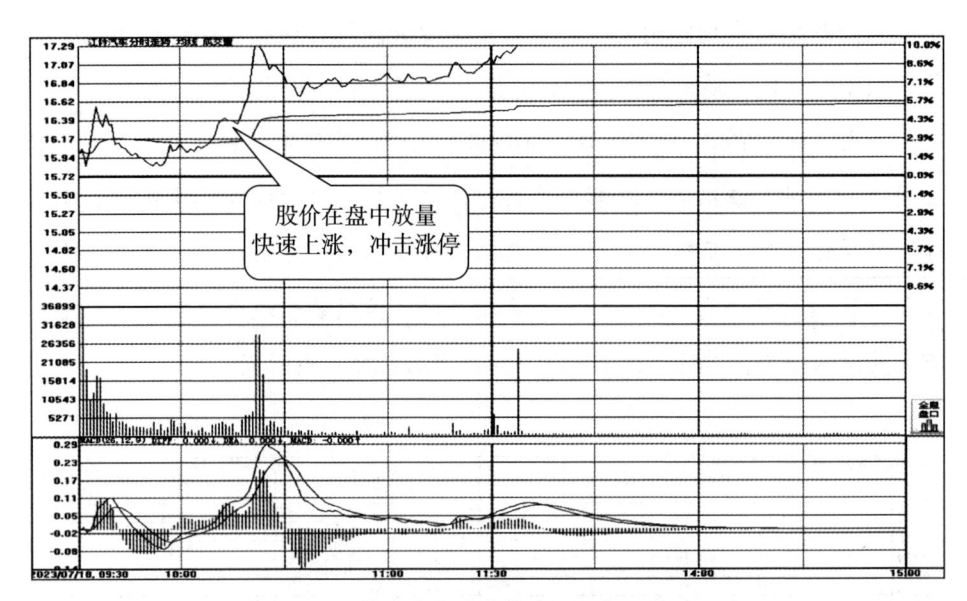

图 10-9　江铃汽车分时走势（2023 年 7 月 18 日）

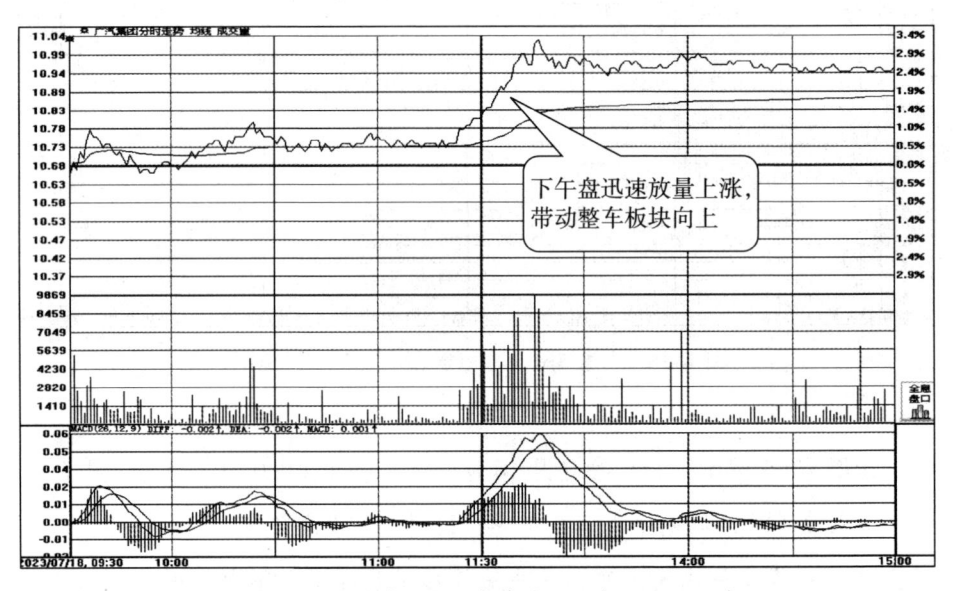

图 10-10　广汽集团分时走势（2023 年 7 月 18 日）

图 10-11 所示）。这样的形态意味着该板块已经进入整体强势上涨的行情，这种上涨行情可能会持续一段时间。

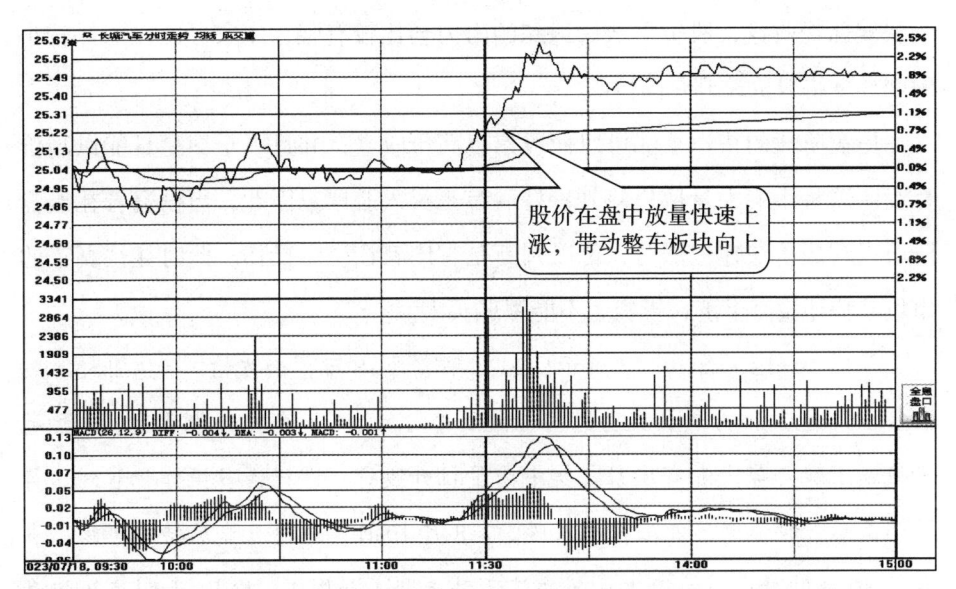

图 10-11　长城汽车分时走势（2023 年 7 月 18 日）

10.4　尾盘的看盘要点

尾盘是指每个交易日最后半小时的交易时间，即 14:30 至 15:00。在这段时间内，很多投资者经过一个交易日的观察会最终完成自己的交易计划。因此，尾盘的半小时与早盘的半小时相同，都是一个交易日中成交最活跃的时刻。

股票在尾盘阶段的走势不仅决定当日的收盘价，而且对下个交易日的开盘价也会产生一定影响。因此，如果庄家想要操纵股价走向，最常用的办法就是在尾盘阶段快速打压股价。

10.4.1　看尾盘快速上涨的股票

当庄家在尾盘阶段将股价向上拉升后，想要高位卖出的散户来不及做出反映就已经收盘，股价上涨后遇到的阻力会比较有限，庄家可以在消耗较小的前提下将股价拉升至高位。

尾盘阶段的快速上涨可以使股票以高价收盘，并且下个交易日能以高价开盘。这将影响大量散户使其看好后市，买入股票。因此，当投资者在尾盘阶段发现股价快速上涨时，可以判断是有庄家在诱多操作。此时往往真正的市场趋势还没有上涨，投资者不能跟风买入。

如图10-12、图10-13所示，2022年8月18日，南方精工（002553）股价在当天最后20分钟的交易时间内被强势向上拉升，以涨停价收盘。这种尾盘快速上涨走势代表有庄家在集中力量拉升股价，进行诱多操作。看到这样的形态后，投资者不能跟风买入股票。8月19日，股价开盘后持续下跌，在最后40分钟里出现快速上涨又快速下跌走势（如图10-14），表明市场抛盘力度强大，仍然持有股票的投资者要注意及时卖出。

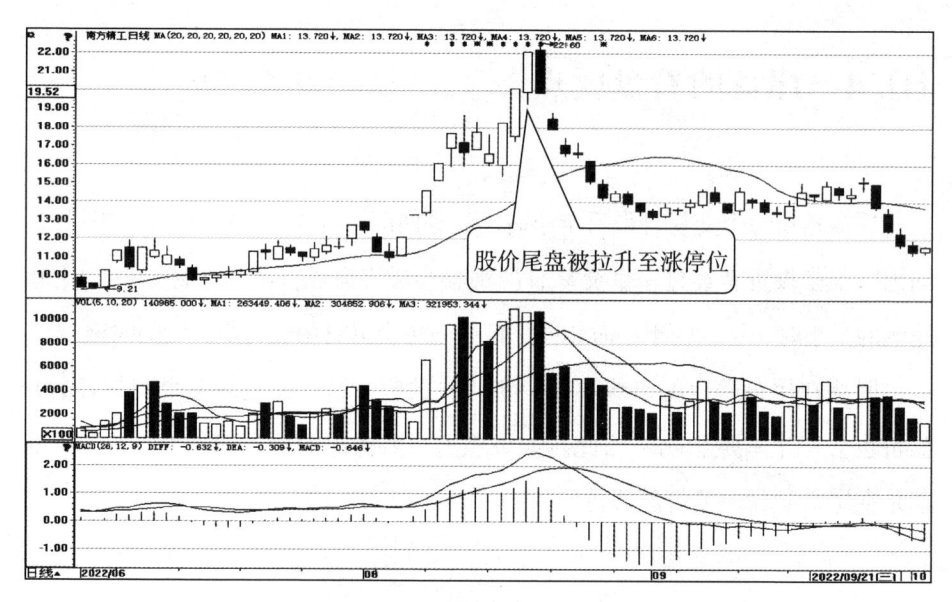

图10-12　南方精工日K线

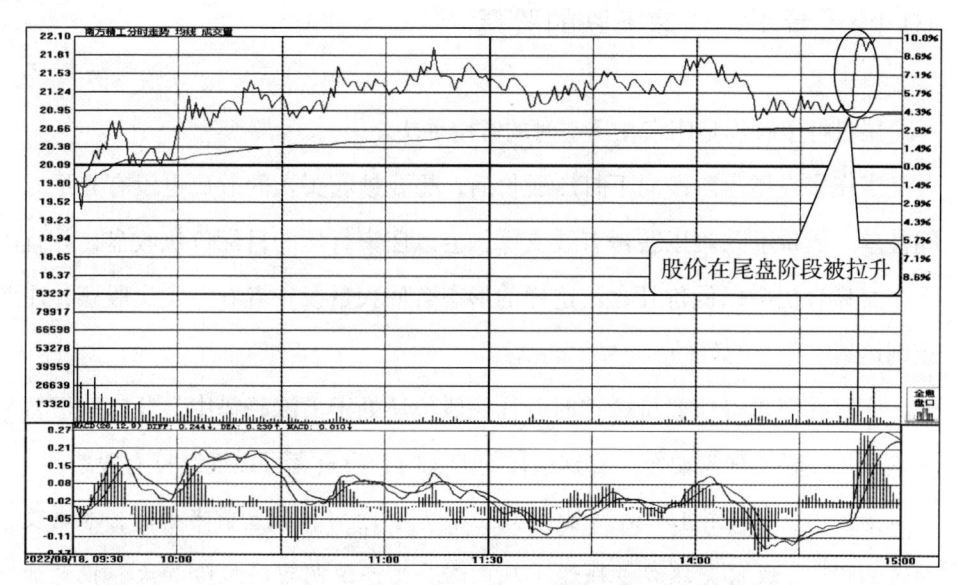

第 10 章　一个交易日内的看盘技巧

图 10-13　南方精工分时走势（2022 年 8 月 18 日）

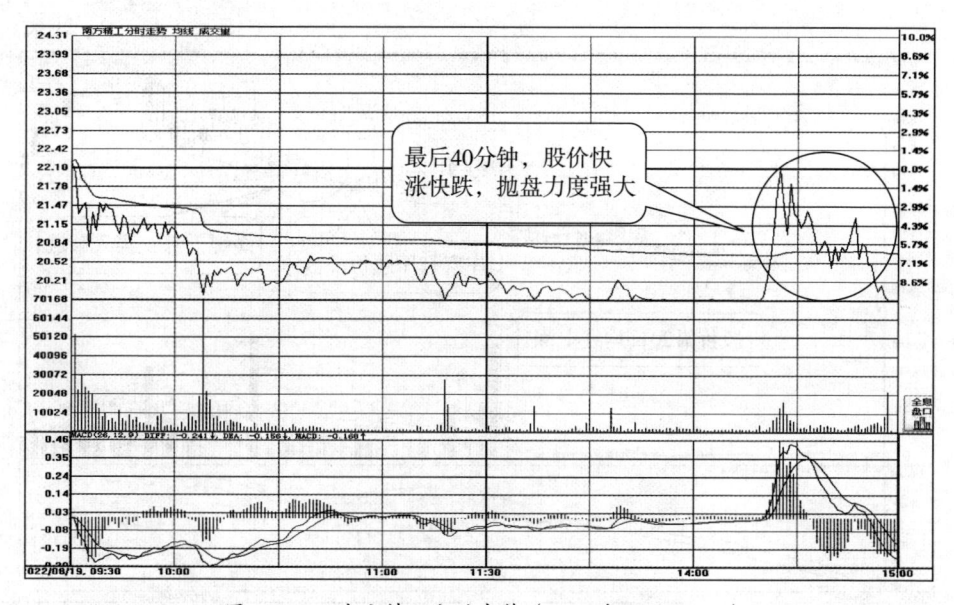

图 10-14　南方精工分时走势（2022 年 8 月 19 日）

263

10.4.2　看尾盘快速下跌的股票

尾盘打压股价是庄家在诱空时的常用手法。

当庄家在尾盘阶段向下打压股价后，想要抄底买入的散户也没有充足时间挂单。股价下跌难以获得有效支撑，会以庄家打压的目标价位收盘，并且下个交易日仍会以低价开盘。这样的形态会使大量投资者看空卖出股票，庄家则达到了诱空的目的。

庄家在尾盘打压股价诱空时，往往股价还处于上涨趋势中。此时的短暂下跌只是庄家的洗盘动作。看到这样的形态时，投资者可以继续持有股票。

如图10-15、图10-16所示，2022年7月12日，收盘前半小时，亚威股份（002559）股价突然放量快速下跌。这个形态说明市场风险加大，投资者应该谨慎观察。随后几个交易日，K线短暂跌破20日均线后又重新缓缓上涨

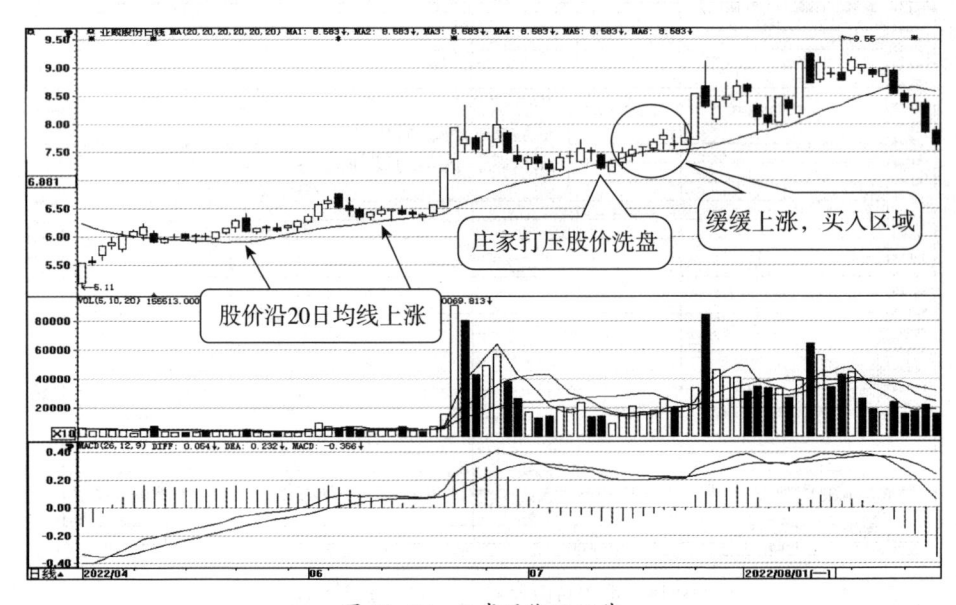

图10-15　亚威股份日K线

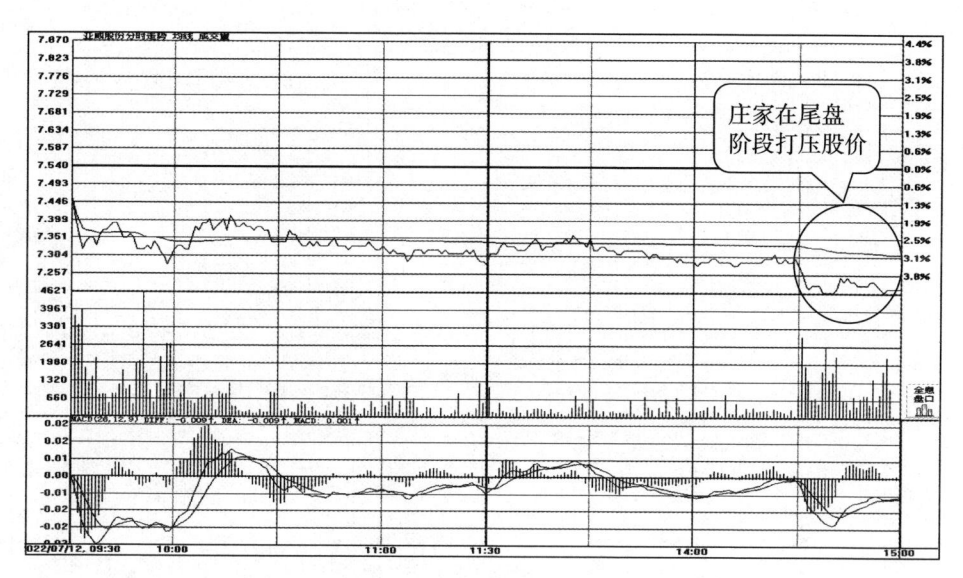

图 10-16　亚威股份分时走势（2022 年 7 月 12 日）

并在均线上方站稳，说明行情转好。之前股价在尾盘被打压的形态很可能是主力在拉升股价前的洗盘动作，投资者可在股价缓缓向上时买入股票。